JN450537

좋다!! 한국어

Real TOPIK II

한국어능력시험
Real TOPIK Ⅱ

Contents

한국어능력시험
Real TOPIK II

한국어능력시험
Real TOPIK Ⅱ

Chapter 01

Real TOPIK Ⅱ 1회 해설

- 듣기 통합 (1번~50번)
- 쓰기 (51번~54번)
- 읽기 (1번~50번)

듣기 통합 (1번~50번)

01.

여자 현수 씨, 어제 재미있었어요? 그저께부터 비가 많이 와서 걱정했어요.
남자 어제 날씨가 좋았으니 망정이지 하마터면 등산도 못 갈 뻔했어요.

정답 ②

② 등산도 못 갈 뻔했다는 말은 결국 등산을 갔다는 의미이므로 정답이다.
③ 산책이 아니라 등산의 상황이므로 오답이다.
④ '날씨가 좋았으니 망정이지~'는 날씨가 좋았다는 의미가 된다. 여자가 비가 와서 걱정했다고 했지만 이는 그저께의 상황이 되므로 오답이다.

Key Point

-(으)니 망정이지	• 앞의 내용을 하거나 그것과 같은 상황이 되었기 때문에 다행히 뒤의 상황과 같은 일이 발생하지 않았을 때 사용하는 표현이다. • 주로 뒤에 '하마터면/그렇지 않았으면 + -을/ㄹ 뻔하다'의 형태가 나온다.

02.

남자 지은 씨, 무슨 걱정이 있어요? 요즘 표정이 안 좋아 보여요.
여자 요즘 살이 너무 쪄서 걱정이에요. 옷이 다 작아졌어요.
남자 열심히 운동을 하다보면 살이 빠질 거예요. 너무 걱정하지 마세요.

정답 ①

① 여자가 살이 쪄서 옷이 작아졌다고 걱정하고 있고 남자는 운동을 하면 살이 빠질 것이라고 위로하고 있기 때문에 정답이다.
② 옷을 사고 있는 상황이 아니기 때문에 오답이다.
③ 운동을 하면 다이어트에 도움이 될 것이라고 조언하고 있는 것이지 남자가 운동을 하고 있는 것은 아니기 때문에 오답이다.
④ 살이 쪄서 옷이 작아졌다는 이야기를 하고 있지만 그래서 옷을 사러 가는 것은 아니기 때문에 오답이다.

Key Point

-다 보면	• 앞의 것을 계속하면 뒤의 상황이 일어날 것임을 예상할 때 사용하는 표현이다.

03.

인터넷 이용률이 증가함에 따라서 사이버 폭력이 사회적인 문제로 대두되고 있다. 인터넷 이용자의 연령은 20대가 가장 많았으며 이에 인터넷상 문제점에 대해서 조사한 결과, 악성댓글이 절반 이상으로 가장 높게 나타났다. 그 다음은 익명에 따른 무책임성19%, 허위사실 유포, 사생활노출 등의 순으로 나타났다.

정답 ②

인터넷을 사용할 때 생기는 문제점에 대한 조사 내용이다. 따라서 ②이 정답이다.

Key Point

대두되다	• [동사] 어떤 세력이나 현상이 새롭게 나타나다

04.

남자 미선 씨 목소리가 왜 그래요? 감기에 걸렸어요?

여자 아니요, 어제 콘서트에 갔는데 너무 신나서 소리를 많이 지르는 바람에 목이 이렇게 됐어요.

남자 ______________________________

정답 ③

여자는 감기에 걸린게 아니라 콘서트에 가서 신나서 소리를 질렀기 때문에 목이 안 좋은 것이다. '신났다'라는 표현에서 콘서트가 재미있었다는 것을 알 수 있다. 그렇기 때문에 ③이 정답이다.

Key Point

-는 바람에	• 앞의 상황으로 인해서 뒤의 결과가 나오며 보통 뒤에는 부정적인 상황이 온다.
-을/ㄹ 뻔하다	• 어떤 일이 일어날 것 같았지만 일어나지 않았음을 나타낼 때 쓰인다.
-아/어야겠다	• 반드시 그렇게 해야 한다고 생각할 때 사용하는 표현이다.
-군요	• 감탄하면서 이야기할 때 사용한다. • 동사의 경우 -는군요/명사는 (이)군요를 사용한다.
-말고도	• 앞의 것이 없어도 다른 것이 있음을 표현할 때 사용한다.

05.

여자 내일 주말인데 뭐 할 거야?
남자 내일 서울에 다녀오려고. 친구가 곧 결혼을 해서 만나기로 했거든.
여자 그럼 서울 가는 김에 이 책 좀 사다줄 수 있니?
남자 ______________________________

정답 ④

서울에 가서 책을 사다줄 수 있는지에 대한 대답이 나와야 한다. 따라서 책을 사다준다거나 못 사다준다는 대답이 나오는 것이 적합하다. 따라서 책을 사다주겠다는 ④이 정답이다.

Key Point

-는 김에	• 앞의 일을 하는 기회가 있을 때 생각하지 않았던 뒤의 일을 같이 해야하는 상황에서 사용한다. • 과거의 사실을 언급할 때는 '-은/ㄴ 김에'를 사용한다.
-는 대신에	• 앞의 것을 하지 않고 바꿔서 뒤의 것을 할 때 사용한다.
당연하다	• [형용사] 일의 앞뒤 사정을 놓고 볼 때 마땅히 그러하다.

06.

남자 내일이 회사 면접이지요? 준비는 다 했어요?
여자 네, 열심히 준비하기는 했는데 너무 긴장돼요.
남자 열심히 준비한 만큼 결과도 좋을 거예요.
여자 ______________________________

정답 ④

내일 면접을 보는 여자에게 남자는 열심히 준비했으니까 결과가 좋을 것이라고 격려의 말을 전하고 있다. 이에 여자는 남자의 격려의 말에 고마움을 이야기하고 열심히 면접을 볼 것이라는 의지를 표현하는 것이 적합하다. 따라서 ④이 정답이다.
② 면접은 내일 보기 때문에 아직 발생하기 전의 상황이므로 결과를 알 수 없다.
③ 이미 앞에서 여자는 열심히 준비했다고 언급했다.

Key Point

-만큼	• 앞에 있는 내용이 기준이 되어 그 정도임을 표현할 때 사용한다.
-은/ㄴ, 는 줄 알다 (모르다)	• 말하는 사람이 현재의 상황에 대해서 예상한 것과 그 결과가 다를 때 사용한다. (그 결과를 말하는 사람은 이미 알고 있는 상황에서 사용해야 한다.)
아무래도	• [부사] 아무리 생각해 보아도. 또는 아무리 이리저리 하여 보아도

07.

남자 여보세요? 다음 주에 중국에 가는 비행기표를 예약하려고 합니다.
여자 죄송합니다. 이미 다음 주 비행기표는 예약이 끝났습니다.
인터넷 홈페이지를 확인하시고 예약이 취소된 비행기표가 있으면 다시 전화를 해주세요.
남자 ____________________

정답 ④

홈페이지를 통해서 취소되는 비행기표가 있으면 전화로 예약을 할 수 있음을 이야기하고 있다. 따라서 남자는 홈페이지를 통해서 예약이 취소되는 비행기표를 보고 다시 전화해야 한다는 내용이 정답이다.
① 취소되는 표가 있는지 아직은 모르기 때문에 확실하지 않아 오답이다.
② 인터넷 홈페이지를 통해서 예약이 취소된 표를 확인하고 다시 전화를 해야 하므로 인터넷 홈페이지에서 예약을 할 수 있는지는 모르기 때문에 오답이다.

Key Point

-(이)나 다름없다	• 앞의 것과 비슷하거나 같음을 나타낼 때 사용한다. 다름없다는 '같다, 똑같다, 마찬가지다' 등과 바꿔쓸 수 있다.

08.

남자 지하철에 가방을 두고 내렸는데 어디로 가면 찾을 수 있을까요?
여자 지하철 몇 호선을 타셨어요?
해당 호선의 분실물센터에 가면 있을 거예요.
남자 ____________________

정답 ③

남자는 잃어버린 가방을 어디에서 찾을 수 있는지 모르기 때문에 어디에서 찾을 수 있는지 묻고 있다. 여자가 분실물센터에 가면 찾을 수 있다고 대답했기 때문에 남자는 분실물센터가 어디에 있는지 묻는 것이 자연스럽다.
② 남자는 어디에서 가방을 찾을 수 있는지 몰랐기 때문에 오답이다.
④ 분실물센터에서 찾을 수 있다고 했기 때문에 다시 지하철 안을 찾지 않아도 된다.

09.

여자 내일 우리 몇 시까지 모이기로 했지?
남자 나도 몇 시까지인지 잊어버렸네.
여자 그럼 너는 다른 친구에게 물어볼래?
나는 서울역까지 가는 가장 빠른 방법을 검색해 볼게.
남자 그래 알았어. 내가 연락해 볼게.

정답 ③

여자가 남자에게 다른 친구들에게 내일 모이는 시간을 물어보라고 하였기 때문에 친구에게 전화한다는 내용이 정답이다.
①과 ②은 오늘 할 일이 아니다.
④ 빠른 방법을 검색하는 것은 여자가 할 일이다.

10.

여자 내일부터 비가 많이 온다고 하더니 벌써부터 날씨가 흐리네요.
남자 그러게요. 곧 비가 내릴 것 같네요. 우산이없는데 큰일이에요.
여자 우산이 없어요? 저한테 우산이 두 개 있는데 빌려줄까요?
남자 정말요? 그럼 우산을 빌려주는 대신에 오늘 저녁은 제가 살게요.

정답 ④

여자가 남자에게 우산을 빌려주기로 했고, 남자는 여자에게 저녁을 사겠다고 말하고 있기 때문에 남자는 저녁을 산다는 것이 정답이다.
① 여자가 우산을 빌려주기로 했다.
② 집으로 돌아간다는 내용은 없다.
③ 여자가 일기예보를 보고 비가 올 것이라고 말했다.
④ 남자가 저녁을 산다고 했기 때문에 두 사람은 같이 저녁을 먹을 것이다.

Key Point

-더니	· 전부터 알고 있거나 경험했던 것과 다르게 뒤의 상황이 올 때 사용한다.

11.

여자 영수 씨가 평소에 봉사활동을 많이 한다고 들었어요.
남자 방학 때 독거노인들을 찾아뵙고 여러 가지 도움이 될 만한 일을 찾아서 도와 드리곤 해요.
여자 저는 봉사활동은 못하지만 매달 일정 금액을 후원 단체에 기부를 해요.
남자 아, 그것도 아주 좋은 일이네요! 저도 당장 신청해야겠어요.

정답 ①

남자는 여자의 이야기를 듣고 자신도 후원 단체에 신청한다고 하였다. 따라서 ①이 정답이다.

Key Point

후원	• [명사] 어떤 사람이나 일을 뒤에서 도와주거나 돌봐 주는 것.

12.

여자 요즘에 몸이 안 좋아서 공부하기가 힘드네요.
남자 아이고, 이런! 병원에 안 가도 돼요?
여자 지금은 많이 괜찮아졌어요. 하지만 수업을 많이 못 들어서 시험을 잘 볼 수 있을지 걱정이에요. 혹시 영수 씨가 제 공부 좀 도와 줄 수 있어요?.
남자 당연하죠. 오늘 오후에 도서관에서 만나요.

정답 ③

지금은 통화 상황이고 여자가 자신의 공부를 도와달라고 했기 때문에 ③이 정답이다.

13.

남자 아까 박물관에 간다고 하지 않았어? 벌써 갔다 온 거야?
여자 가는 날이 장날이라고, 오늘 박물관이 문을 닫았더라고.
남자 그래? 왜 문을 닫았지?
여자 매주 월요일은 휴관일이라고 하더라고.

정답 ③

박물관은 매주 월요일에는 문을 닫는다고 하였기 때문에 ③이 정답이다.

Key Point

가는 날이 장날	• [속담] 일을 보러 가니 공교롭게 장이 서는 날이라는 뜻으로, 어떤 일을 하려고 하는 데 뜻하지 않은 일을 공교롭게 당함을 비유적으로 이르는 말

14.

남자 미영아, 뭘 그렇게 열심히 보고 있어?

여자 예전부터 다니고 싶었던 회사가 다음 주부터 신입 사원을 모집한다고 해서 홈페이지를 보고 있었어. 준비할 서류도 찾아보고 면접 준비도 하려고 하는데 해야 할 게 너무 많아서 걱정이야.

정답 ①

① 다음 주부터 회사에서 신입 사원을 모집한다고 해서 준비할 서류를 알아보고 면접을 준비하려고 한다고 했기 때문에 정답이다.

② 다음 주부터 신입 사원을 모집한다는 것이지 면접을 본다고 제시하지 않았다.

③ 여자가 홈페이지를 보고 있고 남자에게 같이 볼 것을 권유하고 있다.

15.

여자 한 기관에서 새해 계획에 대해서 설문조사를 실시한 결과 다이어트 운동, 여행, 취업, 저축 순으로 응답하였습니다. 하지만 응답자의 63%는 3월 안에 세웠던 계획이 흐지부지되는 것으로 나타나 새해 계획을 지키는 기간이 상당히 짧은 것으로 조사되었습니다.

정답 ④

③ 새해에 세웠던 계획이 3월 안으로 지켜지지 않거나 포기하게 되는 경우가 많다고 지적하고 있다.

④ 새해 계획을 세우는 것도 중요하지만 지키는 것도 중요할 것이라고 제안하는 것으로 보아 지키는 사람이 적은 편임을 알 수 있다. 따라서 ④이 정답이다.

Key Point

-기 마련이다	• 당연히 그러한 일이 생길 수 있음을 나타낼 때 사용하는 표현이다.
-데요	• [구어표현] 새롭게 알게 된 사실을 상대방에게 말할 때 사용하며 말하는 사람은 그 사실에 대해 놀라거나 감탄하는 등의 느낌을 표현한다.
흐지부지되다	• [동사] 확실하게 하지 못하고 흐리멍덩하게 넘어가다

16.

남자 커피와 건강의 관계를 분석한 결과 커피가 간경화에 도움이 된다고 합니다. 연구팀은 커피에는 카페인 외에도 신체의 에너지를 활성화 시키는 성분이 많이 들어있기 때문에 커피가 간경화 예방에 효과가 있다고 하였습니다. 한편, 원두 이외에 다른 것이 들어간 커피는 도움이 되지 않는 것으로 나타났습니다.

정답 ①

하루 두 잔의 커피는 간경화 예방에 도움이 되며 커피에는 카페인 이외에 신체 에너지를 활성화 시키는 성분이 들어 있어서 간경화를 예방할 수 있는 것으로 나타났다고 언급하고 있다. 따라서 ①이 정답이다.
② 원두 이외에 다른 성분이 들어간 커피는 간경화에 도움이 되지 않는다고 하였기 때문에 오답이다.

Key Point

간경화	• 간이 딱딱하게 굳어지는 현상 ⓔ hepatocirrhosis ⓒ 肝硬化
카페인 (caffeine)	• [명사] 쓴맛이 있는 무색의 고체로, 커피의 열매나 잎, 카카오와 차 따위의 잎에 들어 있다.
에너지(energy)	• [명사] 인간이 활동하는 근원이 되는 힘.

17.

여자 운전면허 시험이 어려워진다고 해도 교통법규 위반과는 관계가 없을 것 같아.
남자 시험이 어려워지면 시험에 합격하는 사람도 적을 테고, 벌금도 늘면 교통법규를 위반하는 사람들도 줄어들 것 같은데...
여자 벌금을 많이 낸다고 교통법규를 위반하는 사람이 줄어들까? 사람들의 인식이 바뀌지 않는 이상 지금 상황이 바뀌지 않을 거라고 생각해.

정답 ④

남자는 운전면허 시험이 어려워지면 시험에 합격하는 사람이 줄어들 것이고, 벌금이 늘어나면 교통 법규를 위반하는 사람들이 적어질 것이라고 하였다.
여자는 운전면허 시험이 어려워지고, 벌금을 늘려도 사람들의 인식이 바뀌는 것이 더 중요하다고 이야기하고 있기 때문에 ④이 정답이다.

Key Point

운전면허	• [명사] 도로에서 자동차나 오토바이 따위를 운전할 수 있는 자격
위반	• [명사] 법률, 명령, 약속 따위를 지키지 않고 어김
벌금	• [명사] 규약을 위반했을 때에 벌로 내게 하는 돈
-을/ㄹ 테고	• 앞의 내용은 자신 있게 추측하는 내용이 오고 뒤에는 앞에서 추측한 내용을 이어서 말할 때 사용한다.
-는/ㄴ 다고 해서	• 다른 사람의 이유나 근거를 듣고 그에 대해 반박이나 반대 의견을 말할 때 사용한다.

18.

여자 여자 친구 생겼다면서요? 그런데 표정이 왜 이렇게 안 좋아요?

남자 얼마 전에 소개팅으로 만났는데 여자 친구와 만나서 이야기를 하면 할수록 서로 잘 안 맞는 것 같아요.

여자 처음에는 서로 잘 안 맞는 것 같아도 자주 만나서 이야기하고 맞춰가다 보면 서로를 이해할 수 있을 거예요.

정답 ③

처음부터 잘 맞는 사람은 드물다. 그렇기 때문에 처음에는 잘 안 맞는 것 같아도 자주 만나서 이야기하면 서로를 이해할 수 있고 맞춰갈 수 있게 된다고 조언하고 있기 때문에 ③이 정답이다.

Key Point

-다 보면	• 앞의 상황을 계속해서 하면 그 결과로 뒤의 일이 일어날 것이라고 예상할 때 사용한다.
-(으)면 을/ㄹ수록	• 시간이 자나면서 상태가 더해지거나 덜해질 때 사용하고 '-(으)면'과 같이 쓰이면 더 강하게 표현된다.

19.

남자 지우야, 직장을 그만두고 나니 좀 후회되지 않아?
여자 아니, 전혀. 그동안 직장 업무 때문에 나만의 시간은 꿈도 못 꾸고 의미 없이 반복된 생활을 했잖아. 이제는 나만의 시간을 갖고 그동안 배우고 싶었던 것들을 다 배우면서 나름대로 의미 있게 지내고 싶어.
남자 다행이다. 네가 더 많이 발전할 수 있는 시간이 됐으면 좋겠다.

정답 ④

여자는 자신 만의 시간을 갖고 자신이 하고 싶었던 것을 하기 위해 직장을 그만두었다. 그리고 직장 생활을 의미 없는 반복된 생활이라고 말했기 때문에 ④이 정답이다.
② 여자는 자신의 시간이 없었기 때문에 직장을 그만둔 것이지 스트레스가 많아서 그만둔 것은 아니다.

Key Point

-고 보니	• 어떤 일이 있기 전에는 몰랐는데 그 일이 일어나고 뒤에 오는 내용을 새롭게 깨닫게 되있을 때 사용하는 표현이다.
-을/ㄹ 테니까	• 앞에는 말하는 사람의 추측을 뒤에는 듣는 사람에게 하라는 명령이나 청유의 내용이 온다.

20.

남자 요즘 길을 가다보면 수인을 잃고 떠돌아 다니는 유기견들이 많은데 어떻게 생각하십니까?
여자 유기견을 줄이기 위해서는 주인의 연락처를 적은 목걸이를 착용하는 방식으로 '동물 등록'제도를 마련하였지만 유명무실하다는 지적이 많습니다. 때문에 동물보호단체에서는 좀 더 안정된 제도로 정착되기 위해서 인력을 확충하고 제도를 보완해야 한다고 입을 모으고 있습니다.

정답 ①

동물 등록 제도가 실행되었지만 인력을 확충하고 제도적으로 보완이 될 필요가 있다고 지적하고 있다. 또한 사회적으로 인식의 전환이 필요함을 주장하고 있다. 따라서 제도적 보완이 필요하다는 ①이 정답이다.

Key Point

입을 모으다	• [관용구]여러 사람이 같은 의견을 말하다.

[21~22]

남자 지우 씨, 명절 잘 보냈어요? 명절이나 휴가를 보내고 나면 오히려 몸이 피곤한 것 같아요.

여자 맞아요. 평소와 다른 환경에서 지내다 보면 생체리듬이 깨져서 두통이 생길 수도 있고 수면 부족이 오기도 해요.

남자 아무래도 장거리 운전을 하기도 하고 평소보다 활동량이 많아져서 그런 것 같아요.

여자 그래서 연휴 후유증을 극복하려면 가벼운 운동을 통해 연휴 기간에 쌓인 피로를 풀어줘야 해요. 또 평소 규칙적인 수면 시간을 유지하는 것이 좋대요.

21. 정답 ④

남자는 연휴(명절이나 휴가 등)를 보내고 나면 평소보다 더 피곤한 것 같다고 언급하고 있다. 장거리 운전, 평소보다 많은 활동량으로 인해서 피곤해지는 것 같다고 하였기 때문에 ④이 정답이다.

22. 정답 ③

여자는 ①수면 시간을 늘리기보다 평소 수면 시간을 유지하고 너무 피곤할 때는 낮잠을 잘 것을 제시하고 있다. 또한 ②가벼운 운동을 통해서 몸의 피로를 풀어주어야 한다고 하였다. 또한 ④평소와 다른 환경에서 지내면 생체리듬이 깨져서 두통이나 수면 부족이 올 수 있다고 하였기 때문에 ③이 정답이다.

Key Point

-다 보면	· 앞의 내용을 계속하면 그 결과로 뒤의 내용이 일어날 것임을 예상할 때 사용하는 표현이다.
후유증	· [명사] 어떤 일을 치르고 난 뒤에 생긴 부작용
생체리듬	· [명사] 사람의 생명 활동을 통하여 신체, 감성, 지성 따위에 나타나는 일정한 주기적인 변동. = 바이오리듬(biorhythm)

[23~24]

여자 대중교통을 이용하다 보면 노약자석에 젊은 사람들이 앉아 있는 것을 자주 볼 수 있어. 그래서 법적으로 노약자석을 지정해야 한다는 목소리가 높아지고 있는 것 같아. 하지만 강압적인 규제는 오히려 부작용을 일으킬 수 있기 때문에 신중해야 하지 않을까?

남자 그래도 법적으로 규제를 해서 노약자를 보호해야 한다고 생각해. 노인을 공경하는 문화가 서서히 사라지면서 사회적인 약자를 보호해야 한다는 의식이 줄어들고 있는 것 같아. 그러니까 부작용이 있더라도 법적으로 사회적인 약자를 보호해야 할 필요가 있어.

23. 정답 ①

남자는 법적인 규제를 통해서라도 사회적 약자를 보호해야 한다고 주장하고 있다. 핵가족화로 인해서 노인을 공경하는 문화가 사라지면서 사회적 약자를 보호해야 한다는 의식이 줄어들고 있기 때문에 법적인 규제를 통해서라도 노약자를 보호해야 한다고 언급하였기 때문에 ①이 정답이다.

Key Point

목소리가 높다	• 의견이나 주장을 내세우다는 의미로 쓰인다.

24. 정답 ②

남자는 법적으로 노약자석을 지정하는 것에 대해서 부작용이 발생할 수 있기 때문에 신중하게 생각하야 한다고 하고 있지만 기본적으로 사회적 약자를 보호해야 한다는 의견에는 동의하고 있다. 또한 여자는 부작용이 있더라도 사회적인 약자는 보호해야 한다고 주장하고 있기 때문에 ②이 정답이다.

Key Point

그러니까	• [부사] 앞의 내용이 뒤의 내용의 이유나 근거 따위가 될 때 쓰는 접속 부사

[25~26]

여자 미혼 직장인을 대상으로 '결혼을 반드시 해야 한다고 생각하십니까?'라는 주제로 설문을 실시하였는데요 교수님, 결과가 어떻게 나왔나요?

남자 네. 그 결과 10명 중 7명은 결혼을 필수가 아닌 선택 사항으로 여기고 있는 것으로 나타났습니다. 선택 사항으로 생각하는 첫 번째 이유는 결혼을 한 주변 사람들 가운데 힘들어하는 사람들이 많아서이고 다음으로 가사나 육아에 자신이 없어서, 경제적으로 안정되지 않아서라는 응답이 나왔습니다. 한편 미혼 직장인들이 생각하는 결혼 적령기는 남성의 경우 평균 32세, 여성은 29세입니다. 이와 같은 결과를 통해서 결혼에 대한 가치관이 많이 변화되었다는 것을 확인할 수 있었습니다.

25. 정답 ③

전체적인 내용은 결혼에 대한 가치관의 변화로 인해 결혼을 필수가 아닌 선택 사항으로 생각하는 사람들이 많아졌다는 것이다. 따라서 결혼에 대한 가치관의 변화가 가장 적절한 답이 된다.

Key Point

미혼(未婚)	• [명사] 아직 결혼하지 않음 또는 그런 사람 ↔ 기혼
만혼(晩婚)	• [명사] 나이가 들어 늦게 결혼함 또는 그런 결혼

26. 정답 ②

남자는 평균 32세, 여자는 평균 29세를 결혼 적령기로 보고 있다. 또한 미혼 직장인 10명 중에 7명이 결혼은 선택 사항이라고 생각한다고 응답하였다. 또한 결혼을 선택 사항으로 생각하는 가장 첫 번째 이유는 결혼을 한 주변 사람들이 힘들어하는 모습을 보았기 때문이고 네 번째 이유가 경제적으로 안정되지 않았기 때문으로 응답하였다. 예전에 비해 결혼을 필수가 아니라 선택 사항으로 여기는 사람들이 많아졌기 때문에 이와 같은 결과가 나타난 것이므로 ②이 정답이다.

[27~28]

여자 이처럼 예전부터 스트레스를 받을 때는 이를 극복하기 위해서 다양한 방법들을 사용해 오고 있었어요. 최근에는 스트레스를 해소한다는 의미로 '힐링한다'는 말을 많이 사용하잖아요.

남자 맞아요. 최근에는 색연필로 그림에 색칠을 하는 컬러링 북(coloring book)이나 좋은 시, 글귀 등을 따라서 쓰는 필사책이 새로운 힐링의 방법으로 주목을 받고 있어요.

여자 색연필이나 펜 하나만 있으면 언제 어디서나 짬짬이 즐길 수 있기 때문에 바쁜 현대인들 사이에서 인기가 높을 것 같아요.

남자 우리 주위에서 간단히 할 수 있는 것들을 찾아보면 더 많은 방법들이 있을 거예요.

27. 정답 ③

여자의 첫 번째 대화에서 '이처럼 스트레스를 받을 때 여러가지 방법을 사용해 왔다'는 내용을 봤을 때 앞부분에도 스트레스를 해소하는 방법이 나올 것이다. 그래서 정답은 3번이다.

28. 정답 ④

최근 힐링의 방법으로 인기를 끌고 있는 컬러링북이나 필사책은 언제 어디서나 색연필과 펜만 있으면 쉽게 접할 수 있기 때문에 바쁜 현대인들이 즐겨 찾는다고 언급하고 있기 때문에 ④이 정답이다.
현대인들은 바쁘기 때문에 쉽게 접할 수 있는 힐링의 방법을 선호하고 있으며 힐링은 단순한 치료의 목적이 있는 것이 아니라 마음의 치유나 안정과 같이 정신적인 것을 포괄하는 의미로 쓰인다. 여행, 음악감상, 등산 등도 좋은 힐링의 방법이 된다.

Key Point

짬짬이	• [부사] 짬이 나는 대로 그때그때 ⓑ 틈틈이
글귀	• [명사] 글의 구나 절
주목	• [명사] 관심을 가지고 주의 깊게 살핌 또는 그 시선

[29~30]

여자 오늘은 피부과 선생님을 모시고 탈모에 대해서 알아보도록 하겠습니다. 선생님, 탈모는 왜 생기는 겁니까?

남자 유전적인 탈모는 막을 수 있는 방법이 없습니다. 하지만 후천적으로 탈모가 생기는 원인은 잘못된 식습관이나 모발 관리 습관, 스트레스, 과음이나 흡연을 통해서 생기게 됩니다. 무리한 다이어트도 탈모에 영향을 줍니다. 또 머리는 하루에 한 번 아침에 감는 것이 좋습니다. 머리를 감고 되도록 빨리 말리고 물기없이 완전히 말려야 합니다.

여자 최근에 탈모에 좋다는 고가의 샴푸를 많이 볼 수 있는데요. 그런 샴푸를 사용하는 것도 도움이 되나요?

남자 샴푸는 탈모 예방이나 치료에 거의 영향을 주지 않기 때문에 굳이 비싼 샴푸를 구입해서 사용하지 않아도 됩니다. 모발을 청결하게 관리하는 것만으로도 충분히 예방할 수 있습니다.

29. 정답 ②

여자는 라디오 프로그램의 진행자이고 남자는 탈모에 대해서 설명해 줄 피부과 의사이다. 여자가 선생님이라고 부르고 있지만 앞에서 '피부과'가 언급되었기 때문에 의사임을 알 수 있다.

30. 정답 ②

① 샴푸는 탈모 예방과 치료에 거의 영향을 주지 않는다고 언급하고 있기 때문에 오답이다.
② 잘못된 식습관과 모발 관리 습관, 스트레스, 과음(술을 많이 마시는 것), 흡연(담배를 피우는 것)은 탈모에 영향을 준다고 하였기 때문에 정답이다.
③ 유전적인 탈모는 타고나는 것이기 때문에 막을 수 있는 방법이 없다고 하였다.
④ 머리는 아침에 감는 것이 좋다고 하였다.

Key Point

탈모	• [명사] 머리카락이 빠지는 증상
모발	• [명사] 사람의 머리털
고가	• [명사] 비싼 가격. 또는 값이 비싼 것

[31~32]

여자 착한 운전 마일리지 들어봤어요? 자동차 운전만 잘해도 마일리지가 쌓이고 벌점은 깎아주는 거래요. 교통사고를 내지 않거나, 신호 위반 등을 하지 않으면 마일리지가 쌓인대요.

남자 이런 제도를 통해서 난폭 운전을 하는 사람들이 줄어들었으면 좋겠어요.

여자 평소에 안전하게 운전하는 습관이 생기면 나중에 벌금을 내야 할 일이 생길 때 도움을 받을 수 있어서 좋을 것 같아요.

남자 맞아요. 착한 운전 마일리지는 나에게도 이익이 되지만 다른 사람을 위해서도 꼭 필요한 것 같아요. 가까운 경찰서나 홈페이지를 통해 신청할 수 있다고 하니까 저도 빨리 신청해야겠네요.

31. 정답 ①

남자는 여자가 말하고 있는 착한 운전 마일리지에 대한 의견에 동의하고 경찰서나 홈페이지를 통해 신청하면 된다는 방법을 알려주고 있다.

Key Point

비판	• [명사] 사물의 옳고 그름을 판단하여 밝히거나 잘못된 점을 지적함
사례	• [명사] 어떤 일이 전에 실제로 일어난 예
분석	• [명사] 개념이나 문장을 보다 단순한 개념이나 문장으로 나누어 그 의미를 명료하게 함
대조	• [명사] 둘 이상인 대상의 내용을 맞대어 같고 다름을 검토하는 것

32. 정답 ④

① 홈페이지뿐만 아니라 가까운 경찰서나 홈페이지를 통해서 신청할 수 있다.
② 마일리지로 벌금을 깎을 수 있다.
③ 위 대화를 통해서는 신청한 사람이 많은지 알 수 없다. 다만 남자가 신청하는 사람이 많았으면 좋겠다고 말한 것으로 볼 때, 아직 신청한 사람이 많지 않음을 추측할 수 있다.
④ 착한 운전 마일리지는 사고가 나지 않고 교통 규칙을 잘 지면 마일리지를 주는 제도이기 때문에 정답이다.

Key Point

마일리지 (mileage)	• [명사] 고정 고객 확보를 위한 기업의 판매 촉진 프로그램. 고객은 이용 실적에 따라 점수를 획득하는데 누적된 점수는 화폐의 기능을 한다.
벌점	• [명사] 잘못한 것에 대하여 벌로 따지는 점수
벌금	• [명사] 규약을 위반했을 때에 벌로 내게 하는 돈 ≒ 과태료, 범칙금
난폭	• [명사] 행동이 몹시 거칠고 사나움
-ㄴ/는대요	• 다른 사람에게 들은 것을 전달할 때 쓰는 '-ㄴ/는다고 하다'의 줄임말로 구어 표현이다.

[33~34]

남자 정부에서는 환경오염으로 인한 기후 변화에 대비하기 위해서 탄소 포인트 제도를 도입했습니다. 이 제도는 홈페이지에서 신청가능하며 6개월간 에너지 사용량을 합산하여 최근 1~2년 동안의 같은 기간과 비교해서 5~10%가 줄었다면 포인트로 1만 점, 10~15% 감축했으면 3만 점을 받을 수 있습니다. 이 포인트는 현금으로 사용할 수 있고 통신비, 대중 교통비로도 사용할 수 있습니다.

33. 정답 ①

에너지를 절약해서 환경을 지킬 수 있는 방법으로 정부에서 도입한 탄소 포인트 제도에 대해서 설명하고 있다. 탄소 포인트를 받을 수 있는 조건과 받은 포인트를 활용할 수 있는 방법에 대해서 언급하였다. 따라서 ①이 정답이다.

34. 정답 ④

① 마지막 문장에서 탄소 포인트 제도를 적극 활용해서 많은 사람들이 동참할 수 있기를 바란다고 하였기 때문에 아직 이 제도를 활용하는 사람이 많지 않음을 알 수 있다.
② 5~10% 줄였을 경우 1만 점을 포인트로 받게 된다.
③,④ 이 포인트를 현금으로 사용이 가능하고 통신비나 대중 교통비로도 사용할 수 있다. 따라서 ④이 정답이다.

Key Point

자발적	• [관형사· 명사] 남이 시키거나 요청하지 아니하여도 자기 스스로 나아가 행하는 또는 그런 것
대비	• [명사] 대비(對備): 앞으로 일어날지도 모르는 어떠한 일에 대응하기 위하여 미리 준비함. 대비(對比): 두 가지의 차이를 밝히기 위하여 서로 맞대어 비교함
감축	• [명사] 덜어서 줄임
-기 위해서	• 앞의 내용을 이루려고 뒤의 내용을 한다는 의미로 사용되는 표현이다. • 명사가 앞에 올 경에는 '-을/를 위해서'의 형태로 쓰이고, 명사가 뒤에 올 경우에는 '-기 위한+명사'의 형태로 쓰인다.

[35~36]

여자　이 잡지 좀 보세요. 남자가 화장도 했어요.

남자　요즘은 남자도 화장을 하고 피부도 가꾸는 거 몰라요? 화장품 가게에 가면 남성용 화장품도 많이 있잖아요. 남자들도 나를 위한 투자라고 생각하고 화장을 하는 거예요. 이왕이면 다홍치마라고 좀 더 멋있게 보이고, 깔끔해 보이면 상대방에게 호감으로 보이잖아요.
하지만 무조건 유행을 좇아하거나 다른 사람을 그대로 따라하는 것이 아니라 자신만의 스타일을 찾아 자기를 계발하고 관리하는 사람이 멋있는 것 같아요.

35. 정답 ④

① 듣기 내용에서 요즘은 남자도 피부를 가꾼다는 내용이 나오므로 틀렸다.
② 화장품 가게에 가면 남성용 화장품도 많이 있다는 내용이 나오므로 틀렸다.
③ 유행이나 다른 사람을 따라하는 것이 아니라 자신만의 스타일을 찾는 사람이 멋있다는 내용이 나오므로 틀렸다.

Key Point

코너(corner)	• [명사] 백화점 따위의 큰 상가에서 특정한 상품을 진열하고 팔기 위한 곳
투자	• [명사] 이익을 얻기 위하여 어떤 일이나 사업에 자본을 대거나 시간이나 정성을 쏟음
이왕이면 다홍치마	• [속담] 같은 값이면 품질이 좋거나 예쁜 것을 선택한다는 뜻으로 선택해야 하는 일이 있을 경우 좋은 것을 선택한다는 의미로 사용한다. = 같은 값이면 다홍치마
호감	• [명사] 좋게 여기는 감정

36. 정답 ①

남자는 외모에 관심을 두고 가꾸는 남자들을 자신을 위한 투자라고 생각하고 하면서 긍정적으로 바라보고 있다. 외모에 신경을 쓰게 되면 멋있게 보이고 깔끔해 보이기 때문에 상대방에게 호감이 될 수 있다고 하고 있다. 따라서 남자의 화장을 긍정적으로 보고 있는 ①이 정답이다.

[37~38]

남자 평균 수명은 길어졌지만 일을 할 수 있는 나이는 제한되어 있으니 노후에 대한 대비를 젊었을 때부터 철저히 해야 할 텐데요.

여자 이제는 부모님 세대처럼 절약해서 모은 돈을 은행에만 저축한다고 해서 노후를 보장 받을 수 없습니다. 하지만 수익이 높다는 이유로 가지고 있는 돈을 모두 주식에 투자하거나 다른 사람의 말만 믿고 투자를 하는 것도 위험한 일이죠. 따라서 현명한 재테크를 위해서는 자신에게 맞는 방법으로 체계적인 투자를 하는 것이 중요합니다. 그러기 위해서는 평소에 재테크와 관련된 책이라든가 신문기사, 교육 프로그램 등을 통해서 정보를 수집하고 나에게 맞는 적합한 방법을 찾아야 합니다.

37. 정답 ①

① 평균 수명이 길어졌기 때문에 젊었을 때부터 노후 대비를 철저히 해야 한다고 하고 있기 때문에 정답이다.
②,③ 무조건 수익이 높은 주식에 투자한다거나 다른 사람들이 하는 방법을 따라하는 것은 위험한 일이기 때문에 현명한 재테크 방법이라고 할 수 없다.
④ 부모님 세대처럼 절약해서 모은 돈을 은행에만 저축한다고 해서 노후를 보장 받을 수 없다고 언급하고 있다.

Key Point

재테크(財+tech)	• [명사] 재무 테크놀로지(기업이 자금의 조달이나 운용에 고도의 테크닉을 사용하여 금융 거래에 의한 이득을 꾀하는 일)를 줄여 이르는 말 ⓔ investment techniques ⓒ 财务活动
세대	• [명사] 같은 시대에 살면서 공통의 의식을 가지는 비슷한 연령층의 사람 전체
수익	• [명사] 이익을 거두어들임. 또는 그 이익
주식	• [명사] 주식회사의 자본을 구성하는 단위 ⓔ stock ⓒ 股票
유리하다	• [형용사] 이익이 있다 = 이롭다
-ㄴ/는다고	• 앞의 내용 때문에 뒤의 내용을 한다는 의미로 사용하는 표현이다.
-(이)라든가	• 어느 것을 선택하는 것이 아니라 대상을 예로 들어 나열할 때 사용하는 표현으로 '-(이)라든지'와 같은 의미로 사용된다. 앞에는 명사가 온다.

38. 정답 ③

③ 여자는 자신의 상황을 꼼꼼하게 따져 자신에게 맞는 방법을 찾아 체계적으로 투자하는 방법이 중요함을 이야기하고 있기 때문에 정답이다.
④ 주식이 모든 돈을 투자하는 것은 위험한 일이라고 하고 있고 이와 같은 내용이 중심 생각이 될 수 없기 때문에 오답이다.

[39~40]

여자 여러분, 6월 14일은 바로 세계 헌혈자의 날입니다. 이 날은 아무 대가 없이 헌혈에 참여하는 헌혈자에게 감사와 존경의 마음을 전하기 위해 마련된 기념일입니다. 2004년 국제 헌혈 운동 관련 기관에서는 혈액형을 발견한 사람인 '카를 란트슈타이너'의 생일인 6월 14일을 '세계 헌혈자의 날'로 지정하였습니다. 이 날은 헌혈자에게 고마움을 전하고 헌혈의 중요성을 알리는 각종 행사들을 실시하고 있습니다. 앞으로도 많은 분들이 헌혈에 동참해서 수혈을 받아야 하는 많은 분들이 건강한 삶을 살 수 있도록 도움을 주셨으면 좋겠습니다.

39. 정답 ②

② 6월 14일은 세계 헌혈자의 날로 헌혈자들에게 감사의 마음을 전하고 헌혈의 중요성에 대해서도 알리는 행사도 실시하고 있다. 따라서 정답이다.
③ 헌혈을 하면 수혈을 받는 사람들이 건강한 삶을 살 수 있게 도움을 줄 수 있기 때문에 적극 참여하는 것이 좋다.
④ 세계 헌혈자의 날에만 헌혈할 수 있다는 언급이 없다. 헌혈을 평소에 할 수 있고 이 날에는 특히 헌혈에 참여해 주시는 헌혈자들에게 감사의 마음을 전하는 날이다.

40. 정답 ①

여자는 세계 헌혈자의 날을 소개하면서 많은 사람들이 헌혈의 중요성을 알고 헌혈에 동참해 줄 것을 권유하고 있다. 따라서 ①이 정답이다.

Key Point

헌혈	• [명사] 수혈이 필요한 환자를 위하여 피를 뽑아 줌
수혈	• [명사] 치료를 위하여 건강한 사람의 혈액을 환자의 혈관 내에 주입하는 것
표창	• [명사] 어떤 일에 좋은 성과를 내었거나 훌륭한 행실을 한 데 대하여 세상에 널리 알려 칭찬함. 또는 그것에 대하여 명예로운 증서나 메달 따위를 주는 것
-덕분으로	• 앞에 제시된 사람이나 어떤 것의 도움을 받아서 좋은 결과가 생겼을 때 사용하는 표현이다. 앞에는 명사를 쓸 수 있고 동사를 사용할 경우에는 '-(으)ㄴ 덕분으로'를 사용한다.'-덕분에'로 바꿔 쓸 수 있다.

[41~42]

여자 수업을 시작하는 9시부터 끝나는 1시까지 휴대폰 사용을 제한한다고 합니다. 수업 시간에 휴대폰을 사용하는 학생들 때문에 수업에 방해되는 일이 많았는데 잘된 일이라고 생각합니다.

남자 말도 안 됩니다. 무조건 수업 시간에 휴대폰 사용을 제한하는 것은 개인의 자유를 침해하는 결정이라고 생각합니다.

여자 저같은 경우에도 수업 시간에 옆에서 휴대폰을 사용하면 신경이 쓰여서 수업에 집중하기가 힘듭니다. 사전 사용도 미리 예습을 통해서 찾아보고 수업 시간에 모르는 단어는 선생님께 물어보면서 해결할 수 있으니 크게 문제가 되지 않을 것 같습니다.

남자 학생들에게 스스로 휴대폰 사용을 자제할 수 있도록 해야지 강압적으로 제한을 하는 것은 나쁘다고 생각합니다.

여자 하지만 지금까지 스스로 자제해서 사용을 줄이는 학생이 있었습니까? 처음에는 불편하겠지만 수업 시간만큼은 학생 모두가 수업에 집중해서 열심히 공부할 수 있도록 휴대폰을 사용하지 않는 것이 좋을 것 같습니다.

41. 정답 ②

남자는 수업 시간에 휴대폰 사용을 제한하는 것을 반대하면서 휴대폰은 개인의 물건이고, 사용을 제한하는 것은 개인의 자유를 침해하는 일이라고 하면서 반대하고 있다.
여자는 휴대폰 사용을 제한하는 것은 좋은 소식이라고 언급하였고 스스로 휴대폰 사용을 자제하는 학생들이 없기 때문에 학교 측의 제안에 찬성하고 있다. 따라서 ②이 정답이다.

Key Point

-고자	• 앞의 내용을 위해서 뒤의 내용을 한다는 의미이고 문어적인 표현이다. • 주로 '-고자 하다'의 형태로 쓰이고 이때는 어떤 일을 할 의도나 계획이 있음을 나타낸다.
희소식	• [명사] 기쁜 소식

42. 정답 ④

남자는 수업 시간에 휴대폰 사용 제한에 대해서 반대하고 있으며 학생 스스로가 휴대폰 사용을 자제하는 방법이 좋을 것이라고 하고 있다.

[43~44]

여자 서양의 대부분의 나라에서는 포크를 사용하여 식사를 합니다. 포크는 어느 나라이든지 그 사용법은 큰 차이가 나지 않습니다. 재질도 대동소이합니다. 또한 개인의 취향이나 음식 종류에 따라 포크의 크기가 조금 다르기는 하지만 특별한 차이점을 발견하기는 쉽지 않습니다. 하지만 젓가락을 사용하는 한국과 중국, 일본은 각 나라의 음식 문화에 따라 젓가락의 모양이나 길이, 굵기 등에서 차이를 보입니다. 똑같은 젓가락이지만 나라마다 젓가락의 재질도 다르고 조금씩 다른 특징이 있습니다.

43. 정답 ③

앞에서는 서양에서 주로 사용하는 포크에 대해서 설명하였다. 하지만 주로 젓가락을 동양에서는 음식 문화에 따라 젓가락의 길이나 모양 등이 다르다고 설명하고 있다. 따라서 이 강연 뒤에는 각 나라별로 젓가락의 특징에 대하 구체적으로 설명하는 내용이 정답이다.

Key Point

재질	• [명사] 재료가 가지는 성질
대동소이	• [명사] 큰 차이 없이 거의 같음 (大同小異)
-기도 하다	• 앞의 내용이 정말 그렇다라는 것을 인정하고 그것을 강조해서 말할 때 사용하는 표현이다.

44. 정답 ②

① 포크의 재질은 거의 동일하다고 설명하였고 크기는 개인의 취향이나 음식의 종류에 따라 조금 다를 뿐 특별한 차이점을 발견하기 어렵다고 하였다.
② 포크는 나라별로 사용하는 방법에 큰 차이가 나지 않는다고 설명하고 있기 때문에 정답이다.
③ 한국, 중국, 일본의 젓가락은 음식 문화에 따라 길이, 모양, 굵기 등에서 차이를 보이고 있기 때문에 젓가락을 보고 문화적 특징을 설명하기도 한다고 하였다.
④ 포크는 나라별로 거의 동일하지만 젓가락은 음식 문화에 따라 모양이 조금씩 다르다고 설명하고 있다.

[45~46]

남자 한국의 교육열은 세계적으로 주목을 받고 있을 정도로 아주 높습니다. 조기 유학, 과외, 학원 등 사교육에도 높은 관심을 보이고 있습니다. 이러한 교육에 대한 지나친 관심은 부모들에게 경제적인 부담을 주게 되고 그 결과 낮은 출산율 문제로 이어진다고 합니다.
교육은 대학교 입학을 위해서 이루어져서는 안 됩니다. 학생들이 원하는 일을 할 수 있도록 적성과 소질을 키우는 교육을 해야 합니다. 그러면 교육에 대한 경제적인 부담도 줄어들게 되고 이로 인해 발생되었던 여러 사회적인 문제도 해결될 수 있을 것이라고 생각합니다.

45. 정답 ④

① 세계적으로 주목하고 있을 만큼 한국의 교육열은 높다고 제시하였다.
② 학교 공부 이외에 과외나 학원 등 사교육에 대한 관심도 높다고 하고 있다.
③ 높은 교육열로 인해 부모님들의 경제적인 부담이 크다고 언급하였다.
④ 지나치게 높은 교육열로 인해 부모님들이 경제적인 부담을 느끼게 되어 결과적으로 낮은 출산율 문제가 발생하게 된다고 하였기 때문에 정답이다.

Key Point

-듯이	• 앞의 상황처럼 뒤의 상황이 일어나거나 앞의 상황과 비슷한 상황임을 나타낼 때 사용하는 표현이다.'이'는 생략이 가능하다.

46. 정답 ②

지나친 교육열로 인해서 저출산과 같은 사회적인 문제가 발생하고 있음을 지적하고 교육은 학생들이 원하는 일을 할 수 있도록 소질과 적성을 개발할 수 있는 방향으로 나아가야 한다고 하고 있다. 그렇게 되면 자연스럽게 여러 사회적인 문제도 해결될 수 있을 것이라고 하였다.

[47~48]

남자 도시에서 살다가 시골에서 생활하는 현상을 두고 귀농, 귀촌이라는 말을 사용하는데요. 왜 이런 현상이 생겨난 걸까요?

여자 귀농과 귀촌은 시골에 가서 산다는 공통점이 있지만 조금은 다른 의미입니다. 귀농은 도시에서의 생활을 완전히 정리하고 시골로 와서 농사를 지으며 사는 것을 말합니다. 반면에 귀촌은 집은 시골에 두고 도시로 출·퇴근하거나 주말마다 시골로 내려와서 여유로운 전원생활을 하는 등을 모두 포함하는 말입니다. 통계에 따르면 실제로 귀농이나 귀촌을 준비하고 있는 사람들이 4년 전에 비해서 10배나 늘었다고 합니다. 대부분 삶에서 벗어나 심리적인 안정을 줄 수 있고 때문에 귀농이나 귀촌 현상이 나타난다고 볼 수 있습니다. 또한 도시에 비해 복잡하지 않고 이웃끼리 따뜻한 정도 느낄 수 있기 때문에 선호하게 되는 것 같습니다.

47. 정답 ④

남자의 마지막 대화에서 귀농, 귀촌이라는 말을 사용하는 현상이 생겨난 이유에 대해 물어봤고, 그 질문에 대한 대답으로 귀농과 귀촌에 대한 설명과 함께 도시보다 더 나은 삶을 사고 싶어 하기 때문에 이런 현상이 나타난다는 내용이 있다. 그러므로 귀농과 귀촌 현상이 늘어난 원인에 대해 설명하고 분석하고 있다.

48. 정답 ④

① 귀농과 귀촌은 조금 다른 의미로 사용되고 있다.
② 도시에서 생활을 정리하고 시골에서 사는 것이 귀농이다.
③ 도시생활, 시골생활 중 어느 것이 더 낫다고 할 수 없다.

Key Point

전원생활	• [명사] 도시를 떠나 전원에서 한가하게 지내는 생활 • 전원: 논과 밭이라는 뜻으로, 도시에서 떨어진 시골이나 교외(郊外)를 이르는 말
선호하다	• [동사] 여럿 가운데서 특별히 가려서 좋아하다.

[49~50]

남자 아파트와 같이 공동 주택에서 살고 있는 사람들이 가장 불편하게 생각하는 것이 바로 '층간 소음'과 '층간 흡연' 문제일 것입니다.
층간 소음은 집안에서 아이들이 뛰는 소리, 악기 소리 등으로 인해 발생되는 소음이 아래나 위, 옆 집까지 들려 소음을 유발하는 것을 말합니다. 심할 경우 스트레스를 유발하게 되고 휴식과 수면에도 방해가 되어 주의가 필요합니다. 또한 층간 흡연도 큰 문제가 됩니다. 집안이나 베란다에서 담배를 피우는 사람들이 있습니다. 하지만 베란다나 화장실 환풍기 등을 통해 담배 냄새가 올라가서 다른 집에 피해를 주게 됩니다. 내가 좀 불편하더라도 이웃을 먼저 생각하는 마음이 중요합니다.

49. 정답 ②

① 층간 소음으로 인해 창문을 열지 못하는 경우에 대한 언급은 없었고, 층간 흡연에 대해서 언급한 내용이므로 틀렸다.
② 층간 소음이 심할 경우 스트레스를 유발하고 휴식이나 수면에 방해를 준다고 하였기 때문에 적절하다.
③ 금연 구역의 확대로 인해 담배를 피울 수 있는 공간이 줄어들어 집안에서 담배를 피우는 사람들이 늘어났다고 언급하고 있다.
④ 이웃 간 싸움의 원인으로 층간 소음만 있을 뿐 층간 흡연으로 인해 발생되는 경우는 언급하지 않았다.

50. 정답 ④

공동 주택에서 발생되는 층간 소음과 층간 흡연 문제의 심각성에 대해 이야기하고 있기 때문에 ④이 정답이다.

쓰기 (51번~54번)

51. 정답 ㉠ 연락(전화) 주시기 바랍니다/ 연락(전화) 주시면 됩니다.
㉡ 지참하시고 방문해 주십시오. [방문해 주시기 바랍니다./ 방문해 주세요]/
가지고 방문해 주십시오. / 가져 오시기 바랍니다.

52. 정답 ㉠ - 세탁하지 않는, 세탁할 생각을 못 하는
㉡ - 손을 통해

53. 정답

	개	인	형		이	동	장	치		교	통	사	고		현	황	을		살
펴	보	면		20	17	년	에	는		11	7	건	이	었	지	만		20	18
년		22	5	건	으	로		증	가	하	였	고		20	19	년	에		44
7	건	에	서		20	20	년	에	는		89	7	건	으	로		매	년	
크	게		늘	고		있	다	.	또	한	,	사	고	로		인	한		부
상	자		수	도		20	17	년		12	4	명	에	서		해	마	다	
2	배		가	량		증	가	하	여		20	20	년	에	는		99	5	명
으	로		3	년		사	이	에		부	상	자	가		급	증	한		것
으	로		나	타	났	다	.	이	와		같	이		사	고		발	생	과
부	상	자		증	가	한		원	인	으	로	는		운	전	이		미	숙
하	거	나		안	전		장	비	를		착	용	하	지		않	았	기	
때	문	인		것	으	로		보	인	다	.	이	에		대	해		20	21
년	부	터		도	로		교	통	법	이		개	정	되	었	는	데		안
전		장	비		미	착	용	시		범	칙	금	이		부	과	되	며	,
면	허		취	득	을		의	무	화	하	기	로		하	였	다	.		

54. 정답

한국뿐만 아니라 전 세계적으로 국가 간 교류가 이루어지고 국가 간 인구 이동이 활발해지면서 현대 사회에서는 예전과 다르게 다양한 문화가 들어와 함께 공존하고 있다. 이처럼 한 국가나 사회 속에 다른 인종, 민족 등 여러 집단이 가지고 있는 문화가 함께 존재하는 사회를 다문화 사회라고 한다.

이런 다문화 사회로 변모해 가는 원인으로는 국제화, 세계화로 인해 외국과의 교류가 활발해지고 외국인 유학생 및 외국인 근로자들이 증가한 것을 꼽을 수 있다. 그리고 국제결혼 등으로 인해 다문화 가정이 늘어나게 되면서 다문화 사회로의 변화가 빠르게 진행되고 있다. 하지만 이런 다문화 사회 속에서 문제점들도 발견되고 있다. 서로 간의 문화를 이해하지 못하고 문화 차이로 인한 갈등, 차별 등의 문제가 발생되기도 한다. 또한 언어적인 문제로 의사소통이 원활하게 이루어지지 않거나 이런 것들로 생활에 불편을 겪는 사람들도 많이 생겨나고 있다.

위와 같은 문제점들을 해결하기 위해 다른 민족을 수용할 수 있는 열린 마음과 성숙한 의식이 필요하며 다른 나라 문화를 무조건 배척하기보다는 타문화에 대한 이해와 관심이 필요하다. 언어 문제로 인해 불편을 겪지 않도록 지역 사회나 교육 기관에서 외국인을 위한 한국어 교육을 확대시키는 것도 고려해 봐야 할 것이다. 또한 다문화 가정에 대한 정부적 차원의 지원 제도가 마련되는 것도 더 나은 다문화 사회를 만드는 밑거름이 될 것이다.

읽기 (1번~50번)

01. 정답 ①

어렸을 때 음악을 듣는 행위를 반복했다는 의미가 포함되어야 하기 때문에 반복적인 상황에서 사용하는 '-곤 하다'를 사용하는 것이 적절하다.

Key Point

-곤 하다	• 어떤 상황이나 행동이 반복적으로 나타날 때 사용한다. 하지만 매일 규칙적으로 일어나는 행위에 대해서는 사용하지 않는다. 미래시제와 결합하지 않으며 과거의 상황과 결합할 때는 과거에는 습관적으로 한 행동이지만 지금은 그러하지 않다는 의미를 내포하고 있다.
-을/ㄹ 테니까	• 추측이나 의지는 나타내는 표현
-은/ㄴ, 는 데다가	• 앞의 내용에 다른 것을 추가할 때 사용되는 표현
-는 바람에	• 이유를 나타내는 표현

02. 정답 ②

후행절의 상태나 느낌이 선행절과 비슷한 정도임을 표현하는 '-을/ㄹ 정도로'를 사용하는 것이 적절하다.

Key Point

-을/ㄹ 정도로	• '-(으)ㄹ 정도로'는 후행절의 내용이 선행절의 내용과 상황이나 느낌, 정도가 비슷함을 나타낸다. 문장의 끝에서 쓰일 때는'로'를 제외하고 사용해야 하며 문장의 중간에서 사용될 때는'로'를 제외해서는 안 된다.
-다시피	• '알다, 보다'등의 동사와 주로 결합이 되며 청자가 지각하고 있는 것과 같거나 비슷함을 나타내는 표현
-더라도	• 만약에 선행절의 상황이 발생해도 후행절에는 아무런 영향을 주지 않을 때 사용되는 표현
-은/ㄴ, 는 데 반해	• 앞과 뒤의 내용이 반대일 때 사용하는 표현

03. 정답 ②

'-(으)려던 참이다'의 의미가 지금 어떤 일을 하려고 생각하고 있었다는 것을 나타내므로 그것과 비슷한 ②번이 정답이다.

04. 정답 ④

'-느라(고)' 선행절에 나오는 내용으로 인해 후행절의 결과가 나타나므로 선행절은 후행절의 이유나 원인이 되는 내용이다. 보기 내용 중 이유나 원인이 되는 문법으로는 ④번이 적절하다.

05. 정답 ②

'심심할 때 사용할 수 있고, 재미있다는 표현을 통해서 게임이라는 알 수 있다. 마지막에 스마트폰에서 다운로드를 받아서 사용하라는 표현을 통해서 스마트폰 게임에 관한 광고임을 알 수 있다.

Key Point

앱(APP)	• application의 줄임말로 스마트폰(smart phone)에서 사용하는 프로그램을 말한다.
다운로드 (download)	• 컴퓨터 통신망을 통하여 파일이나 자료를 받아 오는 것

06. 정답 ④

'건강한 몸, 아름다운 몸매'를 통해서 헬스클럽 광고라는 것을 알 수 있다.

Key Point

작심삼일 (作心三日)	• 단단히 먹은 마음이 3일을 가지 못한다는 뜻으로, 결심이 굳지 못함을 이르는 말이다.

07. 정답 ③

제한 속도라는 어휘와 학교 앞에서 속도를 줄이라는 내용을 봤을 때 학교 앞 교통 안전에 대한 내용이다. 그래서 정답은 ③.

Key Point

제한 속도	• [명]자동차나 철도 차량에 정하여져 있는 최고 또는 최저 속도

08. 정답 ①

상품권을 현금으로 교환할 수 없다. 상품권의 80%를 사용하면 잔액을 돌려 받는다. 온,오프라인 매장에서 모두 사용한다는 부분에서 상품권을 사용하는 방법에 대한 안내문이다. 정답은 ①.

Key Point

불가하다	• [형] 가능하지 않다. 불가능하다. 옳지 않다.
잔액	• [명] 나머지 액수

09. 정답 ②

① 연 날리기 행사는 1월 1일 하루 동안만 한다.
② 신청인원이 300명이니까 300명만 참여할 수 있다.
③ 행사 신청 기간이 있으니까 기간 안에 신청 예약해야 한다.
④ 제목에서 무료 행사라고 했으니까 참가비는 필요없다.

Key Point

당일	• [명사] 일이 있는 바로 그날.
발급	• [명사] 증명서 따위를 발행해 줌. 카드 발급, 서류 발급

10. 정답 ③

③ 남자의 경우 34%가 여자의 경우 41%가 경제적인 부담을 가장 높은 부담 요인으로 꼽았으므로 정답이다.
④ 체중 증가에 따른 부담 요인에 남자의 경우는 12%, 여자는 21%가 응답한 것으로 보아 여자가 남자보다 더 체중에 민감함을 보인다고 할 수 있기 때문에 오답이다.

11. 정답 ③

문장 앞부분에 언제든지 필요한 자료를 검색할 수 있다라는 표현과 다양한 정보를 찾을 수 있다라는 표현의 의미가 비슷하기 때문에 정답은 ③이다.

12. 정답 ③

무인이라는 말이 사람이 없다는 뜻이므로 커피숍에 사람이 운영하지 않고 기계만 있고 운영되는 커피숍을 말한다.

13. 정답 ②

친구와 약속을 하고, 공연장에 가기 전에 기대되는 마음, 현대식 악기와 같이 있었던 모습, 그래서 느껴진 감정들이 시간적 순서에 의해서 전개되어야 한다.

14. 정답 ③

환경 문제에 대한 환경 보호 단체의 관점(다)이 먼저 제시가 되어야 한다. 또한 이 관점과 대비되는 관점인 과학 기술 발전의 긍정적인 측면(나)을 언급한다. 그럼에도 불구하고 부정적인 측면이 발생되는 부분에 대한 내용(라)의 내용이 온 다음에 해결방안으로 제시할 수 있는(가) 내용을 언급하는 것이 자연스러운 연결이 된다.

Key Point

그렇지만	• 앞의 내용을 인정하면서 앞의 내용과 뒤의 내용이 대립될 때 쓰는 접속 부사 • [유의어] 그렇지마는, 그러나, 하지만

15. 정답 ②

(가), (나)의 내용 중에서 처음 도입부분의 내용으로 (가)가 적당하다. (가) 문장 중간에 다른 문화를 이해해야 한다는 내용과 (나) 타문화를 이해하지 못한다는 내용이 연결될 수 있다. 그리고 다른 나라 문화를 배척하다 보면 나라 간의 분쟁이 생긴다는 내용인 (라)가 온다. 마지막 문장에는 그러므로 문화의 다양성을 인정해야 한다는 내용인 (다)가 오면 된다. 그래서 (가)-(나)-(라)-(다) 정답은 ②번이다.

Key Point

그러므로	• 앞의 내용이 뒤의 내용의 이유나 원인, 근거가 될 때 쓰는 접속 부사 [유의어] 그런고로, 그런즉, 따라서

16. 정답 ②

시간을 제대로 즐기지 못한다는 뜻은 의미없이 시간을 낭비한다는 것으로 볼 수 있기 때문에 정답은 ②이다.

17. 정답 ④

청소년들의 게임 중독을 방지하기 위해 야간 시간에 인터넷 게임 이용을 제한하는 내용이므로 ④번 '온라인 게임에 접속할 수 없다'가 정답이다.

Key Point

심야	• [명사] 깊은 밤.
방지하다	• [동사] 어떤 일이나 현상이 일어나지 못하게 막다.
모호하다	• [형용사] 말이나 태도가 흐리고 분명하지 않다.

18. 정답 ③

제품의 성공과 실패를 결정하는 것이 사람들의 반응과 의견인 것이다. SNS에서의 사람들 의견으로 제품의 성공과 실패가 결정되기 때문에 '고객과의 소통을 중요하게 생각한다'가 정답이다.

19. 정답 ①

세계적으로는 만 나이를 사용하지만 한국에서는 한국식 세는 나이를 사용한다는 상반되는 내용이 제시되고 있다. 따라서 두 문장의 연결 관계를 고려하여 역접의 관계를 나타내는 '하지만'이 적절하다.

Key Point

마침내	• [부사] 드디어 마지막에는

20. 정답 ③

① 외국 학생들이 한국식 나이에 혼란을 겪는 경우가 있다고 했으니 익숙하지 않다.
② 대부분의 나라는 0살에서 시작한다고 했고 한국만 '만 나이'가 있다는 것으로 봤을 때 나라마다 나이 계산 방법이 다른 것은 아니다.
④ 만 나이는 다른 나라 나이 기준과 동일하기 때문에 태어나면 0살이 된다.

21. 정답 ①

경제 성장이 이루어지면서 생활이 바빠지고 생활에 여유가 없고 재촉한다는 내용으로 봤을 때 어떤 일이 빨리 진행되도록 힘을 더한다는 의미의 '박차를 가하다' 가 오는 것이 적절하다.

Key Point

박차를 가하다	• 일의 진행이 빨리 되도록 힘을 더한다는 뜻
등을 돌리다	• 무시하다. 외면하다
진땀을 흘리다	• 어려운 일이나 난처한 일을 당해서 진땀이 나도록 몹시 애를 쓰다.
물불 가리지 않다	• 어떤 어려움이나 위험이 있어서 그대로 진행한다.

22. 정답 ④

빨리 빨리 문화가 생겨난 원인을 설명하면서 이런 문화로 나타난 부정정직 측면을 설명한 뒤 긍정적인 부분도 얘기하고 있다. 그래서 답은 ④

23. 정답 ③

우려의 목소리가 적지 않다는 뜻은 우려의 목소리가 크다. 즉 우려라는 것을 그 문제에 대해 걱정하고 있다는 의미이므로 정답은 ③

Key Point

경제 불황	• 경제활동이 침체되어 있는 상태 ㉳ economic depression ㊥ 经济萧条
추세	• [명사] 어떤 현상이나 일정한 방향으로 나아가는 경향.

24. 정답 ①

① 편의점 도시락을 찾는 원인은 저렴하고 간편하기 때문이므로 정답이다.

25. 정답 ④

겨울 날씨임에도 불구하고 추웠다가 따뜻했다가 이상 기온을 보이는 현상을 물에 비유하여 냉탕과 온탕이라고 표현하고 있다. 얼었다는 의미의 의성어인 '꽁꽁'을 사용하여 하지만 이번 주는 전국적으로 강한 한파로 추운 날씨임을 언급하고 있다.

Key Point

꽁꽁	• [의성어] 물체가 매우 단단히 언 모양

26. 정답 ④

자동차 배출가스를 조작한 사실을 제조사는 알고 있었지만 비밀로 하여 모른 척했다는 내용을 골라야 한다. '쉬쉬'는 드러내지 않고 은밀하게라는 뜻이 포함되어 있다.

Key Point

쉬쉬하다	• [동사] 드러내지 아니하고 뒤에서 은밀하게 말하다 • 숨기다, 감추다, 은폐하다와 유사한 의미를 갖는다.

27. 정답 ③

여기에서 '식탁'은 '식품'을 의미하고, '식탁 경제'는 '식품에 대한 소비'를 의미하기 때문에 '식탁 경제 비상'은 결국 식품 소비를 줄여야 할 만큼 생활이 어려워졌다는 것을 의미한다. 따라서 식탁 경제 비상'이라는 것은 식품에 대한 가격 상승으로 인해 서민들의 생활이 어려워진다는 내용이다.

Key Point

비상 (非常)	• [명사] 뜻밖의 긴급한 사태. 또는 이에 대응하기 위하여 신속히 내려지는 명령

28. 정답 ①

괄호 뒤에 경청하는 자세를 보여야 한다는 문장에서 상대방의 말을 잘 들어야 한다는 것을 알 수 있다. 상대방의 말을 잘 듣는 것이 바로 경청하는 자세와 같은 의미이므로 정답은 ①귀를 기울이다.

29. 정답 ③

마지막 문장에서 보면 스트레칭으로 식곤증을 예방할 수 있다는 내용이 오므로 앞 부분에는 스트레칭과 같은 가벼운 운동을 한다는 내용이 적절하다. 그래서 답은 ③

Key Point

졸음	• [명] 잠이 오는 느낌이나 상태
나른하다	• [형] 몸이 힘들고 기운이 없다.
식곤증	• [명] 음식을 먹은 뒤에 졸음이 오는 증상.

30. 정답 ④

반려동물에 대한 관심이 증가하면서 반려동물을 위한 한복 구매율이 늘었다는 내용이다. 이는 가족들이 모두 모이는 설 명절을 앞두고 나타난 현상이기 때문에 반려동물을 가족처럼 생각한다는 보기 ④번이 정답이다.

31. 정답 ②

대나무는 한겨울에도 푸르름을 유지하고 있고 비바람에도 꺾이지 않는 모습을 보인다. 따라서 그것과 관련하여 변하지 않는 믿음을 상징한다는 것이 정답이다.

32. 정답 ③

① 신발을 고를 때는 조금 넉넉한 사이즈가 좋기 때문에 낮보다 발이 조금 부어 있는 저녁에 구입하는 것이 좋다.
② 관리를 하지 않으면 잔병이 생기기 쉽다. 관리를 하게 되면 잔병으로부터 발 건강을 지킬 수 있다.
③ 발 질병은 불편한 신발이 원인이 되는 경우가 많다고 언급하고 있기 때문에 정답이다.

33. 정답 ①

① 스트레스를 많이 받으면 공간지각 능력이 떨어질 수 있다고 밝히고 있다. 따라서 정답이다.
③ 스트레스를 많이 받으면 공간지각 능력이 떨어지게 된다. 공간지각 능력은 일상생활에서 중요하게 사용되는 기능이므로 상관이 있다.

Key Point

-(이)란	• 어떤 말이나 사물의 뜻을 정의할 때 사용하는 표현이다. • 비슷한 표현으로 '-은/는 -이다'가 있다.

34. 정답 ②

① 공정무역은 생산자들이 공정한 환경에서 상품을 생산할 수 있도록 하는데 목적을 둔 운동이다.
② 공정무역을 통해 생산자들은 공정한 가격을 지급 받을 수 있을 뿐만 아니라 합리적인 노동 환경을 보장받고 환경도 보호할 수 있는 방식이다. 따라서 정답이다.
③ 합리적인 노동 환경을 보장받는 다는 것이지 더 많은 상품을 생산할 수 있다는 내용은 없다.

35. 정답 ④

전체적으로 직업을 고를 때 고려해야 할 사항에 대해 언급하고 있다. 직업을 고를 때는 자신의 적성, 가치관, 성격에 따라 선택해야 함을 제시하고 각각에 대한 세부 내용을 제시하고 있기 때문에 전체적인 주체는 첫 번째 문장에서 제시하고 있는 ④이 정답이다.

Key Point

-을/ㄹ지라도	• 앞의 내용이 그렇다고 해도 그것과 상관없이 뒤의 내용을 해야 함을 나타낼 때 사용하는 표현이다. • '아무리, 비록' 등과 자주 함께 쓰인다.

36. 정답 ④

아름다운 인터넷 문화를 만들기 위해 인터넷에서 행해지는 무책임한 행동들을 하지말자는 것이기 때문에 ④번이 정답이다.

37. 정답 ④

1권 이상 책을 읽는 성인의 독서량은 늘었지만 전체적으로 독서율이 줄어들었다는 내용을 담고 있다. 따라서 ④이 정답이다.

38. 정답 ③

겨울철에는 실내에서 보내는 시간이 많이 때문에 건강관리가 쉽지 않다. 따라서 건강에 도움이 되는 음식을 소개하여 건강관리를 할 수 있도록 하는 내용이 제시되었다. 따라서 ③이 정답이다.

Key Point

연일	• [부사] 여러 날을 계속하여 • [명사] 여러 날을 계속함
영양소	• [명사] 성장을 촉진하고 생리적 과정에 필요한 에너지를 공급하는 영양분이 있는 물질

39. 정답 ③

<보기>에서 제시된 문장은 앞에서 부사어 '또한'을 사용하여 연결해 주고 있기 때문에 첫째 문장인 ㉠에서 나타날 수 없다. ㉡은 폐휴대폰 수거 캠페인에 대한 설명을 하고 있기 때문에 문맥상 기증한 사람에 대한 내용이 나올 수 없다. 또한 <보기>는 문맥상 재활용하는 내용보다 앞서 제시되어야 하기 때문에 ㉢이 정답이다.

Key Point

일석이조 (一石二鳥)	• [명사] 돌 한 개를 던져 새 두 마리를 잡는다는 뜻으로, 동시에 두 가지 이득을 봄을 이르는 말 → 윗글에서는 3가지 이득을 보는 내용을 담아내기 위해서 일석삼조로 변형해서 제시한 것이다.

40. 정답 ①

노인 인구의 비율이 늘었지만(인구 구조가 변하였지만) 노인 문제에 대한 인식의 변화 속도는 인구 구조의 변화의 속도와 같지 않기 때문에 문제된다고 연결하는 것이 가장 자연스럽다. 따라서 ①이 정답이다.

Key Point

-(으)로 인해(서)	• 어떤 일이나 상태의 원인을 나타낸다. 문어에서 많이 쓰이는 표현이다.

41. 정답 ④

잠을 자는 자세에 따른 건강 상태를 차례로 제시하고 있는데 ㉡ 뒤 문장까지는 허리와 목과 관련된 내용이기 때문에 <보기>가 들어갈 수 없다.
㉢ 뒤의 문장부터 피부와 주름에 관련된 내용이 나오는데 <보기>의 문장은 '반대로 배를 대고' 로 시작하는 문장이기 때문에 앞 문장과 반대의 의미로 사용하였기 때문에 마지막 문장인 ㉣에 들어가는 것이 자연스럽다.

Key Point

코골이	• [명사] 자면서 코를 고는 일
무호흡	• [명사] <의학> 생물체의 호흡이 일시적으로 멎는 현상 • 수면 무호흡증 ㊎ apnoea, ㊥ 睡眠呼吸暫停綜合征

42. 정답 ①

한국 사람보다 더 한국 문화를 잘 알고 있는 친구의 모습을 보고 느낀 점이기 때문에 긍정적인 감탄이다. 따라서 ③과 ④은 오답이다.
또한 감탄의 표현이기 때문에 편안함 보다는 놀라움에 가깝다. 따라서 ①이 정답이다.

Key Point

혼란스럽다	• [형용사] 보기에 뒤죽박죽이 되어 어지럽고 질서가 없는 데가 있다.
당혹스럽다	• [형용사] 정신이 헷갈리거나 생각이 막혀 어찌할 바를 몰라 하는 데가 있다.

43. 정답 ④

① 팔방미인은 단순히 얼굴이 예쁜 사람을 뜻하는 말이 아니다.
③ 우울해 하는 친구를 위해 이야기도 하고 위로도 하면서 노력한다.
④ 노래, 춤, 공부 모두를 잘하는 친구라고 언급하고 있기 때문에 정답이다.

Key Point

팔방미인	• [명사] 여러 방면에 능통한 사람을 비유적으로 이르는 말.
-이며/며	• 여러 가지를 나열해서 제시하며 '모두, 전부, 다'의 뜻을 나타낸다.
-에도 불구하고	• 앞에서 언급한 상황에 영향을 받지 않음을 나타낼 때 사용하는 표현이다.
-기라도 하면	• 앞의 상황이 일어나면 뒤의 상황이나 상태가 될 때 사용하는 표현이다.
덕분에	• 도움을 받아 좋은 결과가 생겼을 때 사용한다. 동사는 '-(으)ㄴ 덕분에'를 사용한다.

44. 정답 ④

기부하신 할머니의 사례를 중심으로 제시되었지만 이밖에도 어려운 이웃들에게 도움의 손길을 보내는 사례가 많다고 하는 것으로 보아 서로 돕는 사람들의 이야기가 중심 내용이 된다. 따라서 ④이 정답이다.

Key Point

기부	• [명사] 자선 사업이나 공공사업을 돕기 위하여 돈이나 물건 따위를 대가 없이 내놓음
검소하다	• [형용사] 사치하지 않고 꾸밈없이 수수하다
청빈하다	• [형용사] 성품이 깨끗하고 재물에 대한 욕심이 없어 가난하다.

45. 정답 ③

이밖에도 사회 곳곳에서 어려운 사람들을 돕는 일이 많다고 한 것으로 보아 뒤에는 할머니의 기부 사례외에 다른 사람을 돕는 다른 사례가 나오는 것이 적절하다. 따라서 ③이 적절하다.

46. 정답 ②

윗글은 칫솔에서 발견되는 세균의 종류, 칫솔 교체 시기, 보관 방법에 대해서 설명하고 있는 글이다.
① 비교하는 대상이 없기 때문에 오답이다.
④ 칫솔의 세균이라는 한 가지 기준으로 여러 상황들을 제시하고 있기 때문에 오답이다.

47. 정답 ③

① 칫솔을 사용하고 난 후 항상 물기를 털어서 보관해야 한다고 제시하고 있다.
③ 우리가 매일 사용하고 있는 칫솔에는 1000만 마리 정도의 세균이 살고 있으며 그 종류도 다양하다. 그렇기 때문에 정답이다.
④ 더러운 칫솔의 경우 건강에 치명적인 바이러스가 발견되기도 한다고 언급한 사실을 통해 더러운 칫솔을 사용하는 것은 건강에 좋지 않음을 알 수 있다.

Key Point

바이러스 (virus)	• <생물> 동물, 식물, 세균 따위의 살아 있는 세포에 기생하고, 세포 안에서만 증식이 가능한 비세포성 생물

48. 정답 ④

악플의 피해자들이 겪는 고통은 우리의 생각보다 더 크고 심하다는 내용을 담고 있어야 한다. ④은 우리가 생각하는 것보다 훨씬 더 고통이 심하다는 내용을 담고 있으므로 정답이다.
'기대하다, 원하다'는 어떠한 일이 일어나기를 바랄 때 사용하는 표현이기 때문에 나머지는 오답이다.

Key Point

기대하다	• [동사] 어떤 일이 이루어지기를 바라고 기다리다.

49. 정답 ②

① 대중들에게 알려진 공인이 악플의 대상이 된다. 특히 대중들의 관심을 많이 받는 연예인들이 악플의 최대 피해자가 되는 경우가 많다.
② 마지막 문장에서 인터넷 실명제와 사이버 수사대가 악플을 막을 수 있는 방법이 될 수 있음을 제시하고 있기 때문에 정답이다.
④ 악플은 사실 여부를 떠나서 자극적인 내용으로 언어적 폭력을 가할 때 발생한다.

50. 정답 ③

윗글은 악플에 대해서 설명을 하면서 악플로 인해 피해를 당하는 사람들이 얼마나 큰 고통을 당하고 있는지를 제시하고 있다. 따라서 인터넷 실명제나 사이버 수사대의 도움을 통해서 깨끗하고 건전한 인터넷 문화를 만들기 위해서 노력해야 함을 주장하고 있는 글이므로 ③이 정답이다.

한국어능력시험
Real TOPIK II

한국어능력시험
Real TOPIK II

한국어능력시험
Real TOPIK Ⅱ

Chapter 02

Real TOPIK Ⅱ 2회 해설

- 듣기 통합 (1번~50번)
- 쓰기 (51번~54번)
- 읽기 (1번~50번)

듣기 통합 (1번~50번)

01.

여자 저한테 어떤 색이 어울릴까요? 하나만 추천해 주세요.
남자 손님은 얼굴이 하얀 편이시니까 핑크색으로 하시는 게 좋으실 거 같아요. 여기 거울 보면서 한번 발라보세요.
여자 네, 괜찮네요. 이 색으로 하나 주세요.

정답 ③

여자가 마지막에 하나 주세요라고 했으니 어떤 물건을 사는 것이다. 따라서 물건을 사는 것과 관계가 없는 ②, ④은 오답이다.
① 바르다와 옷은 관계가 없기 때문에 오답이다.
③ 직원이 핑크색을 추천해 줬고, 발라 보라고 권유했으니 정답이다.

key point

바르다	• 물이나 풀, 약, 화장품 등을 물체의 표면이나 피부에 문질러 묻히다.
핑크색	• pink色. = 분홍색
-(으)ㄴ 편이다	• 어떤 사실이 어떤 쪽에 가깝거나 그 쪽에 속한다고 말할 때 사용하는 표현이다.

02.

여자 아저씨, 스포츠 잡지 어디 있어요?
남자 거기 신문 옆에 없어요? 잠깐만 기다리세요. 계산만 하고 찾아 줄게요.
여자 아니에요. 제가 다시 한 번 찾아볼게요.

정답 ①

여자는 스포츠 잡지를 찾고 있기 때문에 ③, ④은 오답이다.
① 편의점에서 손님이 잡지가 있는 곳을 찾고 직원은 다른 손님 계산을 하고 있는 상황이기 때문에 정답이다.
② 도서관과 계산이라는 단어와는 맞지 않기 때문에 오답이다.

03.

남자 20-30대 소비자들을 대상으로 올 한해 생활비 지출 품목을 조사한 결과 스마트폰 및 IT와 관련된 제품을 구매하는 데 가장 많이 지출한 것으로 나타났습니다. 그 다음으로는 외식을 하는데 돈을 많이 지출하였으며, 여행에 대한 지출이 그 뒤를 이었습니다. 그 외의 다른 품목은 큰 차이가 없었으며, 5년 전에 비해서 여행에 지출하는 돈이 증가한 것으로 조사되었습니다.

정답 ③

5년 전에 비해 다른 품목은 차이가 없고 여행과 관련된 지출이 증가했다는 것으로 봤을 때 지출 순위는 2010년과 2015년은 변함이 없이 스마트폰 및 IT > 외식 > 여행 순으로 나타나야 한다. 따라서 ①,②은 오답이다.
2015년 지출 순위는 스마트폰 및 IT > 외식 > 여행 순으로 나타난다. 따라서 ③이 정답이다.

key point

지출하다	• 어떤 목적을 위해 돈을 사용하다.
구매하다	• 물건을 사다.
품목	• 물품 종류의 이름.

04.

남자 수진 씨, 학교 정문 앞에 카페가 새로 생겼던데 가 봤어요?
여자 네! 커피를 마시며 책도 읽을 수 있고 듣고 싶은 음악도 틀어줘요.
남자 ______________________________

정답 ②

학교 앞에 새로 생긴 카페에 대한 여자의 생각과 관련된 대화이기 때문에 ① 취미, ④ 꿈은 오답이다.
② 남자는 그 카페에 가 본이 없고 여자는 가 본 적이 있어서 카페에 대해 설명하고 있으므로 그 다음으로 올 내용으로 남자도 한번 가보겠다는 말을 하는 것이 가장 적당하므로 정답이다.
③ 학교 근처에 카페가 많이 생겼는지는 이 대화에서 알 수 없으므로 오답이다.

key point

-던데	• 과거 직접 본 상황이나 경험한 사실을 생각하며 앞 뒤 문장을 연결할 때 사용하는 표현이다. 앞 문장의 뒤 문장의 상황 설명을 해 준다.
틀다	• 라디오, 음악 등을 나오게 하다. 켜다.

05.

남자 어서 오세요. 어디로 보내시는 겁니까?
여자 부산이요. 그런데 내일까지 도착할 수 있을까요? 내일이 서류신청 마감일이어서요.
남자 ____________________

정답 ④

남자의 '보내시는 겁니까?'라는 질문과 여자의 '도착할 수 있을까요?'의 질문을 통해 우체국임을 짐작할 수 있다. 따라서 ①은 오답이다.

② 우체국에 우편물을 보내러 왔는데 일을 해 봐야 한다는 말은 맞지 않다.
③ 이미 일어날 상황에 대해 대답하는 것은 맞지 않으므로 오답이다.
④ 여자는 우편물이 내일까지 부산에 도착할 수 있는지를 물어보는 것이므로 우체국 직원으로써 도착할 수 있다고 대답하는 것이 가장 적절하므로 정답이다.

key point

-(으)ㄹ 뻔하다	• 어떤 일이 거의 일어날 것 같았는데 일어나지 않았을 때 사용하는 표현이다.

06.

여자 민수야, 내가 치는 거 좀 잘 받아 봐. 네가 못하니까 재미없잖아.
남자 알았어. 나도 열심히 하고 있는데 탁구는 처음이라서 그래.
여자 ____________________

정답 ④

남자가 탁구를 너무 못 쳐서 재미없다고 하는 여자에게 탁구가 처음이라는 변명을 하는 내용이다.

② 두 사람은 서로 시합을 하는 것이 아니다.
④ 여자는 남자가 탁구를 처음 친다는 사실을 몰랐다. 남자가 자신은 탁구를 처음 친다고 말했으므로 여자는 미안하다고 사과하는 것이 맞으므로 정답이다.

key point

얼마나 -(으)ㄴ지 모르다	• 앞의 상황이 상당함을 강조할 때 사용하는 표현. '얼마나' 대신 '어찌나'를 사용할 수 있다. '아주 A/V하다' 와 비슷한 의미이다.

07.

여자 저 요즘 집안에서 식물을 키우고 있는데 보기에도 예쁘고, 공기정화도 돼서 좋은 것 같아요.
남자 그래요? 저도 꽃이나 식물을 키울까 생각하고 있었는데 어떤 식물이 좋아요?
여자 ______________________

정답 ③

남자의 부탁에 대한 여자의 대답을 물어보는 문제이다. 여자가 남자에게 추천을 해 주어야 하기 때문에 ②, ④은 오답이다.
① 남자가 식물을 추천해 달라고 했는데 집안이 넓어 보인다는 맞은 대화상 맞지 않으므로 오답이다.
② 여자는 이미 식물을 키우고 있기 때문에 여자가 가게에 가 봐야겠다는 표현은 오답이다.
③ 남자가 어떤 식물이 있는지 궁금해 하므로 여자가 자신이 키우고 있는 식물 사진을 보여주겠다는 내용이기 때문에 정답이다.
④ 부탁의 표현인 '-아/어 주세요'는 오답이다.

key point

정화	• 더러운 것을 깨끗하게 하다. 예) 공기정화

08.

여자 이번 주에 친구가 아들 돌잔치를 해서 선물로 금반지를 주려고 하는데 너무 비싸서 걱정이야.
남자 선물은 축하나 감사의 마음을 전하는 것이지, 꼭 비싼 선물을 줄 필요는 없어.
여자 ______________________

정답 ④

돌잔치 선물로 고민하고 있는 여자에게 남자는 선물의 가격보다는 선물을 준비하는 마음이 중요한 것이라고 말해 주고 있다. 따라서 감사의 마음이 중요하다는 남자의 말에 대해 ①, ③의 대답은 맞지 않기 때문에 오답이다.
② 아직 무슨 선물을 살지 결정을 못했는데 친구가 선물을 좋아할지는 모른다.
④ 여자는 '그래'라고 하며 남자의 말에 동의하였으니 선물은 마음이 중요하다는 말을 하는 것이 맞으므로 정답이다.

key point

돌잔치	• 아이가 태어난 지 1년이 되는 생일날 하는 파티 또는 잔치.

09.

여자 점심 먹고 나서 그런지 좀 졸린데 우리 조금만 쉬었다가 공부할까?
남자 그래, 배도 부르고 너무 따뜻해서 나도 자꾸 잠이 와. 그럼 잠깐 산책하고 올까?
여자 아니야. 날씨도 추운데 커피나 한잔 마시자. 내가 1층 편의점에서 사 올게.
남자 그럴까? 고마워. 그럼 난 휴게실에서 기다리고 있을게.

정답 ③

점심을 먹은 후 졸린 상황에서 남자가 산책하자고 하자 여자는 거절과 동시에 커피를 마시자고 제안하면서 편의점에서 커피를 사오겠다고 한다. 남자는 이에 동의하고 휴게실로 가서 기다리고 있겠다고 한다. 따라서 ③이 정답이다.
② 휴게실에서 기다리는 것은 남자이기 때문에 오답이다.
③ 여자가 커피마시자고 하면서 자기가 사 오겠다고 했기 때문에 정답이다.

Key Point

졸리다	• 자고 싶은 느낌이 들다.
-았/었다가	• 앞의 동작이 끝나고 뒤에 반대되거나 다른 동작이 올 때 사용하는 표현이다.

10.

여자 기사님, 인터넷으로 산 물건을 반품하려고 하는데요. 언제쯤 가능할까요?
남자 오늘은 늦었고 내일 오전 중에 집으로 방문하겠습니다.
여자 내일 오전에는 집에 아무도 없을 것 같아요. 경비실에 물건을 맡겨두어도 괜찮을까요?
남자 네, 그럼 박스 포장 하셔서 반품이라고 쓴 종이를 붙여주세요.

정답 ④

경비실에 물건을 맡겨 놓겠다고 하는 여자에게 남자는 우선 박스 포장하고 반품이라고 쓴 종이를 박스에 붙인 후에 경비실에 맡기라고 대답했다. 따라서 ④이 정답이다.
③ 택배 기사님이 직접 반품할 물건을 받으러 오시기 때문에 오답이다.
④ 여자는 기사님께서 이미 얘기했으니 반품할 물건을 포장해서 경비실에 맡길 것이다.

Key Point

-아/어 두다	• 어떤 행동을 한 후 그 상태가 그대로 유지되는 것을 나타낼 때 사용하는 표현이다.
맡기다	• '맡다'의 사동사. 어떤 물건을 받아서 보관하다.
박스	• box. =상자

11.

여자 민수 씨, 주차가 잘못 된 것 같죠? 차가 좀 삐뚤게 된 것 같은데요.
남자 네, 이쪽으로 너무 붙었어요. 옆의 차가 못 빠져 나갈 것 같아요.
여자 아무래도 주차를 다시 해야겠어요. 그런데 주차할 때 뒤의 차가 잘 안 보여서 좀 불안해요.
남자 잠깐만요. 그럼 제가 내려서 봐 줄게요. 천천히 다시 해 보세요.

정답 ①

여자가 주차를 잘못해서 다시 바로 주차 하려고 한다. 이때 여자가 뒤에 주차된 차가 잘 안 보인다고 하여 남자가 내려서 뒤의 차를 봐주기로 했다. 따라서 ①이 정답이다.
① 지금 여자는 주차를 잘못했기 때문에 다시 주차하려고 한다.
③ 남자가 뒤에서 차를 봐 줄 것이다.

Key Point

삐뚤다	• 바르지 아니하고 한쪽으로 기울어지거나 쏠려 있나.
빠져 나가다	• 제한된 환경이나 경계의 밖으로 나가다.
아무래도	• 아무리 생각해 봐도.
부딪치다	• 무엇과 무엇이 서로 힘 있게 마주 닿게 되는 상황. 예) 버스에서 내릴 때 다른 사람과 부딪쳤다.

12.

여자 유토 씨, 무슨 일로 연락했어요?
남자 선생님, 저도 다음 주에 한국 전통 음식 체험에 가고 싶은데요. 참가 신청이 끝났어요?
여자 그럼 일단 신청서랑 사진 한 장 가지고 오세요. 지금 신청할 수 있는지 한번 알아볼게요.
남자 네, 알겠습니다. 그럼 내일 학교에서 뵙겠습니다.

정답 ④

참가 신청을 하고 싶은 사람은 남자이다. 따라서 ①, ②은 오답이다. 그리고 아직 체험을 가기 전이므로 ④이 정답이다.
③ 체험 일정은 다음 주이며, 대화가 끝나고 이어질 여자의 행동으로는 맞지 않다.
④ 남자가 체험에 가고 싶다고 했고, 참가 신청을 할 수 있는지 먼저 알아보는 것이 여자가 이어서 할 행동이다.

13.

여자 지난 주말에 연탄 봉사활동은 잘 다녀왔어요?
남자 네, 그 동네에 사시는 할머니 할아버지들께서는 구청에서 나눠주는 연탄을 가져가지 못하고 계셨어요. 그래서 제가 대신 옮겨드린 연탄을 보시고 올 겨울을 따뜻하게 보낼 수 있게 되었다며 무척 기뻐하셨어요.
여자 정말요? 저도 진짜 가고 싶었는데 하필 그날 일이 있어서 못 갔어요.
남자 다음 달에 또 가려고 하는데, 그럼 그 때 시간 있으면 같이 가요.

정답 ②

남자가 지난 주말에 했던 봉사활동에 대한 대화이며, 여자는 그 때 함께 하지 못해서 아쉬워하고 있다. 따라서 ②이 정답이다.
② 여자의 말에서 진짜 가고 싶었는데 못 갔다는 말에서 아쉬움을 느낄 수 있다.
④ 구청에서 나눠주는 연탄을 나이 드신 분들 댁까지 옮겨드린 것이지 이 남자가 연탄을 직접 산 것이 아니다. 그리고 사 드리고 싶어한다는 마음도 대화에서는 알 수 없다.

Key Point

하필	• 다른 방도를 취하지 아니하고 어찌하여 꼭이라는 의미. 마음에 들지 않는 결과나 상황일 때 사용하는 표현.

14.

여자 103동 주민 여러분께 안내 말씀 드리겠습니다. 내일 오후 1시부터 3시까지 103동 주차장에서 청소를 실시할 예정입니다. 103동 주차장에 차를 세우신 분들은 102동이나 104동 주차장으로 차를 이동시켜 주시기 바랍니다. 특히 우리 아파트 주민이 아닌 분들의 주차는 금지되어 있으니 주의해 주시기 바랍니다.

정답 ④

내일 오후 1시부터 3시까지 103동 주차장에서 청소를 하기 때문에 그 시간 동안 103동 주차장에 주차를 하면 안 된다. 그리고 아파트 주민이 아닐 경우 아파트에 주차를 하면 안 된다. 따라서 ④이 정답이다.
① 103동에 주차된 차를 옮기는 것이지 103동 주민들이 주차장으로 모이는 것은 아니다.
③ 아파트 주민이 아닌 분들의 차는 이 아파트 주차장 어디에도 세우면 안 된다.
④ 내일 오후 1~3시까지 103동 주차장 청소를 하기 때문에 주차를 하면 안 된다.

Key Point

실시하다	• 실제로 그 일을 하다. 시행하다.
-기 바라다	• 어떤 일에 대해 바라거나 희망하는 것을 나타낼 때 사용하는 표현이다. • '-기를 바라다'의 형태로도 사용된다.

15.

남자 다음은 생활 정보 소식입니다. 옷을 입을 때 색깔을 잘못 선택하면 촌스러워 보입니다. 인테리어 역시 마찬가지입니다. 여러분의 집안이 답답하고 좁아 보이세요? 그럼 밝은 색으로 비슷하게 맞춰 보세요. 아무리 열심히 정리해도 집이 깔끔해 보이지 않는다고요? 그것도 정리를 못해서가 아닙니다. 그럴 때는 집 안의 색깔 수를 조절해 보세요. 서너 가지 색으로 맞추면 한결 깔끔해 보일 겁니다.

정답 ①

인테리어에 대한 내용이다. 색의 중요성을 강조하고 있고, 밝은 색은 넓어 보이는 효과, 서너 가지의 색만 사용하면 깔끔해 보이는 효과가 있다고 한다. 따라서 ①이 정답이다.
① 옷을 입을 때 색깔을 잘 선택해야 하듯이 집 안에도 색깔을 잘 선택해야 한다.
③ 정리를 해도 집이 깔끔해 보이지 않는 것은 색깔 수 때문이다.

Key Point

촌스럽다	• 전혀 잘 어울리지 않고 세련되거나 고급스러워 보이지 않다.
인테리어	• interior. 실내를 장식하는 일. 또는 실내 장식용품. ='실내 장식'
한결	• 전에 비해서 훨씬 더
깔끔하다	• 깨끗해 보이고 정리가 잘 되어 보인다.
아무리 -아/어도	• 앞의 동작이나 상태, 상황과 상관없이 뒤의 일이 일어날 때 사용하는 표현이다

16.

남자 선생님께서는 60세가 넘는 나이에도 불구하고 동네 어르신들께 한글을 가르치시고 계시는데요. 어떻게 이 일을 시작하게 되셨습니까?

여자 퇴직 후에 어떻게 노후를 보낼까 고민하고 있었습니다. 그런데 제 주변에 나이 드신 분들 중에 한글을 모르고 계시는 분들이 꽤 많이 있더라고요. 그분들이 어릴 때는 집안이 가난하여 한글을 배울 기회가 없었기 때문이지요. 그래서 그분들이 하루라도 빨리 한글을 배워서 좋아하는 책을 마음껏 읽을 수 있도록 도와드리고 싶어서 이렇게 노인 한글학교를 시작하게 되었습니다.

정답 ④

여자는 60세가 넘어 퇴직한 후 동네에 노인을 위한 한글학교를 만들어 한글을 가르치고 있다. 따라서 정답은 ④이다.
① 여자가 퇴직하기 전에 무슨 일을 했는지 이 대화에서는 알 수 없다.
④ 여자가 가르치고 있는 노인 한글학교에서 나이 드신 분들이 한글을 배울 수 있으므로 기회가 생긴 것이다.

Key Point

-(으)ㄴ/는데도 불구하고	• 앞 문장에 나온 사실과 관계없이 뒤 문장에 어떤 일이 일어날 때 사용하는 표현이다. '-(으)ㄴ/는데도'의 강조 표현이다.
-더라고요	• 과거에 자신이 느낀 생각이나 사실에 대해 다시 회상하거나 그 사실을 다른 사람에게 말할 때 사용하는 표현이다.
마음껏	• 마음에 들어서 만족할 때까지
-도록	• 어느 정도까지를 나타낼 때 사용하는 표현이다.

17.

남자 드라마에 예쁜 여자 연예인이 나오면 그 연예인이 한 머리 스타일이나 입고 나왔던 옷과 귀걸이 등이 유행된다면서요?

여자 아무래도 연예인들이 최신의 패션을 보여주기도 하고 연예인들이 하면 예뻐 보이고 그러다보니 그런 제품들이 인기를 끄는 것 아닐까요?

남자 바로 그게 문제예요. 연예인들을 무작정 따라 하다 보면 자신에게 맞는 스타일이 무엇인지 잊어버리게 되고 본인의 개성을 잃어버리게 될 수도 있어요. 연예인을 무작정 따라 하는 것보다 자신에게 어울리는 스타일을 찾아서 자신을 잘 표현할 수 있는 것이 더 중요해요.

정답 ①

남자는 많은 사람들이 연예인을 따라 해서 사람들이 개성을 잃어가는 것에 대해 부정적이다. 따라서 ①이 정답이다.
① 이 남자는 무작정 연예인을 따라하는 것에 안 좋게 생각하고 있다.
② 연예인을 따라 해서 안 예쁜 것이 아니라 본인의 스타일에 맞지 않기 때문에 안 예쁘다는 것이다.
④ 그 시대의 유행을 익혀야 한다는 말도 없고, 너무 유행에 집착하는 행동도 좋지 않다고 하였다.

Key Point

-았/었던	• 과거의 동작이 다 끝났음을 나타내거나 과거 회상을 할 때 사용하는 표현이다.
-다면서요?	• 다른 사람에게 들은 사실이나 알고 있는 사실에 대해 확인할 때 사용하는 표현이다.
인기를 끌다	• 인기가 있다. 유행하다.
무작정	• 좋고 나쁨을 가리지 않음. 어떻게 하겠다고 미리 정한 것 없이.
스타일	• style. 옷, 머리 등의 모양.

18.

남자 수미 씨, 수미 씨는 왜 SNS를 하지 않아요?
여자 저는 얼굴도 모르는 사람들과 인터넷 상으로 교류하는 것이 싫어서요. 너무 제 개인 생활까지 알게 되는 것 같아서 좀 불편하겠다는 느낌이 들더라고요.
남자 꼭 그렇게 생각할 필요는 없어요. 그냥 모르는 사람들과 친구도 될 수 있고, 서로 모르는 정보를 공유할 수도 있어서 생활에 도움이 되는 것이 더 많아요.

정답 ④

여자는 SNS에 대해 부정적이며, 남자는 긍정적이다. 따라서 정답은 ④이다.
① SNS를 부담스러워하는 사람은 여자, 수미 씨이다.
③ 정보에 대한 공유는 해도 괜찮다는 말이다.
④ SNS의 안 좋은 점보다 좋은 점이 더 많다고 생각하고 있다.

Key Point

교류하다	• 문화, 생각, 정부 등을 서루 주고받다
공유하다	• 두 사람 이상이 한 물건을 공동으로 소유하다.

19.

남자 요즘 텔레비전을 보면 가상부부가 되어서 결혼 생활을 하는 프로그램이 너무 많네요.
여자 그러게요. 그런데 다양한 커플들이 나오니까 각각의 커플들이 어떻게 결혼 생활을 하는지 보고 있으면 재미있기도 하던데요.
남자 저도 무조건 안 좋다는 건 아니에요. 하지만 가상과 현실 사이에서 어떤 모습이 진짜이고 가짜인지 보는 사람도 헷갈릴 때가 많아요. 그리고 사실 진심보다는 좋아하는 척하는 부분도 있을 것이고, 시청자들을 너무 가상의 공간 속에서만 머무르게 하는 것 같아요.
여자 그냥 예능 프로그램일 뿐이잖아요. 너무 심각하게 생각할 필요는 없다고 생각해요.

정답 ②

남자는 가상 결혼 프로그램에 대해 부정적인 입장이고, 여자는 그냥 하나의 TV프로그램으로서 재미있게 웃어넘기면 된다고 생각한다. 따라서 ①, ④은 오답이다.

② 남자는 가상과 현실 생활이 차이가 많이 나는 것에 불편함을 드러내고 주의가 필요하다고 말하고 있다.

③ 두 번째 남자 대화에서 "저도 무조건 안 좋다는 건 아니에요"라는 표현을 봤을 때 지금 이 프로그램도어느 정도는 괜찮다고 생각하고 있으므로 현실적인 프로그램을 만들어야 한다는 것까지는 아니다.

Key Point

가상	• 실제 모습이 아니라 거짓으로 하는 모습. 거짓 형상.
프로그램	• program. 방송 목록
커플	• couple. 짝이 되는 남녀 한 쌍.
헷갈리다	• 정신이 혼란스럽다. 여러 가지가 뒤섞여 구별하기 쉽지 않다.
머무르다	• 어떠한 곳에서 일시적으로 지내다.
-(으)ㄴ 척하다	• 사실이 아니라 거짓으로 동작이나 행동을 그렇게 보이려고 할 때 사용하는 표현이다.
-일 뿐이다	• 오직 명사의 의미일 뿐 그 이외에 다른 의미나 해석은 없다. '-일 따름이다'와 같은 의미이다.

20.

여자 선생님께서는 청소년들을 위한 직업 체험 교실을 운영하고 계시는데요. 왜 이 프로그램을 시작하시게 되셨습니까?

남자 요즘 청소년들은 꿈이 없는 것 같습니다. 본인이 하고 싶은 것이 무엇인지 본인의 적성에 맞는 직업이 무엇인지 모르고 자라는 것에 대해 너무 안타깝게 생각을 했습니다. 그래서 미리 여러 가지의 직업을 직접 체험해 볼 수 있는 기회를 주는 것이죠. 그러다 보면 부모님의 직업에 대한 힘든 점과 어려운 점도 느낄 수 있을 것이고, 본인의 적성에 맞는 직업도 찾을 수도 있을 것 같습니다. 그래서 저는 앞으로 청소년들이 다양한 꿈을 가지고 진정으로 본인이 하고 싶은 일을 할 수 있도록 옆에서 도와주려고 합니다.

정답 ③

남자는 청소년들이 자신에게 어떤 직업이 어울리는지 알 수 있고, 꿈을 가질 수 있도록 직업 체험 교실을 운영하고 있다. 따라서 ③이 정답이다.

③ 청소년 직업 체험 교실을 하는 가장 큰 이유가 바로 청소년들에게 꿈을 가질 수 있도록 하고 본인의 적성을 찾아 주는 것에 있다.

④ 직업에 대한 생각을 바꿔야 한다는 의미의 문장은 없다. 혹시 자신의 적성에 맞지 않으면 꿈을 바꿀 수는 있지만 직업에 대한 어떤 생각을 바꿔야 하는지에 대해서는 이 대화에서는 정확히 알 수 없다.

Key Point

안타깝다	• 생각대로 되지 않거나 보기에 안 좋아서 마음이 아프다.
-다 보면	• 앞의 것을 계속하면 뒤의 상황이 일어날 것임을 예상할 때 사용하는 표현이다.
-(으)려고 하다	• 앞으로의 계획을 나타낼 때 사용하는 표현이다.

[21-22]

여자 이번에 집을 정리하다보니 안 입는 옷과, 사용하지 않는 물건들이 너무 많더라. 버리기 아까운데 어떻게 해야 할지 모르겠어.

남자 그래? 그럼 사회 복지 센터에서 운영하는 '함께해요, 가게'에 기증하면 되겠네. 그 가게는 여러 곳에서 기증받은 물건들을 싼 값에 팔고, 그 수익금은 경제적으로 어려운 사람들을 도와주는 데 사용하고 있어. 나에게는 필요 없는 물건들이지만 다른 사람들에게는 필요한 물건들이 될 수도 있으니까 서로 좋은 거지.

여자 잘 됐다. 요즘은 물건을 버릴 때도 돈을 내야 하더라. 그런데 내가 입던 옷이랑 물건들인데 괜찮을까?

남자 너무 낡거나 못 쓰는 것을 보내면 안 되고 사용할 수 있는 것 중에 네가 안 쓰는 것을 잘 골라서 보내면 돼. 나중에 혹시 너도 필요한 물건이 있으면 사회 복지 센터에 한번 가 봐.

21. 정답 ④

남자가 여자에게 기증 받은 물건들로 이익을 만들어 어려운 사람들을 도와주고 있는 가게를 추천하고 있다. 따라서 ④이 정답이다.

① 여기서는 기증과 관련된 내용이 어려운 사람을 돕는다는 내용은 아니므로 오답이다.

③ 집안을 정리할 때 물건을 버리면 안 된다는 것이 아니라 그런 물건을 기증하는 좋은 방법도 있다고 소개하고 있는 것이기 때문에 오답이다.

④ 자신에게 필요 없는 물건을 기증하는 것에 대해 긍정적으로 생각하고 있다.

22. 정답 ②

고장 나고 낡아서 못 쓰는 물건이 아니라 정상적이지만 안 쓰는 물건을 기증해야 한다고 했기 때문에 ②이 정답이다.

② 사용할 수 없는 물건을 기증하면 안 된다고 하였다.

③ 기증 받은 물건은 싼 값에 판다고 하였다.

④ 그냥 버릴 때는 돈을 내면 버릴 수 있다.

Key Point

-다 보니	• 앞 문장의 행동을 하고 나서 일반적으로 뒤 문장의 결과가 나타났을 때 사용하는 표현이다. '-다 보니까'로 사용되기도 한다.
-더라	• 과거에 직접 경험한 사실을 다시 기억해서 다른 사람에게 말할 때 사용하는 표현이다.
기증	• 돈이나 물품 따위를 남을 위해 무료로 그냥 줌. '드림'으로 순화.
아깝다	• 소중히 생각하는 물건을 버리거나 내놓기 싫다.
수익금	• 이익으로 들어오는 돈.
낡다	• 물건이 오래되어 다 떨어지고 사용할 수 없을 정도가 되다.

[23-24]

여자 여보세요? 주민 센터죠? 아이 장난감을 빌리고 싶은데 어떻게 신청하나요?

남자 이 동네 주민 맞으시죠?

여자 네, 맞아요.

남자 그럼 먼저 주민 센터를 방문하셔서 가입 신청서를 작성하시고 가입비 만 원을 내시면 1년간 무료로 이용하실 수 있습니다. 장난감은 최대 2주까지 대여가 가능합니다.

여자 인터넷으로도 가입할 수 있나요? 그리고 필요한 장난감이 있는지 어떻게 확인할 수 있습니까?

남자 이 동네 주민인지 확인을 해야 하기 때문에 신청하실 때는 신분증을 가지고 직접 방문하셔야 합니다. 장난감 종류는 가입 후 홈페이지에서 확인할 수 있으시고, 필요한 장난감을 인터넷으로 예약하실 수도 있습니다. 대여 가능한 장난감은 한 번에 3개까지입니다.

23. 정답 ①

아이 장난감을 빌리는 방법을 전화로 물어 보고 있으므로 ②,④은 오답이다.
① 장난감을 빌리고 싶다는 것은 대여를 하고 싶다는 것이므로 정답이다.
③ 인터넷 예약을 할 수 있다는 것을 알려 주고 있다.

24. 정답 ③

상담 내용은 가입 방법, 가입 비용, 이용 가능 기간, 이용 방법, 대여 기간, 대여 수량이다.
① 장난감 종류는 인터넷으로 확인가능하다.
② 처음 가입 시 확인이 필요하므로 직접 방문해야 한다.
③ 이 동네 주민인지 확인해야 한다고 했기 때문에 정답이다.
④ 가입비 1만원을 내면 1년 동안 사용할 수 있고, 한 번에 3개만 빌릴 수 있다.

Key Point

대여하다	• 빌려주다
홈페이지	• homepage

[25-26]

여자 요즘 많은 학부모들이 이 부부의 교육 방법에 관심을 가지고 있습니다. 최근 세 자녀 모두 외국의 유명한 대학에 합격을 시켜 화제가 된 한 부부를 만나러 왔습니다. 어떤 방법으로 세 자녀를 키우셨습니까?

남자 저희 부부는 특별한 교육 방법으로 아이들을 키운 것은 아닙니다. 다만 어릴 때부터 시험 점수가 나쁘다고 아이들을 야단친 적은 없습니다. 그 점수는 부모의 점수가 아니라 자기 자신의 점수라는 것을 인식시키며, 아이 스스로 시험의 결과에 책임을 져야 한다는 생각을 가질 수 있도록 했습니다. 그러다 보니 본인이 책임감을 갖고 공부를 하기 시작했습니다. 그리고 무엇보다 부모는 자식에게 실천하는 모습을 보여주는 것이 중요하다고 생각합니다. 그래서 아이들에게 책을 읽으라는 잔소리 대신 부모님들이 직접 책 읽는 모습을 보여주면 아이들도 자연스럽게 책을 가까이 하게 되는 것 같습니다.

25. 정답 ②

남자의 교육 방법은 특별한 방법이 아니라 아이가 스스로 책임감을 갖게 한 것과 부모가 먼저 책 읽는 모습을 보여주는 것이다. 따라서 ①, ④은 오답이다.

② 자식에게 실천하는 모습을 보여주는 것이 중요하다고 했으니 자식에게 모범이 되어야 한다는 것과 같은 것이므로 정답이다.

③ 부모의 책임감이 아니라 아이 자신이 책임감을 갖고 있어야 한다고 생각하고 있으므로 오답이다.

26. 정답 ④

세 자녀 모두 외국 유명 대학에 합격시킨 부부의 교육 방법에 대한 내용이므로 ①은 오답이다.

② 어릴 때 성적이 나쁘다고 야단친 적이 없다는 것은 잔소리도 안 했냐는 것과 같다.

③ 아이들은 부모님이 아닌 자기 자신을 위해 공부했다.

④ 부모의 책을 읽는 모습을 보고 아이들이 책을 가까이 했다. 즉 부모를 보고 책을 읽었다.

Key Point

화제가 되다	• 많은 사람들 사이에서 유명한 이야기이며, 그 일에 대해 많이 이야기 하고 있다.
인식시키다	• 사물을 분별하고 판단하여 알게 하다.
-대신	• 앞의 행동을 하지 않고 뒤의 행동으로 대체 한다는 뜻을 나타낼 때 사용하는 표현이다.
책을 가까이 한다	• 책을 자주 보게 된다는 뜻이다.

[27-28]

여자 인터넷 봤어? 이번에 영화배우 김정우가 대학교에 특별전형으로 합격했대.

남자 어, 나도 봤어. 그 배우 작년에 영화도 많이 찍고 아직 어리지만 연기도 꽤 잘 하는 것 같아.

여자 그런데 작년에 그렇게 바빴으면 학교에 자주 못 가고, 공부도 열심히 못했을 텐데 말이야. 요즘 많은 연예인들이 특별전형으로 대학교에 입학하는 게 이해가 안 돼. 게다가 대학에 입학한 후에도 여러 가지 활동을 한다는 이유로 학교에 거의 나오지 않잖아.

남자 물론 그런 연예인들도 있지만 대부분은 영화학과나 자신이 하고 있는 일과 관련된 전공을 선택하잖아. 그 사람들이 실제 영화를 찍거나 그런 일을 하며 현장에서 배우는 것도 많다고 생각해.

여자 네 말도 맞기는 하지만 학교에 입학했으면 학교에서 배우는 공부도 중요하게 생각했으며 좋겠어.

27. 정답 ③

여자는 연예인 특별전형과 연예인들의 대학 생활에 대해 부정적이다. 따라서 ③이 정답이다.
④ 특별전형이 필요한 이유를 설명하는 부분은 없다. 하지만 남자는 여자의 말에 약간의 반대 의견을 제시하고 있다.

28. 정답 ②

② 연기도 꽤 잘한다고 했으므로 김정우라는 영화배우가 연기를 잘 한다고 생각한다.
③ 남자는 현장에서도 많이 배운다고 하였고, 여자는 학교 공부가 중요하다고 하였다. 따라서 둘의 의견 차이가 있기 때문에 어느 한 쪽을 선택할 수 없다.
④ 본인이 가고 싶은 전공인지 정확하지 않고, 자신이 하고 있는 일과 관련된 전공을 선택한다고 하였다.

Key Point

-대	• 간접인용 '-다고 하다'의 준말로 구어체에 많이 쓰인다. '-대요'는 높임말.
-(으)ㄹ 텐데	• 말하는 사람이 어떤 상황을 추측해서 말할 때 사용하는 표현이다.

[29-30]

여자 선생님, 이번에 경주에서 열린 패션쇼에 외국인들이 많이 참석했다고 들었는데, 이번 무대는 어떤 점에 중점을 두셨습니까?

남자 이번 무대의 주제는 '신라 천년의 꿈'입니다. 신비스러운 황금빛 드레스가 무대를 열면 일곱 색깔 드레스가 신라 천년 문화의 향기를 보여줄 것입니다. 그리고 제가 직접 제작한 한국의 전통 문양을 그려 넣은 의상을 소개함으로써 우리의 전통미를 세계에 널리 알리고자 하였습니다. 제가 전통문화 다음으로 중요하게 생각하는 것은 바로 그 나라의 역사와 문화유산입니다. 그래서 저는 항상 역사적으로 의미를 가지고 있는 장소를 찾고 있습니다. 역사가 살아있는 이 곳 경주에서 제 의상과 한국 고유의 전통 음악을 함께 접목시켜 한편의 감동적인 이야기로 구성하여 마치 공연을 보는 것처럼 꾸밀 예정입니다.

29. 정답 ②

여자의 말에서 패션쇼라는 것을 알 수 있고, 남자가 제가 직접 제작한 의상이라고 하였기 때문에 ②이 정답이다.
② 패션쇼, 드레스, 직접 의상을 제작한다는 문장에서 디자이너라는 것을 알 수 있다.
③ 디자이너가 패션쇼를 하기 위해 무대를 꾸미는 경우는 있지만 공연 기획자라고 볼 수 없다.

30. 정답 ①

① 마지막 문장에서 의상과 전통 음악을 접목시켰다고 하여 전통음악이 사용되었음을 알 수 있다.
② 경주 시민을 위한 패션쇼라는 내용을 알 수 없다.
③ 역사적 문화유산을 중요하게 생각한다는 것으로 경주를 알리고자 하는 것은 아니다. 이 패션쇼를 통해 전통미를 알리는 데 목적을 두고 있다.
④ 이번 무대는 한국의 전통미를 보여주는 것으로 각국 전통 의상을 보여주는 것은 아니다.

Key Point

패션쇼	• fashion show. 모델들이 새로운 옷이나 최신 유행의 여러 가지 옷을 입고 나와서 관객들에게 보여주는 일.
중점을 두다	• 어떤 일을 할 때 무엇을 가장 중요하게 생각하고 있다.
신비스럽다	• 일이나 어떤 현상이 보통의 생각으로 이해할 수 없을 정도로 신기하다.
황금빛	• 황금의 색깔과 같은 빛
드레스	• dress. 원피스로 된 여성용 겉옷.
문양	• =무늬. 옷감이나 조각품을 장식하기 위해 넣은 여러 가지 모양.
접목시키다	• 둘 이상의 다른 현상을 알맞게 조화롭게 만드는 것.
-(으)로써	• 앞의 내용이 수단, 방법, 이유로 사용된다는 표현이다.

-고자 하다	• 어떤 행동의 의도나 목적을 나타낼 때 사용하는 표현이다. '-(으)려고 하다'보다 격식적인 표현이다.
-듯하다	• '-것 같다'와 비슷하며 추측을 나타낼 때 사용하는 표현이다.

[31-32]

여자 현재 음식물 쓰레기 종량제를 실시하고 있는 지역이 확대되고 있습니다. 음식물 쓰레기도 종량제 봉지를 사서 버려야 한다는 정책에 찬성할 수 없습니다.

남자 물론 그동안 무상으로 음식물을 버리다가 돈을 내고 음식물을 버려야 한다니 부담이 될 수 있는 건 당연한 것입니다. 하지만 요즘 음식물 쓰레기로 배출되는 양이 아주 많습니다. 지금 당장은 적응하기 힘들겠지만 점차 음식물 쓰레기를 줄일 수 있고, 더 나아가 환경적으로도 도움이 될 수 있을 것 같은데요.

여자 그동안 실시하고 있던 지역을 살펴보면 한동안 음식물 배출량이 줄어들다가 다시 늘어나고 있다고 합니다. 또, 최근에는 종량제 봉지 값이 인상되기도 했는데, 이는 근본적인 문제 해결은 되지 않고 시민들에게 더 많은 부담을 주는 것 같습니다.

남자 하지만 처음 일반 쓰레기 종량제를 실시했을 때도 반대 의견이 있었습니다. 하지만 몇 십 년이 지난 지금은 쓰레기 감소에 많은 영향을 끼쳤다고 봅니다. 시민들의 자율적 참여 등 다양한 각도에서 문제를 해결할 수 있는 방법을 찾아 봐야 하겠습니다.

31. 정답 ③

여자는 음식물 쓰레기 종량제 제도에 반대하고 있다. 종량제 봉지 값이 인상되는 것도 근본적인 문제 해결이 되지 않으며 이 제도를 실시하고 있는 지역의 음식물 배출량이 줄어들다가 다시 늘었다는 점에서 이 정책을 반대하고 있으므로 ④은 오답이다. 남자는 일반 쓰레기 종량제를 실시했던 사례를 예로 들며 앞으로 시간이 더 지나면 좋아질 것이라고 하였고, 환경적인 면에서도 도움이 된다고 주장하고 있다.

① 봉지 값이 인상되는 것에 대해 직접적으로 반대한다는 말은 없다.
② 이 정책이 좋다는 것이지 꼭 모든 지역으로 확대해야 한다는 말은 없다.
③ 현재 음식물 쓰레기양이 많으니까 앞으로 배출량이 줄어들면 환경에 도움이 된다고 생각하고 있다.

32. 정답 ④

① 자신의 의견을 주장하고 있듯이 다른 사람의 의견에 동의하거나 찬성하고 있는 것은 아니다.
② 서로 의견이 맞지 않을 뿐 주제에 대해 설명하는 것은 아니다.
③ 마지막에 해결책을 찾아 봐야겠다는 말로 마무리는 지었기 때문에 해결책을 찾기 위한 여러 가지 방법을 제시하고 있지는 않다.
④ 각각에 맞는 상황들을 제시하며 근거를 들어 상대방의 주장에 대해 가볍게 반대 의견을 내고 있다.

Key Point

확대되다	• 넓어지고 크게 되다.
무상	• 어떤 일에 대해 아무런 대가가 보상이 없다.
배출되다	• 안에서 밖으로 내보내지다
어마어마하다	• 매우 놀랍게 엄청나고 굉장하다.
영향을 끼치다	• 영향을 주다

[33-34]

여자 인생을 살아가다 보면 곤란한 일이 생길 때가 있습니다. 이 때 걱정만 하고 있거나 현실을 직시하지 않으면 판단력마저 잃게 됩니다. 아무리 나쁜 상황에 처했더라도 피하지 말고 맞서야 합니다. 우선 문제를 인정하고 전부를 받아들이면 마음이 침착해지고 문제에 집중할 수 있습니다. 이런 상태에서 걱정거리를 해결할 수 있게 됩니다. 그리고 상황을 명확하고 객관적으로 분석하여 일어날 수 있는 최악의 상황을 예측해 봅니다. 최악의 경우까지 예측한 후 그것을 담담히 받아들이면 마음이 홀가분해져서 정신적 안정을 느낄 것입니다. 그 다음으로 최악의 사태를 조금이나마 완화시킬 수 있는 방법을 찾다보면 새로운 길이 열릴 것입니다. 일단 일어난 일을 피하려고만 하지 말고 있는 그대로의 사실을 받아들인다면 더 이상 불행한 결과가 일어나지 않도록 하는 첫 시작이 될 수 있습니다.

33. 정답 ①

① 인생을 살다가 곤란하고 어려운 일이 생겼을 때 할 수 있는 해결방법을 제시하고 있으므로 정답이다. '우선 어떻게 하라. 그 다음으로 이렇게 하라' 이런 말들이 바로 해결방법을 나타내는 것이다.
② 현실적인 고민에 대한 것과 그것을 해소하는 방법에 대한 내용은 없다.
③ 인생에서 힘든 일이 일어나는 원인에 대한 내용은 없다.
④ 다양한 문제가 무엇이며, 그 문제를 판단 할 수 있는 능력에 대한 내용은 없다.

34. 정답 ③

① 현실을 인정하지 않을 때 판단력이 흐려진다.
② 마음이 안정이 되면 문제를 객관적으로 해결할 수 있다.
③ 여기서 하고 싶은 말이 문제를 피하지 말고 현실을 인정하고 받아들이라는 것이므로 정답이다.
④ 걱정거리가 없어지지 않지만 최악의 상황을 받아들이는 것만으로도 마음이 홀가분해진다고 하였다.

Key Point

직시하다	• 정신을 집중하여 사물의 진실을 보고, 상황을 똑바로 보다
-마저	• 기대하고 있던 마지막 남은 하나까지 라는 뜻으로 사용하는 표현이다.
상황에 처하다	• 상황에 놓이게 되다. 어떤 상황이 되다.
-더라도	• 앞의 상황을 가정하여 그 상황과 관계없이 뒤의 상황이 일어나거나 뒤에 나오는 일을 해야 한다는 나타낼 때 사용하는 표현이다.
맞서다	• 서로 굽히지 않고 겨루어 버티다.
담담히	• 차분하고 편안하게
-(이)나마	• 충분하지는 않지만 이 정도도 괜찮다는 것을 나타낼 때 사용하는 표현이다.
완화시키다	• 긴장된 상태나 급박한 것을 느슨하게 하다.
-(으)려고만 하다	• 다른 것을 하지 않고 그것에만 집중하여 그것만 하려고 한다는 표현이다.

[35-36]

남자 오늘 이렇게 '느린 우체통' 의 시작을 알리게 되어서 기쁩니다. 보통의 우체통은 부지런히 사람들 사이를 편지와 엽서로 이어주는 게 임무지만, 이 우체통은 부지런함과는 거리가 멉니다. 오로지 1년에 두 번, 설날과 추석에만 우체통이 열리고 1년이 지난 후에야 수신인을 찾아갑니다. 빠른 것에 익숙해져서 메시지를 보내고 곧바로 답이 오지 않으면 답답해하는 요즘 현대인에게 누군가로부터 손으로 직접 쓴 한통의 편지를 받는다면 비록 느리지만 그 기다림의 시간이 더 값지게 느껴질 수도 있습니다. 그리고 느린 우체통을 통해 전해진 엽서에는 각자의 사연을 담은 사람들의 다양한 이야기와 추억이 담겨 있다는 것이 바로 느린 우체통이 주는 의미가 아닐까 생각됩니다.

35. 정답 ①

느린 우체통에 대한 의미를 설명하고 있다. 따라서 ①이 정답이다.
① 마지막에 이런 것들이 느린 우체통이 주는 의미가 아닐까라는 부분에서 보면 알 수 있다.

36. 정답 ④

① 손으로 써서 답답한 게 아니라 답장이 늦는 것에 답답해한다.
② 편지나 엽서가 도착하는데 걸리는 시간이 일 년이기 때문에 빨리 배달이 안 된다는 의미로 봤을 때 부지런한 것은 아니다.

Key Point

임무	• 맡은 일. 맡겨진 일.
우체통이 열린다	• 우체통에 있는 편지를 꺼낸다.
수신인을 찾아간다	• 받는 사람에게 편지를 배달한다.
시간을 들이다	• 어떤 일에 시간을 쓰다. 사용하다.
아날로그식	• analogue ↔ 디지털(digital)
값지게 느껴지다	• 소중하게 생각된다.

[37-38]

여자 소장님, 요즘 '디지털 치매'라는 말이 나오고 있는데요, 질병 아닌 질병으로 정보화 시대의 부작용으로 나타나고 있는 현상 중 하나인데 자세히 설명 좀 해 주시겠습니까?

남자 현대 사회에서 스마트폰을 비롯한 디지털 기기의 사용이 보편화되면서 이런 기기에 기억과 정보를 과도하게 의존한 결과 사람들의 기억력이나 계산 능력이 크게 떨어지는 증상을 '디지털 치매'라고 합니다. 시대가 발전할수록 점점 생각을 할 필요도 없고, 외우거나 기억을 할 필요가 없어지다 보니 기억력은 점점 퇴화하고 있습니다. 이런 디지털 치매로 기억력 감퇴가 심해지면 결국 진짜 치매로 악화될 수도 있습니다. 일반적으로 치매는 60~70대에서만 나타나는 노년 질환으로 여기지만, 최근 들어 40~50대의 '젊은 치매' 환자 증가세가 예사롭지 않은 것도 눈여겨볼 부분입니다. 하지만 디지털 치매를 예방하는 방법은 간단합니다. 스마트폰을 잠시 손에서 내려놓은 채 직접 길을 찾아보고, 머리로 계산하고, 암기하는 습관을 가져야 합니다.

37. 정답 ④

① 디지털 치매의 원인은 이미 많이 밝혀졌다.
② 디지털 치매의 부작용을 찾는 연구가 필요한 것은 아니다.
③ 어쩔 수 없는 것이 아니라 치매를 예방할 수 있는 방법이 있다.
④ 요즘 사람들이 이런 사태의 심각성을 빨리 깨닫고 지금부터라도 습관을 바꿔야 한다고 말하고 있다.

38. 정답 ③

① 요즘 40~50대 환자가 증가하고 있다.
② 약물로 치료하는 것이 아니라 습관을 바꿔야 한다.
③ 머리와 뇌를 많이 쓰는 것이 바로 디지털 치매를 예방하는 방법이다.
④ 디지털 기기가 아니라 사람의 기억력이 떨어지는 증상이다.

Key Point

디지털	• digital
치매	• 대뇌 신경 세포의 손상으로 지능, 의지, 기억 등이 지속적·본질적으로 상실되는 병. 주로 노인에게 나타난다.
과도하다	• 정도가 지나치다.
의존하다	• 다른 것에 의지하다.
퇴화하다	• 진보 이전의 상태로 되돌아가다
악화되다	• 일이나 병의 증세가 나빠지다.
예사롭지 않다	• 흔히 있을 만한 것이 아니다. 이상하거나 특별하다
눈여겨보다	• 주의 깊게 잘 살펴보다.
손에서 내려놓다	• 손에 들고 있는 것을 다른 곳에 놓다. 즉, 스마트폰 사용을 하지 말하는 뜻이다.
-(으)ㄴ 채	• 어떤 행동을 한 상태 그대로 한동안 계속 유지될 때 사용하는 표현이다. '-(으)ㄴ 채로'의 형태로도 사용된다.

[39-40]

남자 50년 전통을 이어오신 장인으로 정말 대단하신데요. 앞에서 이야기하신 것처럼 앞으로도 계속 전통 그대로의 방식만을 고집하며, 변하지 않는 맛을 유지하시겠다는 생각에 변함이 없으신 건가요?

여자 네, 그동안 저희 가게를 찾아주신 손님들 덕분으로 50년이 넘는 세월을 꾸준히 음식을 만들 수 있었습니다. 그 맛을 잊지 못하고 지금도 찾아오시는 손님들께 옛날 그 맛을 계속 맛보게 해 주고 싶은 마음이 가장 큽니다. 변하지 않는 맛을 유지하기 위해서는 조금 번거롭고 힘들지만 전통 그대로의 방식을 계속 사용할 생각입니다. 요즘의 방식으로 바꾸면 제 몸은 편할 수 있으나 손님들과의 약속을 저버리는 것 같아 마음이 불편합니다. 저희 가게 음식을 먹으면서 행복해하는 모습을 보기 위해 힘들지만 전통의 맛을 지킬 수 있도록 노력하겠습니다.

39. 정답 ③

① 50년 동안 여러 많은 손님들이 음식을 먹으러 자주 찾아 왔다는 내용이다.
② 다양한 방법으로 맛을 개발한 것이 아니라 전통의 방법 그대로 이어져 내려오고 있다.
③ 남자가 하는 말 중에서 앞으로도 계속 전통 방식을 고집한다는 말에서 옛날 방식대로 계속 음식을 만들어 왔다는 것을 알 수 있으므로 정답이다.
④ 옛날의 맛을 지금도 유지하고 있으며 전통의 맛을 지키려고 하는 것이지 잃어버린 맛을 찾으려고 노력하는 것이 아니다.

40. 정답 ②

① 좋은 재료를 사용한다는 것은 직접적으로 나와 있지 않다.
② 변하지 않는 맛을 유지하기 위해 전통방식을 사용한다고 하였으니 요즘의 방식으로 바꾸면 음식의 맛에 차이가 날 수 있다.
③ 50년이 넘는 세월을 꾸준히 음식을 만들었다는 말은 중간에 한 번도 문을 닫았던 적이 없다는 말이다.
④ 이 여자의 몸이 불편한지는 이 글에서 알 수 없다.

Key Point

장인	• 예술가의 창작 활동이 심혈을 기울여 물건을 만드는 것과 같다는 뜻으로, 예술가를 이르는 말.
고집하다	• 자기의 의견을 바꾸거나 고치지 않고 버티다
번거롭다	• 귀찮고 복잡하다
-(으)나	• 앞 문장과 뒤 문장이 서로 대조적인 것을 나타낼 때 사용하는 표현이다. 대조의 뜻을 나타내는 '-지만'와 바꾸어 쓸 수 있으나, '-지만'에 비해 문어체로 많이 사용된다.
약속을 저버리다	• 약속을 지키지 않는다.
-아/어 오다	• 과거부터 지금까지 계속 그렇게 해 왔다는 표현이다.
-만에	• 어떤 일이 일어난 지 얼마 뒤에 다른 일이 일어났다는 것을 나타내는 표현이다. 시간 명사와 함께 사용한다.

[41-42]

남자 여러분, 다들 실수를 한 적이 있으시죠? 한 번도 실수를 안 해 본 사람은 없습니다. 하지만 실수를 인정하는 일은 어렵고 불편한 일입니다. 모르고 한 실수는 부끄러운 일이 아니나 실수인 줄 알면서 고치고 싶어 하지 않는 것은 부끄러운 일입니다. 다른 사람과의 관계에서도 마찬가지입니다. 잘못을 했는지 알면서도 자존심 때문에 절대 사과하지 않는 사람들도 있습니다. 세상을 사는 지혜로운 행동 중에 먼저 사과하는 것을 빼놓아서는 안 됩니다. 혹시 그동안 사소한 일로 마음 상해서 서로 마음의 문을 닫고 있는 분이 있으면 먼저 사과해 보세요. 그동안 쌓였던 화가 풀리고 마음이 넓어지고 행복감이 찾아올 것입니다.

41. 정답 ①

사람은 누구나 살면서 실수를 하게 된다. 모르고 한 실수는 괜찮지만 실수인 줄 알게 되면 고쳐야 한다는 내용이 있으므로 ②은 오답이다.
① 한 번도 실수를 안 해본 사람은 없다는 말은 누구나 실수를 할 수 있다는 말이므로 정답이다.
③ 먼저 사과를 하는 사람 자신이 행복하다고 하였다.
④ 사소한 일로 쌓인 화가 풀리는 데 시간이 많이 걸리는지 알 수 없다.

42. 정답 ④

실수는 부끄러운 것이 아니며, 자신의 실수를 받아들이고 고치는 것과 다른 사람의 관계에서도 자신의 잘못을 인정하고 사과하는 것이 자기 자신을 위해 좋다고 하였으므로 ①,③은 오답이다.
② 물론 다른 사람과의 관계를 중요하게 생각해야 하지만 이것이 중심 생각은 아니다
④ 이 문장에서 하고 싶은 말이 자신의 실수를 인정하는 것과 내가 먼저 사과를 하는 것이다.

Key Point

사소하다	• 크게 중요하지 않은 작은 것.
마음이 상하다	• 근심, 걱정 등으로 마음이 좋지 않다.

[43-44]

여자 여기 보이는 이 모습은 연어의 회귀 모습입니다. 강에서 태어나서 바다로 떠난 어린 연어는 2년에서 5년 뒤 산란을 위해 다시 강으로 돌아와 산란을 마치고 생을 마감합니다. 연어의 놀라운 회귀본능에 관해선 아직 정확히 밝혀진 바가 없습니다. 다만, 고향의 물 냄새를 기억하고 그 기억에 의존해 1만8000㎞를 헤엄쳐 오는 것으로 추정하고 있습니다. 하지만, 돌아오는 연어의 수가 갈수록 줄어들고 있습니다. 캘리포니아에 계속된 가뭄 때문에 하천 유속이 느려지고, 수온이 높아지면서 연어들이 이동하기 위험해 진 겁니다. 또한 무분별한 개발로 인해 환경이 파괴되고 그 영향으로 고향으로 돌아온 수많은 연어들이 알을 낳기도 전에 허무하게 일생을 마치기도 합니다. 부화장에서 어린 연어들을 부화하는 것도 좋지만, 연어 개체 수 감소는 우리에게 주는 자연의 경고 신호일 수도 있습니다. 이 엄숙하고 경이로운 여정이 우리의 후대까지 온전히 이어질 수 있기를 바랍니다.

43. 정답 ④

① 부화장에서의 부화가 회귀율이 낮은 이유는 아니다.
④ 가뭄, 하천의 느려진 유속, 높은 수온 등 여러 가지 원인들로 연어들이 이동하기 위험해졌다.

44. 정답 ④

① 이 글에서 회귀본능에 대한 연구를 해야 한다는 내용은 없다.
② 부화장에서 부화하는 것이 좋다는 내용은 아니다.
④ 이 글의 중심 내용이 연어의 회귀 모습과 그에 따른 환경 파괴의 심각성을 깨닫고 자연과 환경을 잘 지켜야 한다는 내용이다.

Key Point

회귀	• 한 바퀴 돌아서 제자리로 돌아오거나 돌아가다.
북태평양	• the North Pacific (Ocean). 태평양의 북반부
산란	• 알을 낳다.
생을 마감하다	• 죽다. = 일생을 마치다
추정하다	• 미루어 생각하여 판단하다.
하천 유속	• 강 또는 시내의 물이 흐르는 속도
허무하다	• 가치가 없고 의미가 없이 느껴져 매우 허전하고 쓸쓸하다. 보잘 것 없다.
부화하다	• 동물의 알 속에서 새끼가 껍데기를 깨고 밖으로 나오다.
경이롭다	• 놀랍고 신기하다.

[45-46]

남자 경기 침체가 지속되면서 '구조 조정', '명예퇴직'이라는 칼바람이 불고 있다. 그동안 다녔던 직장에서 하루아침에 떠밀려 나와 '앞으로 뭘 해 먹고 살까?' 고민하는 이들은 대부분 '창업'으로 눈을 돌린다. 얼마 안 되는 퇴직금으로 소자본 창업을 구상 중인 사람이라면 절대 잊지 말아야 할 것이 있다. '어떻게 대박을 칠 것인가'가 아닌 '어떻게 하면 망하지 않을 것인가'를 고민해야 한다는 점이다. 일반적으로 규모가 작은 소자본 창업의 생존율은 낮을 수밖에 없다. 하지만 치밀한 계획과 정확한 분석, 위기 대처 능력 등을 두루 갖춘다면 분명히 살아남을 수 있을 것이다. 또한 임대료 부담이 적은 곳으로 눈 돌리는 것이 좋다. 그리고 창업 시 결코 잊어서는 안 되는 것이 서비스 마인드다. 소자본 창업일수록 더욱 그렇다. 화려한 인테리어로 치장하지 않더라도 고객을 향한 주인의 따뜻한 배려가 느껴진다면 단골은 저절로 생기게 마련이다.

45. 정답 ③

① 규모가 작으면 생존율, 즉 성공 확률이 낮다.
② 인테리어와 같은 외적인 요소보다는 주인의 따뜻한 배려가 더 중요하다
③ 퇴직 후 대부분 창업으로 눈을 돌린다는 부분에서 가게를 하려고 한다는 것을 알 수 있다.
④ 임대료 부담이 적은 곳으로 가야한다고 말하고 있다.

46. 정답 ④

① 경제 상황을 분석하고 분류하는 부분까지는 아니다.
② 청중을 설득하는 부분도 없다.
③ 자신의 주장을 내세우고 있는 것은 아니다.
④ 여러 가지 측면에서 내용을 알려주고 있다.

Key Point

경기 침체	• 경제가 발전하지 못하고 제자리에 있다.
칼바람이 불고 있다	• 매우 매섭고 독한 바람. 이 문장에서는 회사에서 자신의 의지와 상관없이 해고당하게 되는 경우가 많이 생긴다는 의미로 비유적 표현이다.
눈을 돌리다	• 관심을 다른 곳으로 가지다.
소자본창업	• 적은 자본을 들여 장사나 사업 등을 하다.
대박을 치다	• 어떤 일이 크게 이루어지다. 크게 성공하여 큰돈을 벌다.
아이템	• item. 종목, 항목.
서비스 마인드	• service mind. 봉사 정신 또는 마음.
인테리어로 치장하다	• 실내 장식을 예쁘게 잘 꾸미다.
단골	• 늘 정해놓고 자주 가고 거래하는 곳. 예) 단골 음식점, 단골 술집
-(으)ㄹ 수밖에 없다	• 그 방법 외에 다른 방법이나 가능성이 없다. 당연히 그런 결과가 나오게 된다는 것을 나타내는 표현이다.
-게 마련이다	• 그런 일이 일어나는 것이 당연하다는 것을 나타내는 표현이다. '-기 마련이다'로 바꿔 쓸 수 있다.

[47-48]

남자 오늘은 아이를 공개 입양한 부부를 만나 공개 입양에 대해 말씀 나눠 보겠습니다. 직접 낳은 아이가 한 명 있으신데도 2명의 아이를 입양해 키우고 계시는데요, 공개 입양을 선택하게 된 이유와 입양을 생각하고 계시는 분들께 간단하게 말씀해 주시겠습니까?

여자 남편과 더불어 입양에 대한 생각은 일찍부터 가지고 있었어요. 그러다가 봉사활동을 하던 중 특별히 마음이 끌리는 아이가 있어서 입양을 결정하게 되었습니다. 한국 정서에는 아직도 공개 입양이라는 부분이 좀 낯설게 느껴질 수도 있으나 이 사실을 숨기고 아이를 키우다가 나중에 알게 되면 아이에게 더 큰 상처가 될 것 같아서 솔직하게 말해줬습니다. 지금까지 아이들을 키우면서 혹시 어린 나이에 상처를 받고 잘못된 인식을 심어 줄까 걱정을 한 적은 있지만 입양한 사실에 대해 후회한 적은 단 한 번도 없었습니다. 너무나도 밝고 건강하게 자란 아이들을 보면 정말 감사하고, 그 아이들은 제게 무엇과도 바꿀 수 없는 소중한 선물입니다.

47. 정답 ①

① 어렸을 때부터 솔직하게 얘기했다는 부분에서 입양 사실을 아이들도 알고 있었으므로 정답이다.
② 남편도 처음부터 입양에 대한 생각을 가지고 있었기 때문에 낯설다는 것은 맞지 않다.
③ 이 부부에게는 직접 낳은 아이가 1명 있다.
④ 부부가 2명의 아이를 입양하기 전에 봉사했다는 말은 있지만 아이들과 지금도 봉사활동을 다닌다는 내용은 없다.

48. 정답 ②

① 입양 후 아이들이 밝고 건강하게 잘 자라고 있다는 부분에서 교육을 걱정하지는 않는다.
② 공개입양에 대해 자신의 생각을 분명히 밝히고 있으므로 정답이다.
③ 입양 아이들과 사회적 문제를 연결하여 말하고 있지는 않다.
④ 공개입양의 문제점이나 나아갈 방향에 대해서 말한 내용은 없다.

Key Point

입양	• 친자식이 아닌 아이를 데리고 와서 키우는 것. 법적으로도 친부모와 친자식 관계가 되다.
마음이 끌리다	• 좋아하는 마음이 생겨 그쪽으로 마음이 가다.
떳떳하다	• 잘못한 것이 없어 당당하다.
낳은 정, 기른 정	• 아이를 직접 낳았기 때문에 가지게 되는 사랑이나 마음, 직접 낳지는 않았지만 아이를 키우면서 생기는 사랑이나 마음.
인식을 심어주다	• 사물을 판단하고 분별할 수 있는 힘을 길러주다.

[49-50]

남자 학교를 졸업한 뒤 독립할 나이가 됐는데도 부모에게 경제적으로 의존하고 있는 이른바 '캥거루족'이 늘고 있습니다. 캥거루족 증가로 환갑을 맞았지만 미혼인 30대 자녀를 뒷바라지하느라 정작 자신의 노후 준비를 하지 못해 경제적인 어려움에 직면하는 노인들이 많아졌습니다. 심지어 결혼 후에도 부모에게 의존해 사는 젊은이들이 한 둘이 아닙니다. 한 통계 자료를 보면 우리나라 대졸자들 중 절반 이상의 젊은이들이 부모로부터 용돈을 얻어 쓰고 있다고 합니다. 이처럼 일자리를 찾지 못하는 젊은이들이 늘어간다면 캥거루족 연령층도 자연히 올라갈 수밖에 없을 것입니다. 캥거루족을 해소하기 위해서는 안정적으로 일할 수 있는 취업 기회가 확대돼야 한다는 목소리가 커지고 있습니다. 한국직업능력개발원은 "성적보다 취업을 고려해 진로를 결정한 청년과 대학 졸업 전 분명한 취업 목표를 가지고 있는 청년은 캥거루족이 될 확률이 낮아 초·중등 교육뿐 아니라 대학교육에서의 진로 교육도 중요하다"고 전했습니다.

49. 정답 ③

① 성적이 높다고 취업할 기회가 많은 것은 아니다.
② 자식이 독립을 못하고 부모에게 의존하고 있는 것이다.
③ 내용 끝부분에 캥거루족의 근본적인 원인이 악화된 취업난이라고 하였으므로 정답이다.
④ 일자리를 찾지 못했을 때 캥거루족의 연령이 점차 높아질 것이다.

50. 정답 ④

① 젊은이들의 상황도 어쩔 수 없는 것임을 알고 있기 때문에 그들의 태도를 비판하는 것은 아니다.
② 이 글에서는 새로운 모습이 나타나지 않았으며 긍정적 변화를 기대하고 있는 것도 아니다
③ 노후 준비가 필요한 것은 맞지만 강하게 강조하는 것은 아니다.
④ 캥거루족에 대한 사회 문제를 지적하며 걱정하고 있으므로 정답이다.

Key Point

이른바	• 세상에서 말하는 바.
환갑	• 나이로 예순한 살을 이르는 말.
뒷바라지하다	• 뒤에서 보살피며 도와주다.
직면하다	• 어떠한 일이나 사물을 직접 만나거나 접하다.
한 둘이 아니다	• 한 명, 두 명이 아니고 여러 명이 있다.
창출	• 전에 없던 것을 처음으로 생각하여 지어내거나 만들어 냄. = 새로 만들다.

목소리가 커지다	• 어떤 의견을 지지하는 사람들이 많아지고 있다.
종사하다	• 어떤 일에 마음과 힘을 다하다.
-(으)로 인해	• '-때문에'라는 의미로 어떤 원인을 나타낼 때 사용하는 표현이다. '-때문에'보다 좀 더 격식적인 표현이다.
-(으)ㄹ 뿐 아니라	• 앞의 상황에 더하여 뒤에 다른 일이나 상황이 나타날 때 사용하는 표현이다. '-(으)ㄹ 뿐만 아니라'로도 사용한다.

쓰기 (51번~54번)

51. 정답 ㉠ 과제가 무엇인지
㉡ 제출하면 될까요?

52. 정답 ㉠ 무슨 일이 일어날지는 아무도 모른다./ 무슨 일이 일어날 수도 있다.
㉡ 어떻게 고민을 풀어야 할지 모른다. / 고민을 푸는 방법을 모른다.

53. 정답

	최	근		한	국		사	회	는		부	모	의		재	산	이	나	
사	회	적		지	위	가		높	을	수	록		자	녀	의		재	산	과
사	회	적		지	위	도		높	아	지	는		것	이		문	제	이	다
.	예	전		60	년	대		산	업	화	,	80	년	대		민	주	화	
시	대	에	는		부	모	의		직	업	이	나		재	산	이		대	물
림	되	지		않	았	다	.	과	거	에	는		부	모	가		고	학	력
일		때		자	식	이		고	학	력	이		되	는		확	률	이	
54	%	였	다	.	그	런	데		20	00	년	대		정	보	화		사	회
가		되	면	서		부	모	가		고	학	력	일		때		자	식	이
고	학	력	이		될		확	률	이		89	%	로		나	타	났	다	.
현	대	로		오	면	서		부	모	의		직	업	과		재	산	이	
자	식	에	게		대	물	림	될		확	률	이		높	게		나	타	난
것	을		알		수		있	다	.										

54. 정답

한국 사람들은 학교 교육은 누구나 똑같이 차별없이 기회가 주어져야 한다고 생각한다. 그런데 최근 돈을 주고 학교를 가는 기부입학이 문제가 되고 있다. 기부입학이 가지는 좋은 영향으로는 기부금으로 학교 시설이나 교육 환경이 더 좋아진다는 것도 있다. 이런 장점들이 있기 때문에 외국에서는 기부입학이 보편화되어 있기도 하다. 하지만 기부입학이라고 하면 부정입학과 연관해서 생각할 수 있을 뿐만 아니라 교육에 있어서 불평등이 생길 수밖에 없다. 모든 것에 똑같이 기회가 주어져야 하고 개인의 노력에 의해 입학해야 한다는 생각을 가진 한국 사람들에게 기부입학은 거부감이 생길 수밖에 없다. 앞으로 기부입학이 한국 사람들에게 거부감을 주지 않는 긍정적인 방향으로 나아가는 것이 필요할 것이다.

읽기 (1번~50번)

01. 정답 ④

'서로 가까우면 가까울수록 예의를 지켜야 한다'는 표현으로 조금 가까운 사이보다 더 많이 가까운 사이 일 때 더 예의를 지켜야 한다는 의미이므로 정도나 상태가 더해 간다는 뜻의 '-(으)ㄹ수록' 문법을 사용한 ④이 정답이다.

Key Point

-(으)며	• 1. 나열: 두 가지 이상의 일을 함께 한다. 예) 가깝고 친하다. • 2. 동시 동작: 두 가지 일을 동시에 한다. 예) 음악을 들으며 공부를 한다.
-고도	• 앞의 사실이나 느낌에 상반되거나 또 다른 특징이 이어짐을 나타낼 때 사용한다. 예) 그 사람과 친하고도 서로 이야기를 하지 않는다.
-아/어야	• 앞 문장의 당위성 또는 최소한의 필연적 조건을 나타낼 때 사용한다. 예) 서로 가깝고 친해야 매일 만날 수 있다.
-(으)ㄹ수록	• 어떤 동작이나 상태가 더해 감을 나타내는 문법이다.

02. 정답 ②

날씨가 추운데 늦게까지 운동을 했기 때문에 몸살이 났다는 뜻이므로 과거의 일 때문에 뒤에 어떤 결과가 일어났다는 문법인 '-더니'를 사용한 ②이 정답이다.

Key Point

-느니 (차라리)	• 앞 상황이나 행동보다는 뒤 상황이나 행동이 차라리 더 낫다는 것을 나타낸다. 뒤의 상황이나 행동도 말하는 사람이 매우 만족하게 생각하지는 않는 경우가 많으며, 뒤에 부사어 '차라리', '아예' 등과 같이 사용되는 경우도 있다. 예) 추운데 운동하느니 차라리 집에서 쉬는 게 낫겠다.
-더니	• 과거와 현재를 비교, 과거의 일 때문에 일어난 결과, 앞뒤 문장에는 말하는 사람이 직접 본 사실이나 느낀 것을 써야 한다.
-고자	• '-(으)려고'의 격식적인 표현, 의도와 계획을 나타내는 의미를 가지고 있다. 예) 춥지만 건강하고자 매일 열심히 운동합니다.
-더라도	• 앞 문장과 같은 내용을 가정 하여도 뒤 문장에서는 선행절의 가정과 상반됨을 나타내는 연결어미로 사용된다. 예) 춥더라도 운동을 계속하세요.
몸살이 나다	• 감기에 걸리거나 몸이 안 좋을 때 몸 전체가 아픈 것을 말한다.

03. 정답 ①

'-다가는' 문법은 앞 문장의 행동을 여러 번 하면 나쁜 결과가 생길지도 모른다고 추측하는 의미이다. 그래서 앞의 행동을 계속하면 뒤에 어떤 결과가 나타난다는 의미의 '-다 보면' 문법이 있는 ①이 정답이다.

Key Point

-다 보면	• 어떤 행동을 계속하면 나타나는 일반적인 결과, 앞 문장의 행동이 끊임없이 계속되면 뒤 문장의 결과가 나타날 것이라는 추축 혹은 뒤 문장과 같은 결과가 나타난다는 의미의 문법이다.
-(으)ㄴ/는데다가	• 앞의 동작이나 상태에 뒤의 동작이나 상태가 더해진다는 의미이다. '그리고, 또'로 연결할 수 있는 문장을 하나로 만들 때 사용할 수 있다.
-(으)ㄴ 채로	• 그 상태 그대로 변하지 않는다는 뜻을 나타내는 문법이다. 앞 동작을 하는 상태에서 뒤의 행동이 이루어지는 것을 나타낸다.
-(으)ㄴ/는 대신에	• 앞 문장의 행위나 상태를 뒤에 나오는 것으로 바꾼다는 뜻을 나타내는 문법이다.

04. 정답 ③

'-았/었나 보다' 문법은 추측을 나타내는 표현이다. 매일 담배를 피우는 민수 씨가 오늘 담배를 안 피우는 것을 보고 담배를 끊었을 것 같다고 추측하는 내용이므로 어떤 상황을 보고 그 결과를 추측할 때 사용하는 문법 '-(으)ㄴ/는 모양이다'로 바꾸어 쓸 수 있다. 그래서 ③이 정답이다.

Key Point

-(으)ㄴ/는 척하다	• 어떤 행동을 사실이 아닌 거짓으로 행동을 할 때 사용하는 문법이다. 그 상황이나 그 행동을 하고 있지 않지만 진짜 그러는 것과 같이 거짓으로 표현한다.
-(으)ㄴ는/편이다	• 어떤 사실을 확정지어 말할 수는 없으나 대체로 그런 쪽에 가깝거나 그런 쪽에 속한다고 말할 때 사용한다.
-(으)ㄴ/는 모양이다	• 확실히 알 수는 없으나 어떤 근거나 이유가 있어서 그렇게 생각하고 추측한다.
-(으)ㄹ 리가 없다	• 그렇게 될 가능성이 없다. 믿을 수 없거나 있을 수 없는 일 등을 말할 때 사용한다.

05. 정답 ①

꿈의 나라로 초대한다는 문장을 봐서는 잠을 잔다는 것을 알 수 있다. 누워서 쉴 수 있는 곳이라는 의미에 가장 가까운 단어는 침대이므로 ①이 정답이다.

Key Point

-을/를 위하여	• 앞에 나오는 내용은 목적이 되고, 뒤에 나오는 내용은 그 목적이나 대상을 위한 행동을 나타낼 때 사용하는 표현이다. '-을/를 위해서' 보다 격식적인 표현이다.

06. 정답 ③

지금의 모습에서 변화를 줄 수 있는 곳이라고 했을 때 ①, ②, ④은 오답이다. 그리고 '변화'라는 단어를 보면 미용실이라는 것을 알 수 있다. 그러므로 ③이 정답이다.

07. 정답 ①

음주, 과속이라는 단어에서 보면 ②, ④은 오답이다. 빨리하는 것, 내가 먼저 하는 것은 안 된다고 하였고, '안전한 도로'를 만든다는 표현에서 운전과 관련된 내용이라는 것을 알 수 있으므로 ①이 정답이다.

Key Point

과속	• 자동차 주행 속도를 너무 빠르게 함. 또는 그 속도
생명을 빼앗아간다	• 죽음을 나타내는 표현이다
양보하다	• 길, 자리, 물건을 다른 사람에게 주다. 남을 위하여 자신을 희생한다.

08. 정답 ②

먼저 세안 후 얼굴에 바른다. 그 다음 제품을 바른 후 두드린다. 즉, 이 설명은 어떤 제품을 어떻게 사용하라는 사용 방법에 대한 설명이므로 ②이 정답이다.

Key Point

세안	• 세수를 하다
적당량을 덜다	• 사용하기 알맞은 분량을 떼어내다. 어느 정도의 양을 다른 곳으로 가져오다
바르다	• 상처에 약을 바르다, 얼굴에 화장품을 바르다.
두드리다	• 소리가 나도록 치거나 때리다

09. 정답 ①

① 평일은 저녁 9시 30분까지이고, 주말은 저녁 11시까지로 운영 시간이 다르므로 정답이다.
② 천원을 내면 한 번, 1시간 동안만 탈 수 있으므로 오답이다.
③ 6세 이하 어린이 즉, 6세 어린이는 탈 수 없으므로 오답이다.
④ 스케이트화는 대여료 1,000원에 포함되어 있으므로 따로 돈을 내는 것은 오답이다

Key Point

개장하다	• 극장, 시장, 등 영업을 시작하다.
미착용 시 입장불가	• 착용하지 않았을 때 입장할 수 없다.

10. 정답 ②

학생의 희망 직업은 연예인>교사>의사>공무원 순이고, 학부모의 희망 직업 직업은 교사>공무원>의사>연예인 순으로 ③,④은 오답이다.
① 학생은 의사보다 교사가 되기를 희망하므로 오답이다.
② 그래프에서 학생들 의견 중 공무원이 되기를 바라는 학생이 가장 적었으므로 정답이다.

11. 정답 ③

매주 토요일 오전 11시~5시까지 행궁동 주변만 자동차 없는 거리로 지정했으므로 ①,②은 오답이다.
③ 각종 문화 행사들이 있는데 시장, 음악공연, 음식 체험, 자전거 타기 등 여러 가지를 할 수 있으므로 정답이다.
④ 오늘 28일부터 시행할 예정이다, 그리고 마지막 부분에 '새로운 거리문화를 만들고자 한다'라는 내용을 봤을 때 이미 예전부터 하고 있던 행사는 아니므로 오답이다.

Key Point

연계하다	• 어떤 일이나 사람과 관련하여 관계를 맺다.
벼룩시장	• 여러 가지 중고물품을 팔고 사는 시장.
자전거투어	• tour. 자전거를 타고 주변을 구경하거나 여행하다.
-은/는 물론	• 앞의 대상이나 상황을 포함하여 뒤의 어떠한 상황이 나타날 때 사용한다. • '-은/는 물론이고'로 사용되기도 한다.

12. 정답 ④

밥을 먹고 바로 목욕을 하는 것은 좋지 않으며, 나이가 많은 사람들은 겨울철에 목욕할 때 특히 더 주의를 해야 한다는 내용이므로 ①,②은 오답이다.

③ 심장이 약한 사람, 심장병이 있는 사람은 심장에 휴식을 주거나 혹은 욕실의 공기가 잘 통하게 하는 것을 주의해야 한다.

④ 밥을 먹자마자 목욕을 하면 음식물이 소화가 되지 않는다는 내용으로 봐서 식사를 하고 시간이 지난 후에 목욕을 하는 것이 좋다는 내용이 정답이다.

Key Point

-자마자	• 앞 문장의 일이 끝난 후 바로 이어 뒤 문장의 일이 일어날 때 사용하는 표현이다.
섭취하다	• 음식이나 식품을 먹다.
게다가	• 그러한 데다가

13. 정답 ③

첫 문장은 글 전체의 도입으로 옛말을 인용한 (다)가 오는 것이 맞다. (가)에서 이런 게 한국 사람들의 정이라고 했으니 (가)는 가장 마지막에 정리하는 내용이 된다. 그럼 중간에는 '그래서'로 앞의 문장을 받아 한국인의 정을 나타낼 수 있는 상황인 (라)가 오고 그런 상황을 연결하는 '그러면'으로 시작하는 (다)가 온다. 그래서 ③번이 정답이다.

Key Point

한턱내다	• 주로 내가 좋은 일이 생겼을 때 다른 사람에게 음식을 대접한다.
그래서	• 앞의 내용이 뒤의 내용의 원인이나 근거, 조건 따위가 될 때 쓰는 접속 부사.
그러면	• 앞의 내용이 뒤의 내용의 조건이 될 때 쓰는 접속 부사. • 앞의 내용을 받아들이거나 그것을 전제로 새로운 주장을 할 때 쓰는 접속 부사.

14. 정답 ④

먼저 (가)의 '사주 카페'라는 곳에 대한 설명이 첫 번째로 나와야 하고 그 다음으로 그 카페에서 무엇을 하는 지 (다)의 문장이 나와야 한다. '또한'은 앞의 문장을 덧붙여 주는 것이므로 세 번째에 (라)가 와야 한다. 마지막으로 이런 곳에 사람이 많아서 놀랐다는 (나)가 오는 것이 맞다. 그래서 ④이 정답이다.

Key Point

사주 카페	• 사람의 길흉화복을 알아보는 점을 보면서 커피를 마시는 카페(coffee)
점을 보다	• 자신의 사주, 미래의 일, 앞날에 대해 미리 알아보는 것.
관상, 손금, 궁합	• 관상: 얼굴로 보는 점, 손금: 손으로 보는 점, 궁합: 혼인할 남녀의 사주를 보고 부부로 서의 좋고 나쁨을 알아보는 점.
또한	• 그 위에 더, 거기에다 더

15. 정답 ②

첫 문장은 이 글과 주제와 관련해서 의문점을 제시하는 (나)로 시작한다. 그리고 그 다음으로 '그 질문에~'라는 문장이 있는 (라)가 와야 한다. (라)의 문장에서 '인생을 만들면 된다'라고 하였고, 그런 인생을 만들기 위해 어떻게 해야 한다는 문장으로는 (가)가 적당하다. 그리고 마지막에 결국 행복한 삶을 산다는 내용의 (다) 문장이 오는 것이 맞다. 그래서 2번이 정답이다.

16. 정답 ③

이 글에서 보면 고양이는 성격이 민감해서 주변 환경의 변화에 예민하게 반응한다고 하였으니 ①은 오답이다. 고양이가 평소에 하지 않는 이상한 행동을 하는 이유는 바로 불안하거나 스트레스 때문이라는 연구 결과가 나왔으므로 이를 해결하기 위해서는 고양이 자신의 주변이 안전하다고 느낄 수 있도록 안정감을 주는 것이 좋다. 즉, ③이 정답이다.

② 왜 못된 행동을 하는지 원인을 찾아서 적절한 대처를 해야 하므로 오답이다.

④ 고양이는 말 못하는 동물이므로 얘기를 많이 하라는 것은 오답이다.

Key Point

예민하다	• 자극에 빠르게 반응을 보이거나 쉽게 영향을 받다. 민감하다.
-거나	• 두 가지 이상의 행동, 상태, 존재를 나열할 때 사용하는 표현이다. • 명사일 경우는 '-(이)나'를 사용한다.
일부러	• 어떤 목적이나 생각을 가지고.
골치 아프게 하다.	• 신경 쓰이게 하다. 머리 아프게 하다.
-에 따르면	• 어떤 사실을 근거로 하여 뒤의 상황을 설명을 할 때 사용하는 표현이다.

17. 정답 ④

최근 화려한 결혼식이 아닌 작은 결혼식을 하는 커플들이 많아지고 있다. 젊은 세대에게 비싼 결혼식에 대한 인식이 바뀌고 있고 다른 사람에게 보여주는 결혼보다는 자신들이 행복해지는 결혼식을 먼저 생각한다고 하였으니 ④이 정답이다.

② 한국의 전통 결혼 문화와 관련이 없으므로 오답이다.

③ 부모님의 의견을 존중해야 하지만 여기서는 자신들이 중심이 된다고 하였으므로 오답이다.

Key Point

-(으)ㄴ 적이 있다	• 과거에 그런 일을 한 경험이 있다. 지금은 그 일을 하지 않을 때 사용한다.
소박하다	• 화려하지 않고 수수하다.
선호하다	• 여럿 가운데 특별히 더 좋아하다
커플	• couple. 짝이 되는 남녀 한 쌍.
과다한 혼수	• 너무 많고 지나칠 정도의 결혼 물품들.

18. 정답 ③

요즘 사회에서 첫인상을 결정하는 가장 중요한 요인이 외모보다는 얼굴 표정이라는 조사 결과가 나왔다. 그런데 얼굴의 인상과 좋은 이미지는 긍정적 마음과 즐거운 마음이 좌우한다고 하였으므로 ①, ②은 오답이다.
③ 즐거운 마음으로 행복함을 느끼면 좋은 인상으로 바뀔 수 있으므로 정답이다.
④ 얼굴을 가꾸기보다 밝게 웃는 습관을 가지는 것이 중요하므로 오답이다.

Key Point

호감이 가다	• 좋아하거나 좋은 느낌이 생기다.
-(느)냐 에 따라서	• 어떤 상황이나 기준, 사실에 기대어 뒤의 결과가 나타날 때 사용하는 표현이다.
좌우되다	• 어떤 일에 영향을 주다.

19. 정답 ④

천연 세제를 사용하면 좋은 점에 대해서 여러 가지를 설명하고 있으므로 마지막 문장을 이어주는 '그리고' ④이 정답이다.

Key Point

반면	• 뒤에 오는 말이 앞의 내용과 상반됨을 나타내는 말.
그래서	• 앞의 내용이 뒤의 내용의 원인이나 근거, 조건 따위가 될 때 쓰는 접속 부사. = 그러므로, 따라서
오히려	• 일반적인 기준이나 예상, 짐작, 기대와는 전혀 반대가 되거나 다르게.
그리고	• 단어, 구, 절, 문장 따위를 병렬적으로 연결할 때 쓰는 접속 부사.

20. 정답 ③

이 글은 설거지를 할 때 그동안 화학성분이 많이 들어 있는 세제를 사용했는데, 요즘은 화학 세제보다 훨씬 더 좋은 천연 세제를 만들어서 사용한다는 내용이므로 ①, ②은 오답이다.
③ 천연 세제로 아이들 그릇도 안심하고 사용할 수 있다고 하였으므로 정답이다.
④ 밀가루로 음식을 만드는 것이 아니라 세제를 만드는 것이므로 오답이다.

Key Point

-만큼	• 앞에 나오는 것과 비슷한 정도. 비교의 대상을 나타낼 때 사용하는 표현이다.
화학성분	• chemical composition. 물질을 구성하는 여러 가지 화학 종.
세제	• 물에 풀어서 이물질을 씻어 내는 데 쓰는 물질. 흔히 비누 등을 말한다.
찌꺼기	• 쓸 만한 것을 빼고 남은 것.
-에 비해	• 앞의 것과 뒤의 것을 비교할 때 사용하는 표현이다.
냄새가 배다	• 냄새가 스며들어 오래 남아 있다.
밀폐용기	• 샐 틈이 없이 꼭 막거나 닫은 그릇.
그만이다	• 더 이상 말할 것 없을 정도로 좋다.

21. 정답 ③

종합민원실에서 무료로 우산 대여 코너를 운영하고 있는데 자율대여, 반납방식인데도 불구하고 많은 시민들이 빌려간 우산을 다시 제자리에 꽂아 두었다는 내용이므로 생각하지 못한 믿을 수 없는 상황을 나타내는 ③이 정답이다.

Key Point

진땀을 빼다	• 어려운 일이나 난처한 일을 당해서 진땀이 나도록 몹시 애를 쓰다.
하늘을 찌르다	• 기세가 매우 높다.
눈을 의심하다	• 보고도 믿을 수 없는 상황에서 사용한다.
눈살을 찌푸리다	• 마음에 들지 않거나 못마땅한 상황에서 사용한다.

22. 정답 ②

시민들이 누가 시켜서 하는 것이 아니라 자율적으로 즉, 시민들 스스로 그런 모습들을 보여주는 글이다. 그러므로 이 글의 중심생각은 시민들이 스스로 생각해서 행동하는 모습이 훌륭하다는 ②이 정답이다.

Key Point

호응을 얻다	• 많은 사람들이 그 일에 대해 좋아하고 찬성하다.
비치하다	• 마련하여 갖추어 두다.
미처	• 아직 거기까지. 흔히 뒤에는 '못 하다' '않다' '없다'등과 함께 사용한다.
기재하다	• 문서나 서류에 기록하다. 적다
우려에 찬 목소리	• 어떤 일에 대해 걱정하는 말을 하거나 의견을 내다.
-아/어 있다	• 어떤 일이 끝나고 그 상태나 결과가 계속 지속되고 있는 것을 나타내는 표현이다.

23. 정답 ②

이 글의 전반적인 내용은 봄이 오는 것을 보고 자신의 지나간 젊음에 대해 다시 생각하고 있다. 젊음에 대한 미련을 갖고 있으면서 현재의 모습 속에서도 행복을 느낀다고 하였다. 그리고 적지 않은 지금 이 나이에서도 봄을 맞이할 수 있다는 것이 다른 무엇과 비교할 수 없을 만큼 행복하다고 하였다. 그런 행복한 마음으로 봄이 오는 것을 기대하면서 기다리고 있으므로 ②이 정답이다.

Key Point

두렵다	• 어떤 대상을 무서워하며 마음이 불안하다.
기대하다	• 어떤 일이 이루어지기를 바라고 기다리다.
안타깝다	• 뜻대로 되지 않거나 보기에 딱하여 가슴 아프고 답답하다.
혼란스럽다	• 생각이 정리가 안 되고 여러 가지 생각이 섞여 있다.

24. 정답 ②

① 봄이 되어서 음악을 듣는 것이 아니므로 오답이다.
② 인생 40년이라는 문장에서 이 사람의 나이가 마흔 살 정도 되었다는 것을 알 수 있으므로 정답이다.
③ 이 사람은 멋진 옷을 사고 싶다는 생각이 없으므로 오답이다.
④ 젊었을 때도 봄이 오는 것을 좋아했는지는 잘 나타나 있지 않으므로 오답이다.

Key Point

안개	• 지표면 가까이에 아주 작은 물방울이 부옇게 떠 있는 현상.
한결같다	• 처음부터 끝까지 변함없이 꼭 같다.
-기 마련이다	• 앞의 어떤 조건으로 인해 당연히 뒤에 그런 일이 있어난다. '-게 마련이다'로 바꿔 사용할 수 있다.
-만 못하다	• 앞의 내용과 비교했을 때 더 좋지 않다. 앞에 나오는 내용이 더 좋다.
누리다	• 생활 속에서 마음껏 즐기다.
녹이 슬다	• 쇠에 녹이 생기다. 산화 작용으로 쇠에 물질이 생기고 색깔은 붉거나 검거나 푸르게 변하다.
금은보화	• 금, 은, 여러 가지 귀중한 보물.

25. 정답 ④

연휴동안 고속도로의 상황에 대해서는 알 수 없으므로 ①, ②은 오답. 연휴의 마지막 날에 정체가 극심하다는 표현은 도로에 차가 많이 막힌다는 것이다. 오후 4~6시에 최고조라는 뜻은 그 시간에 가장 많이 막힐 것이라는 것이다. 그러므로 ④이 정답이다.
③ 4~6시에 사고 때문에 이 시간에 많이 막힌다는 뜻은 아니므로 오답이다.

Key Point

정체	• 나아가지 못하고 한자리에 머물러 있다.
극심하다	• 매우 심하다.
최고조	• 어떤 분위기, 감정 등이 가장 높은 정도에 이른 상태를 말한다.

26. 정답 ①

'발길이 끊겼다'라는 말은 그 곳을 찾는 손님이 없다는 뜻이다. 스키장에 손님이 없는 이유로 경제 상황이 안 좋은 것이 아니라 청년층이 일자리를 못 구하기 때문이므로 ②, ③은 오답이다. 일자리가 없어 생활이 어려운 젊은이들이 스키장에 오지 않으니까 자연스럽게 스키장 이용객들도 전체적으로 줄었다. 그러므로 ①이 정답이다.
④ 청소년이 스키장에서 다리를 다쳤다는 내용은 없으므로 오답이다.

Key Point

발길	• 앞으로 움직여 걸어 나가는 발.
뚝	• 계속 되는 것이 갑자기 그치는 모양을 나타내는 부사.
끊기다	• '끊다'의 피동사. 어떤 관계가 계속 이어지지 않게 되다.
빈곤	• 가난하여 살기가 어렵다.

27. 정답 ④

게임 개발의 속도, 대중화가 빨리 되기 바라는 것, 대중들의 노력이 필요하다는 내용은 없으므로 ①, ②,③은 오답이다.
④ 시기상조라는 표현을 봤을 때 가상현실 게임이 점점 개발이 되고는 있지만 아직 대중화하기까지 시간이 더 많이 걸릴 것 같다는 의미이므로 정답이다.

Key Point

가상현실	• 현실이 아닌데도 실제처럼 생각하고 보이게 하는 현실.
대중화	• 많은 사람들 사이에서 널리 퍼져 친숙해지다.
시기상조	• 어떤 일을 하기에 아직 때가 이르다. 시기적으로 빠르다.

28. 정답 ③

이 글은 떡국은 각 지역마다 다른 특색을 가지고 있다는 내용이 있고 지역마다 날씨, 재료가 다르다는 내용을 모두 포함하고 있어야 하므로 ①, ④은 오답이다.
③ 기후나 재료들이 지역마다 다르기 때문에 각 지역의 특색을 살려 만든 다양한 떡국이 있었다는 것이므로 정답이다.

Key Point

둘러앉다	• 여럿이 둥그렇게 앉다.
가래떡	• 둥글고 길게 뽑아 일정한 길이로 자른 흰 떡.
무병장수	• 병 없이 건강하게 오래 살다.
엽전	• 옛날 사람들이 사용하던 돈. 둥글고 납작하며 가운데 네모 구멍이 있다.
풍년, 풍요	• 곡식이 잘 자라 수확이 많은 해, 많아서 넉넉하다.
-(으)ㄴ 채	• 어떤 일을 한 상태가 한 동안 그대로 계속 유지되는 것을 나타내는 표현이다.
고스란히	• 모습이나 형태가 변하지 않고 그대로 온전한 상태로 있다.

29. 정답 ②

아이들이 너무 많은 스마트 폰의 사용으로 아이들에게 여러 가지 안 좋은 영향을 끼쳤는데 특히 몸의 균형이 무너진다는 내용에서 학습능력, 예절 교육과는 연관성이 없으므로 ①, ③은 오답이다.
② 거북목증후군, 목통승의 승상이 나타나고 굽은 자세와 변형된 경추 등 척추 건강과 관계가 깊으므로 정답이다.
④ 체형변화와 관련된 것이므로 눈 시력과는 관계가 없으므로 오답이다.

Key Point

칭얼거리다	• 몸이 불편하거나 마음에 못마땅하여 짜증을 내며 자꾸 중얼거리거나 보채다.
조르다	• 다른 사람에게 끊임없이 무엇을 자꾸 요구하다
-아/어대다	• 좋지 않은 일을 여러 번 반복하다는 뜻으로 사용되는 표현이다.
거북목증후군	• <의학> 잘못된 자세 때문에 거북처럼 목이 앞으로 구부러지는 증세.
무심코	• 아무 뜻이나 생각 없이.
발병하다	• 병이 나다.
굽은 자세	• 한쪽으로 휘어져 있는 몸의 모양.
경추	• <의학> 척추 뼈 가운데 가장 위쪽 목에 있는 일곱 개의 뼈 = 목뼈.

30. 정답 ④

첫째아이를 집에만 있게 하고 놀지 못하게 하는 것은 아니기 때문에 ①, ③은 오답이다.
② 통계학적으로 분석한 결과 첫째는 의사나 변호사가 될 확률이 높다는 것이지 부모가 의사로 키우고 싶어하는 것은 아니므로 오답이다.
④ 뒤 부분에 그 다음 태어난 아이는 부모의 간섭이 줄어들고 활동적이라는 내용과 연결해 봤을 때, 일반적으로 첫째 아이는 부모가 간섭을 많이 하고 항상 신경을 쓰고 위험한 행동을 못하게 하였다는 내용이 나오는 것이 적절하므로 정답이다.

Key Point

-는 추세이다	• 그러한 방향으로 나아가고 있는 상황, 현상을 나타낼 때 사용하는 표현이다.
외동	• 아이가 한 명 있다. 외동 딸, 외동아들
확률이 높다	• 일정한 조건 아래에서 어떤 결과, 일이 일어날 가능성이 높다.
반드시	• 틀림없이 꼭.
성립하다	• 일이나 관계가 제대로 이루어지다.
-(으)로 인해	• 어떤 대상 때문에 생긴 원인을 나타낼 때 사용하는 표현이다. 뒤 문장에는 결과가 온다.
과잉보호	• 부모가 아이를 지나치게 보호함.
기질	• 기량과 타고난 성질.
-는 경향이 있다	• 현상이나 사상, 행동 따위가 어떤 방향으로 기울어진다.

31. 정답 ④

이 실험 과일 샐러드, 건강한 음식을 먹는 것이 몸무게 감소에 도움이 되는 것인지 알아보기 위한 실험이 아니므로 ①, ②은 오답이다.

④ 거울이 있는 방과 없는 방에서 먹은 초콜릿 케이크의 맛의 점수에 차이가 있다는 결과를 봤을 때 거울이 있는 방에서 살이 찔 것 같은 음식을 먹는 자신의 모습을 보게 되면 음식 맛을 떨어뜨리고 입맛이 떨어져서 덜 먹게 된다는 분석이 나왔으므로 정답이다.

Key Point

입증하다	• 어떤 증거 따위를 내세워 증명하다.
샐러드	• salad. 서양 요리의 하나. 생야채나 과일을 주재료로 하여 마요네즈나 프렌치드레싱 따위의 소스로 버무린 음식이다.
풍미	• 음식의 고상한 맛.
분석하다	• 얽혀 있거나 복잡한 것을 풀어서 개별적인 요소나 성질로 나누다.
대조적	• 서로 달라서 대비가 되는. 또는 그런 것.

32. 정답 ①

색깔을 또 다른 언어로 생각하여 자신을 표현하는 도구로 사용한다고 하였으므로 ②, ③은 오답이다.
① 어떤 색을 보느냐에 따라 기분이 달라지고 마음을 치유할 수 있다고 하였으므로 정답이다.
④ 각 색깔마다 그 색에 맞는 의미가 있는 것이므로 오답이다.

Key Point

영감을 받다	• 창조적인 일의 계기가 되는 기발한 착상이나 자극을 받다.
-을/를 통해	• 어떤 것을 수단으로 뒤의 행동이 이루어짐을 나타내는 표현이다.
-(으)ㄹ 뿐더러	• 어떤 사실에 더하여 다른 상황도 있다는 것을 나타내는 표현이다.
-(으)로 손꼽히다	• 여럿 중에서 뛰어나다고 여기다.

상관없이	• 관계없이.
파스텔 톤	• pastel tone. 색깔이 진하지 않고 연하다.
치유하다	• 치료하여 병을 낫게 하다.
결핍되다	• 있어야 할 것이 없어지거나 모자라다.
컬러 테라피	• color Therapy. 색깔 치료, 요법

33. 정답 ④

수달은 겨울잠을 자지 않고 수중 생활에 적합한 동물이므로 ①, ②은 오답이다.
③ 수달은 털에 방수 기능이 있지만 물속에 오래 있으면 효과가 떨어진다고 했으므로 오답이다.
④ 수달은 후각과 청각 즉, 잘 듣고 냄새를 잘 맡기 때문에 어두운 물속에서도 물고기를 잘 잡을 수 있으므로 정답이다.

Key Point

수달	• <동물> 족제빗과의 포유류. 짧은 네발에 물갈퀴가 있어 헤엄을 잘 친다. 가죽은 옷을, 털은 붓을 만드는 데에 쓴다.
주되다	• 어떤 것의 중심이 되다. 주로 '주된, 주되는'의 형태로 사용된다.
꽁꽁	• 물체가 아주 단단하게 언 모양.
겨우살이	• 겨울 동안 먹고 입고 지낼 옷가지나 양식 따위를 통틀어 이르는 말.
엿보다	• 어떤 사실을 바탕으로 실제 모습을 미루어 알다.
적합하다	• 일이나 조건 따위에 꼭 알맞다.
진화하다	• 생물이 생명의 기원 이후부터 점진적으로 변해 가다.
유선형	• 물이나 공기의 저항을 최소한으로 하기 위하여 앞부분을 곡선으로 만들고, 뒤쪽으로 갈수록 뾰족하게 한 형태. 자동차, 비행기, 배 따위의 모양에 이용한다.
물갈퀴	• 개구리, 기러기, 오리 따위의 발가락 사이에 있는 엷은 막. 헤엄을 치는 데 편리하다
모피	• 털가죽.
차디차다	• 매우 차다.
가량	• (수량을 나타내는 명사 또는 명사구 뒤에 붙어) '정도'의 뜻을 더하는 접미사.
사냥하다	• 총이나 활 또는 길들인 매나 올가미 따위로 산이나 들의 짐승을 잡다
말리다	• '마르다'의 사동사. 물기가 다 날아가서 없어지게 하다.

34. 정답 ②

경제 상황이 안 좋아지면서 비싼 휴대폰 대신 싼 휴대폰을 사용하는 사람이 늘고 있는데, 싼 휴대폰도 비싼 휴대폰과 비교 했을 때 성능이 떨어지지 않으므로 ③, ④는 오답이다.
① 과거에 알뜰폰을 노인들이 많이 사용했다는 내용이 있지만 노년층에만 판매하는 것은 아니므로 오답이다.
② 올해 들어 전체 가입자의 절반이 젊은 층이라는 내용은 요즘 젊은 사람들도 알뜰폰을 사용한다는 내용과 같으므로 정답이다.

Key Point

거듭되다	• 어떤 일이나 상황이 계속 생겨나거나 되풀이되다.
뜨고 있다	• 요즘 점점 인기가 많아지고 있다.
제로	• zero. 0.
출고가	• 생산자가 생산품을 시장에 낼 때의 가격.
입소문이 나다	• 입에서 입으로 전하는 소문. 많은 사람들 사이에서 많이 말해지고 있다.
거품을 빼다	• 현상 따위가 일시적으로 생겨 껍데기만 있고 실질적인 내용이 없는 상황에서 부풀려지고 사용할 수 없는 것을 덜어 내다.
실속 있다	• 군더더기가 없고, 실제 사용하기 좋고 중요한 것이 있다.
열풍	• 매우 세차게 일어나는 기운이나 기세를 비유적으로 이르는 말.
-(으)ㄹ 전망이다	• 앞날을 내다 봄. 앞으로 그렇게 될 것 같다는 상황에서 사용하는 표현이다.

35. 정답 ④

유교 사회에서는 상상할 수 없는 남자가 요리하는 모습이 요즘 한국 사회에서는 이제 점점 많아지고 있다는 내용이므로 ①, ③은 오답이다.

② 음식을 만드는 방송, 특히 남자가 요리하는 방송은 최근 한국에서 인기가 있으므로 오답이다.

④ 쿡방과 더불어 요리하는 남자가 새로운 현상으로 관심을 받고 있다는 내용을 봤을 때 요리하는 방송이 인기를 얻으면서 남자도 요리하는 시대가 되었다는 내용이 정답이다.

Key Point

심심찮다	• 드물지 않고 꽤 자주.
유독	• 많은 것 가운데 홀로 두드러지게.
눈길을 끌다	• 다른 사람의 관심을 쏠리게 하다. 관심을 받다.
유교	• Confucianism. 유학을 종교적인 관점에서 이르는 말.
-이야말로	• 앞의 내용을 강조하여 확인하는 뜻을 나타내는 보조사.
부각되다	• 어떤 사물이 특징지어져 두드러지게 되다.
전담하다	• 전문적으로 맡거나 혼자서 담당하다.
신선한 충격	• 뜻밖의 사건 따위로 심한 자극이나 영향을 주다.
대세	• 큰 권세. 요즘 유행하는 사람. 어떤 일.
귀추가 주목되다	• 앞으로 일이 어떻게 되어갈지 모두 관심 있게 지켜본다.
열기가 뜨겁다	• 어떤 일에 대해 사람들의 감정이나 열정 따위가 격렬하다.

36. 정답 ③

이 글은 복면을 쓰고 노래를 부르는 프로그램이 인기를 얻고 있는데 그 이유는 현재 차별과 편견이 있는 한국 사회의 잘못된 모습에 대해 사람들이 불만을 가지고 바꾸고 싶어 한다는 내용이다. 출연자들이 궁금하다거나 가수들이 주목을 받는다는 내용은 이 글의 주제가 아니므로 ②, ④은 오답이다.

① 한국 사회가 불공정, 차별이 있지만 그에 대한 해답을 제시해 주고 있는 것은 아니므로 오답이다.

③ 복면을 쓰고 노래하면서 그 출연자에 대한 선입견을 막아줬고 이 프로그램에 빗대어 사람들은 편견없는 세상을 바란다는 내용이 이 글의 주제이므로 정답이다.

Key Point

복면	• 얼굴을 알아보지 못하도록 얼굴 전부 또는 일부를 헝겊 따위로 싸서 가림. 또는 그러는 데에 쓰는 수건이나 보자기와 같은 물건.
겨루다	• 서로 시합하여 승부를 내다.
화제가 되다	• 사람들 사이에서 이야깃거리, 이야기할 만한 재료, 소재가 되다.
가리다	• 여럿 가운데서 하나를 구별하여 고르다.
감추다	• 남이 보거나 찾아내지 못하도록 가리거나 숨기다.
선입견	• 어떤 대상에 대하여 이미 마음속에 가지고 있는 고정적인 관념이나 관점.
편견	• 공정하지 못하고 한쪽으로 치우친 생각.
-(으)ㄹ 법하다	• 앞말이 뜻하는 상황이 실제 있거나 발생할 가능성이 있음을 나타내는 말.
만연해 있다	• (비유적으로) 전염병이나 나쁜 현상이 널리 퍼져 있다.
꼬집어 보여 주다	• 분명하게 집어서 드러내 보여 주다.
스펙	• (specification). 직장을 구하는 사람들 사이에서, 학력 · 학점 · 토익 점수 등을 합쳐서 말하는 것.
세태	• 사람들의 일상생활, 풍습 따위에서 보이는 세상의 상태나 형편.
반감	• 반대하거나 반항하는 감정.

37. 정답 ④

미래를 걱정하고 과거에 매여 있는 것은 현재 삶에 도움이 되지 않으므로 ①, ②은 오답이다.

③ 불면증에 대한 내용은 아니므로 오답이다.

④ 과거의 미련과 미래의 걱정으로 시간을 낭비하지 말고 현재의 행복을 위해 인생을 즐겁게 사는 것이 중요하다는 내용이므로 정답이다.

Key Point

-았/었어야 했는데	• 과거에 해야 했지만 그렇게 하지 못한 일이나 하지 않은 일에 대해 후회를 나타낼 때 사용하는 표현이다.
자책하다	• 자신의 결함이나 잘못에 대하여 스스로 깊이 뉘우치고 자신을 책망하다.
잠을 설치다	• 깊이 잠을 자지 못하고 뒤척이다.
얽매이다	• 마음대로 행동할 수 없게 어디에 몹시 구속되어 있다.

우물쭈물	• 행동 따위를 분명하게 하지 못하고 자꾸 망설이며 몹시 흐리멍덩하게 하는 모양.
디딤돌	• 어떤 문제를 해결하는 데에 바탕이 되는 것을 비유적으로 이르는 말.

38. 정답 ④

2배가 행복도 2배로 해주는 것도 아니고, 느리다고 불안해 할 필요도 없으므로 ①, ②은 오답이다.

③ 현대 사회는 더 빠른 것을 요구하고 있지만 이 글에서는 그것에 대한 반성의 내용이 주제이므로 오답이다.

④ 더 강하고 더 빠른 속도는 순수한 미각과 감성을 무디게 만들고, 이런 속도 중독증에 빠져 놓치고 있는 건 없는지 둘러 볼 필요가 있다고 하였으므로 정답이다.

Key Point

무디다	• 느끼고 깨닫는 힘이나 표현하는 힘이 부족하고 둔하다.
강박증	• 무엇에 눌리거나 쫓겨 심하게 압박을 느끼거나 어떤 생각이나 감정에 끊임없이 잡혀 있는 증상 또는 병.
둘러보다	• 주위를 이리저리 두루 살펴보다.
결코	• 어떤 경우에도 절대로.
-(으)ㄴ/는 만큼	• 앞의 내용과 비슷한 정도나 수량을 나타낼 때, 앞 내용이 뒤 내용의 이유나 근거를 타나낼 때 사용하는 표현이다.
늦추다	• '늦다'의 사동사. 정해진 시간이나 속도를 느리게 하다.

39. 정답 ④

이 글의 앞부분은 연꽃에 대한 설명이므로 ㉠, ㉡에는 보기 문장이 들어올 수 없으므로 ①, ②은 오답이다.

③ 연꽃에 어떤 비밀이 있는데 그 비밀에 대한 내용으로 그 다음 문장이 바로 이어질 수 있으므로 ㉢은 오답이다.

④ 700년 전 오래된 연꽃 씨가 싹을 틔운 것에 대한 원인을 나타내 주는 문장, 연꽃 씨에 강인한 생명력이 있다는 내용 뒤에 오면 되므로 ㉣이 정답이다.

Key Point

은은하다	• 뚜렷하게 드러나지 아니하고 흐릿하다. 냄새가 진하지 않고 그윽하다.
질리다	• 어떤 일이나 음식 따위에 싫증이 나다.
발아	• 씨앗에서 싹이 나오다. = 싹을 틔우다

40. 정답 ①

병의 증상을 더 심하게 하고 또 치료를 어렵게 한다는 내용 그리고 이를 방지하기 위한 내용으로 연결되는 것이 자연스러우므로 ②, ③, ④은 오답이다.

① '하지만'이라는 부사는 서로 반대되는 문장을 연결해 주는 접속사로 뒤에 나오는 문장은 한국인들의 특징이 우울증 병을 더 심하게 만든다는 내용이다. 그러므로 이 앞부분에 우울증도 치료가 가능하다는 보기 내용이 들어오는 것이 알맞으므로 ㉠이 정답이다.

Key Point

꺼리다	• 그렇게 하기 싫어하다.
우울증을 키우다	• 우울증을 더 심각하게 만든다.
시급하다	• 시간을 다툴 만큼 몹시 절박하고 급하다.
조치	• 벌어지는 사태를 잘 살펴서 필요한 대책을 세워 행함. 또는 그 대책.
-기에 급급하다	• 한 가지 일에만 정신을 쏟아 다른 일을 할 마음의 여유가 없다.
따가운 시선	• 눈길이나 충고 따위가 매섭고 날카롭다. 이상하거나 좋지 않은 생각으로 쳐다보다.

41. 정답 ③

'특히'라는 부사는 '보통과 다르게' 라는 뜻으로 앞부분에 한국의 각 시대를 대표하는 화가들의 작품을 볼 수 있다는 내용이 나오고 특히 조선 시대 대표적인 화가 두 명의 작품도 공개된다는 내용이 오는 것이 맞으므로 ③이 정답이다.

①, ② 국립중앙박물관에서 특별전을 개최한다는 소식과 그 특별전에 전시될 작품에 대한 설명이 계속 이어지는 것이 맞으므로 둘은 오답이다.

④ 특별전 전시작들에 대한 설명이 다 끝나고 이런 전시품 설명에 대한 음성 가이드가 제공된다는 내용이 이어지는 것이 자연스러우므로 이 사이에 오는 것은 오답이다.

Key Point

한자리에서 보다	• 같은 장소에서 한꺼번에 볼 수 있다.
소장하다	• 자기 것으로 가지고 있다.
산수화	• <미술> 동양화에서, 산과 물이 어우러진 자연의 아름다움을 그린 그림.
이상향	• 인간이 생각할 수 있는 최선의 상태를 갖춘 완전한 사회.
스마트 기기	• smart 기계. 지능성 최첨단 기기.
쌍벽을 이루다	• 여럿 가운데 특별히 뛰어나서 우열을 가리기 어려운 둘을 비유적으로 사용하는 표현.
대작	• 뛰어난 작품

42. 정답 ①

이 글의 상황은 어머니를 모셔다 드릴 때 차시간이 남아서 식당에 가서 고깃국을 먹기로 했다. 하지만 어머니는 중이염으로 고깃국을 드시지 못하시지만 나를 위해 고깃국을 먹었다. 고깃국을 먹을 때 어머니께서는 주인에게 국물이 짜다고 하시며 국물을 더 달라고 하셨고 그 국물을 나에게 더 주셨다. 나는 혹시 주인이 우리의 모습을 볼까봐 주인을 보면서 국물을 받았다. 혹시 주인이 보게 되면 창피한 상황이 되므로 밑줄 친 부분의 나의 심정은 ①번이 정답이다.

Key Point

창피하다	• 체면이 깎이는 일을 당하여 부끄럽다.
실망하다	• 희망을 잃다. 또는 바라던 일이 뜻대로 되지 아니하여 마음이 몹시 상하다.
고민하다	• 마음속으로 괴로워하고 애를 태우다.
슬퍼하다	• 슬프게 여기다

43. 정답 ④

① 어머니는 중이염 때문에 고깃국을 안 드시므로 오답이다.
② 그릇이 부딪쳐서 깨진 것이 아니라 어머니께서 나에게 국물을 더 주시려고 하다가 그릇이 부딪치는 소리가 났으므로 오답이다.
③ 어머니께서 국물을 더 받으시려고 소금을 많이 넣어서 짜다고 하셨으므로 오답이다.
④ 집안 사정이 안 좋아서 어머니께서 이모님과 같이 살게 되셨으므로 정답이다.

Key Point

끼니를 때우다	• 간단한 음식으로 식사를 대신하다.
고름	• 몸 안에 병균이 들어가 염증을 일으켰을 때에 피부나 조직이 썩어 생긴 물질.
-곤 하다	• 어떤 상황이 반복되는 것을 나타내는 표현이다.
더위를 먹다	• 여름철에 더위 때문에 몸에 이상 증세가 생기다.
대여섯	• 다섯이나 여섯쯤 되는 수. 또는 그런 수의.
의아하다	• 의심스럽고 이상하다.
흔쾌히	• 기쁘고 유쾌하게.
흘금거리다	• 곁눈으로 슬그머니 자꾸 흘겨보다.
넌지시	• 드러나지 않게 가만히
애쓰다	• 마음과 힘을 다하여 무엇을 이루려고 힘쓰다.
찔끔	• 액체 따위가 조금 새어 흐르거나 나왔다 그치는 모양.
서럽다	• 원통하고 슬프다

44. 정답 ②

한국이 다른 나라보다 근무시간이 많고 야근, 회식 등 근무 조건이 좋지 않다. 그런데 최근에 야근, 회의, 회식 등을 하지 않는 회사, 휴가를 많이 주는 회사 등 여러 가지 근무 환경을 좋게 바꾸기 위해 노력하고 있다는 의미의 내용이므로 ②이 정답이다.
① 일자리 창출에 신경을 쓰는 것이 아니라 근로 환경에 신경을 쓰는 것이므로 오답이다.
③ 근로 문화를 정부가 주도한 것은 아니므로 오답이다.
④ 한국 기업이 다른 나라보다 근로 시간도 더 많고 근로 환경이 더 좋은 것도 아니므로 오답이다.

45. 정답 ①

앞부분에 나온 내용으로는 회사문화를 바꾸고 근무 제도를 바꾸고 있다는 내용이다. 하지만 '이런 움직임에도 불구하고' 라는 문장은 앞의 내용과 상반되는 반대되는 내용이 나온다는 뜻이므로 직원들의 만족을 우선시 한다거나 변화된 모습을 보여준다는 내용은 맞지 않으므로 ③, ④은 오답이다.
① 몇 개 기업이 근로 문화를 바꾸고 있지만 아직 많은 회사들은 여전히 근무 환경이 바뀌지 않고 똑같다는 내용이므로 정답이다.
② 근로 문화에 대한 내용이므로 여기에 업무 능력과 관련된 내용이 들어가기에 맞지 않으므로 오답이다.

Key Point

신명나다	• 신나고 기분이 좋다. 흥이 나다.
국한되다	• 범위가 일정한 부분에 한정되다.
볼멘소리	• 서운하거나 화가 나서 퉁명스럽게 하는 말투.
범국민	• (汎國民). pan-national. 모든 시민 계층을 포함하다.
캠페인	• campaign. 사회·정치적 목적 따위를 위하여 조직적이고도 지속적으로 행하는 운동. 홍보
확산하다	• 흩어져 널리 퍼지게 되다.

46. 정답 ③

이 글은 지하철 스크린도어 옆 안전보호벽이 원래의 기능을 못하고 있다는 내용이다. ©부분을 기준으로 앞부분은 스크린도어에 있는 안전보호벽에 대한 설명을 하고 있고 뒷부분은 그 안전보호벽에 문제가 지적되어 개선을 요구하고 있다는 내용이다. 그러므로 안전보호벽의 원래 기능을 설명한 후에 지금은 그 기능을 사용할 수 없다는 내용이 연결되는 것이 알맞으므로 ③이 정답이다.

47. 정답 ②

① 지하철 수익금은 시민들을 위해 사용되고 있지 않으므로 오답이다.
② 지금의 안전보호벽은 승객의 안전을 보호 해 줄 수 없으므로 개선해야 한다는 것으로 정답이다.
③ 이미 많은 곳에 스크린도어가 설치되어 있고 여기서는 안전보호벽에 대한 문제점이므로 오답이다.
④ 안전보호벽은 열차가 다른 곳에 세워지는 것을 방지하는 것이 아니라 다른 곳에 세워졌거나 비상시에 사용하는 것이므로 오답이다.

Key Point

선로	• 기차나 전차의 바퀴가 굴러가도록 레일을 깔아 놓은 길.
추락하다	• 높은 곳에서 떨어지다.
제기되다	• 문제점이나 논의할 부분에 대해 의견이나 문제가 나오다.
충당하다	• 모자라는 것을 채워 넣다.
난색을 표하다	• 어떤 일을 꺼리거나 어려워하여 하기 싫어하는 얼굴을 나타내다.
추산되다	• 짐작으로 미루어져 셈하여지다.
무용지물	• 사용할 수 없는 물건.

48. 정답 ③

자유학기제의 부정적 부분을 해결하거나 변화된 부분을 설득하거나 필요성을 주장하기 위한 글은 아니므로 ①, ②, ④은 오답이다.
③ 자유학기제가 올해 시행되는데 시범 운영기간 중에 생긴 문제점들을 잘 해결해서 자유학기제가 성공적으로 잘 진행되었으면 좋겠다는 내용이므로 정답이다.

49. 정답 ③

앞으로의 교육에 대한 내용이 나와야 하므로 학교 교육을 반성한다거나 아이들의 자유를 침해한다는 내용은 맞지 않으므로 ①. ②은 오답이다.

③ 자유학기제라는 것이 학생들이 자신의 적성과 미래에 대해 알아볼 수 있는 시간이므로 각자 자신이 좋아하고 무엇을 하고 싶어하는지 꿈과 개성을 키우는 행복한 교육이 되길 바라는 내용이므로 정답이다.

④ 입시 스트레스도 물론 없어야 하지만 여기서 바라는 교육은 학생 자신이 무엇을 하고 싶은지 적성을 찾는 교육이 되어야 하므로 오답이다.

50. 정답 ②

밑줄 친 부분에서 필자가 어려움에 대해 공감하거나 이 제도를 수긍하는 것, 앞으로 일에 대해 예측하고 있는 것은 아니므로 ①, ③, ④은 오답이다.

② 그동안 문제점들이 발견되었고, 그 문제점들이 아직 해결되지 않았기 때문에 사람들이 걱정하고 있다는 것을 말하고 싶은 것이므로 정답이다.

Key Point

전면	• 모든 면. 또는 모든 부문.
취지	• 어떤 일의 근본이 되는 목적이나 그것이 꼭 필요하고 중요하다는 뜻.
우려	• 걱정
목소리가 높다	• 어떤 것에 대한 의견을 가진 사람이 많다.
마련되다	• 어떤 일을 하기 위해 갖춰지다.
자칫	• 어쩌다가 조금 어긋남을 나타낼 때 쓰는 말.
초래되다	• 어떤 결과가 가져오게 되다.
정착되다	• 일정한 곳에 자리를 잡아 붙박이로 있거나 머물러 살게 되다. • 새로운 문화 현상, 학설 따위가 당연한 것으로 사회에 받아들여지다.
멘토링	• Mentoring. 다른 사람을 돕는 좋은 조언자, 상담자, 후원자를 '멘토(mentor)'라 하고, 멘토의 활동을 '멘토링(Mentoring)' 이라고 한다.

한국어능력시험
Real TOPIK II

한국어능력시험
Real TOPIK Ⅱ

한국어능력시험
Real TOPIK Ⅱ

Chapter 03

Real TOPIK Ⅱ 3회 해설

- 듣기 통합 (1번~50번)
- 쓰기 (51번~54번)
- 읽기 (1번~50번)

듣기 통합 (1번~50번)

01.

여자 이 집은 어떠세요? 마음에 드세요?
남자 다 좋은데 여기는 교통이 너무 불편한 것 같아요.
여자 그러면 지하철역에서 가까운 곳으로 다시 찾아볼게요.

정답 ②
여자가 이 집이 어떠냐고 했고, 마지막에 다른 집을 찾아보겠다고 했으니까 정답은 집 소개와 관련이 있다. 이 집이 마음에 드는지 묻고 있으니까 집을 소개해주고 있는 ②이 정답이다.

02.

여자 저... 죄송하지만 부산 가는 기차를 타려면 어디로 가야 하나요?
남자 3번 출구로 나가시면 기차표를 파는 곳이 보일 거예요.
여자 네, 감사합니다.

정답 ④
여자가 기차를 타려면 어디로 가야 하는지 물었고, 남자가 대답을 하고 있기 때문에 ④이 정답이다.

Key Point

-(으)려면	· '어떤 일을 하려고 한다면'의 뜻을 나타내는 표현

03.

남자 요즘 많은 성인들이 독서를 하지 않고 있다는 조사 결과가 나왔습니다. 성인의 평균 독서량은 작년 9권에서 7권으로 줄어든 반면, 초등학생들은 24권에서 32권으로 오히려 8권이 더 늘었습니다. 우리 모두 오늘 하루는 여유를 가지고 책을 한 권 쯤 읽어보는 것은 어떨까요?

정답 ③
성인은 작년 9권에서 올해 7권으로 줄었고, 초등학생은 작년 24권에서 올해 32권으로 늘었다.

04.

남자 나는 내일 동아리 모임에 못 갈 것 같아.
여자 왜? 무슨 일이 있어?
남자 ______________________

정답 ④

모임에 못 가는 이유를 설명해야 하는 ④이 적절하다.

05.

여자 머리가 계속 아프네.
남자 약은 먹었어? 내가 가서 약을 좀 사올까?
여자 ______________________

정답 ②

여자가 머리가 계속 아픈 상황이고 남자가 약을 먹었는지 약을 사올지에 대해 질문을 했는데 여자는 이미 약을 먹었기 때문에 약을 사오지 않아도 되는 상황이 적절하다.
① 남자가 약을 사오겠다는 질문에 여자가 긍정을 하고 여자가 직접 사오겠다는 대답은 적절하지 않다.
② 조금 전에 약을 먹었기 때문에 사오지 않아도 된다는 부정의 대답이 적절하다.
③ 약을 사오라고 대답을 하고 머리 아픈 것이 괜찮다는 대답은 적절하지 않다.
④ 문을 연 약국이 있는데 사오지 말라는 것은 적절하지 않다.

06.

남자 요즘 날씨가 너무 추워요. 눈도 너무 자주 오고요.
여자 그러게요. 어제도 폭설이 내려서 많은 피해가 있었대요. 참! 민수 씨는 내일 여행 간다고 했죠? 내일도 눈이 많이 온다고 하던데…….
남자 ______________________

정답 ①

원래 내일 여행을 가기로 했는데 폭설이 내려서 피해가 있었고, 내일도 눈이 많이 온다고 했으니까 다음에 여행을 다음에 가야겠다는 대답이 가장 적절하다. 따라서 ①번이 정답이다.
② 남자가 여행을 가는 것에 대한 여자의 질문이기 때문에 오답이다.

07.

여자 영수야, 우리 둘만 먹을 건데 무슨 음식을 그렇게 많이 시켜?
남자 모자라게 먹는 것보다 음식이 남더라도 배부르게 먹는 게 좋지 않아?
여자 ________________

정답 ①

여자가 '무슨 음식을 그렇게 많이 시켜요?'라고 물어봤기 때문에 아직 음식을 먹기 전이다. 따라서 ②, ④은 오답이다. 그리고 음식 취향에 대한 질문이 아니기 때문에 ③도 오답이다. 결국 주문한 음식 양에 대한 질문이기 때문에 ①이 정답이다.

Key Point

-는 한	• '이러한 조건에서는'이라는 의미로 뒤의 행위나 상태에 대해 전제나 조건이 됨.
-자니	• '-려고 하니'의 의미

08.

남자 수미 씨, 이번 주말에 시간 있으면 같이 밥 먹을래요? 제가 살게요.
여자 미안해요. 저는 주말에 친구랑 같이 백화점에 가기로 했어요. 집 근처에 새로운 백화점이 생겼거든요.
남자 ________________

정답 ③

남자가 같이 밥 먹자고 했지만 여자가 미안하다고 대답했으니까 어쩔 수 없다는 대답이 가장 적절하다.

09.

남자 다음 주가 시험인데 너무 바빠서 시험 준비를 하나도 못했어.
여자 왜? 요즘 무슨 일 있니?
남자 아르바이트에, 발표 숙제에, 논문까지 정신이 하나도 없어.
여자 정말 시험 준비를 못할 정도로 바쁘구나. 내가 발표 숙제 좀 도와줄까?
남자 정말? 고마워. 그럼 나 잠깐 도서관에 갔다가 올게.

정답 ④

여자가 발표 숙제를 도와준다고 했고 남자도 그렇게 하자고 했으니까 여자는 남자의 발표 숙제를 도와준다는 내용이 적절하다.

10.

남자 여보, 주말에 등산하러 가는 게 어때요?
여자 겨울철 등산은 철저히 준비를 해야 해요.
남자 그러면 우리 얼른 필요한 것들을 사러 가요.
여자 알겠어요. 그럼 우선 뭘 사야 하는지 적어 봅시다.

정답 ③

뭘 사야 하는지부터 적고 등산에 필요한 물건을 사러 가자고 했으니까 대화가 끝난 뒤에는 필요한 목록을 작성할 것이다.

Key Point

목록	• [명사] 어떤 물건의 이름이나 제목을 순서대로 적은 것

11.

여자 실례합니다. 남산에 가려고 하는데 몇 번 버스를 타야 해요?
남자 401번이나 505번 버스를 타면 돼요. 그런데 그 버스는 여기에서 탈 수 없어요.
여자 그러면 어디에서 타야 해요?
남자 여기에서 150번 버스를 타고 10분 정도 가서 환승을 하셔야 해요.

정답 ①

마지막 남자의 말에 150번 버스를 타고 환승을 하는 것이 좋겠다고 했으니까 버스를 타러 간다는 내용이 적절하다.

12.

남자 수진 씨, 입학 설명회 준비는 다 끝났나요?
여자 아니요. 담당 선생님께서 자리에 안 계셔서요. 오늘 다시 전화를 해 보겠습니다.
남자 좀 서둘러서 준비해 주세요. 시간이 얼마 안 남았으니까요.
여자 네, 바로 알아보겠습니다.

정답 ②

담당 선생님께서 자리에 없으셔서 전화를 하겠다고 했으니까 ②이 적절하다.

13.

남자 어! 이런, 우리가 내려야 할 지하철역을 방금 지나쳤어.
여자 뭐라고? 정신없이 이야기하다 보니 지나친 줄 몰랐네.
남자 이제 어떡하지? 다시 돌아갈 방법이 있어?
여자 다음 역에서 내려서 버스를 타고 가면 돼.

정답 ③

① 지하철역에서 내려야 한다는 내용이 제시되어 있으므로 두 사람은 지하철을 타고 가고 있다.
② 남자가 내려야 할 지하철역을 방금 지나쳤다고 했으니까 목적지에 도착하지 못했다.
③ 내려야 할 역을 지나쳤다는 말은 내려야 한 곳에서 내리지 못하고 계속 가고 있음을 의미한다.
④ 다음 역에서 내려서 버스를 타고 가자고 했으니까 기차를 타는 것이 아니다.

14.

남자 열이 나고 머리가 아파서 왔습니다.
여자 진찰을 해 본 결과 감기 몸살이네요.
남자 감기 몸살이요? 그럼 약을 먹으면 괜찮아질까요?
여자 네, 그리고 주사 한 대 맞으시고 집에서 푹 쉬시면 나을 거예요.

정답 ①

① 여자가 진찰을 한 뒤에 남자에게 감기몸살에 걸린 것 같다고 했으니까 정답이다.
② 내일 병원에 와야 한다는 내용은 없다.
③ 약도 먹고 주사도 맞고 푹 쉬어야 한다고 했다.
④ 주사를 맞고 집에서 푹 쉬면 나을 거라고 했으니까 바로 낫는 것은 아니다.

15.

여자 최근 애완견을 키우는 가정이 많은데요. 애완견을 키우지 않는 가정보다 애완견을 키우는 가정의 아이들이 집중력이 높고 스트레스도 더 적은 것으로 밝혀졌습니다. 아이들의 교육에도 도움이 된다는 이번 연구 결과에 따라 앞으로 애완견을 키우는 가정이 더 많아질 것으로 예상됩니다.

정답 ②

① 애완견을 키우면 스트레스가 더 적다고 했다.
② 애완견을 키우면 집중력이 높다고 했으니까 집중을 더 잘할 수 있다.
③ 애완견은 아이들이 있는 가정에서 더 많이 키운다는 내용을 제시되지 않았다.
④ 앞으로 애완견을 키우는 가정이 더 많아질 것 같다고 했으니까 감소하지 않고 증가할 것이다.

16.

여자 해마다 연말이 되면 기부를 하는 사람들이 많았었는데요. 점점 기부하는 사람들이 감소하고 있다고 합니다.

남자 기부 감소 원인으로 어려운 경제적 형편 등의 여러 가지 이유가 있지만 기부금액의 투명성에 대한 불신이 가장 높습니다. 자신이 기부를 하더라도 그것이 제대로 사용이 되는지 확인할 방법이 없다는 것이 문제인데요. 기부금액의 사용 내역을 투명하게 공개해서 건강한 기부 문화가 만들어지기를 바랍니다.

정답 ①

① 날이 갈수록 기부하는 사람들이 감소하고 있다고 제시되었다.
② 기부금을 어디에 사용하는지 확인할 방법이 없어서 불신이 높아진다고 한다.
③ 어려운 경제 형편도 원인이 되지만 투명성에 대한 불신이 가장 높은 것이 원인이 된다.
④ 기부금 사용 내용을 공개하면 투명성이 높아져서 불신이 사라지게 될 것이다. 투명하게 공개하지 않았기 때문에 불신이 생겨서 기부를 하지 않는 사람이 늘어나게 되었다고 제시하고 있다.

17.

남자 휴가를 내서 가족여행을 가기로 했어.

여자 요즘 연말이라서 회사 사람들 모두 엄청 바쁜데 정말로 휴가를 갈 거야?

남자 아무리 바빠도 가족들과 같이 시간을 보내는 것이 더 중요하다고 생각해. 회사를 그만두는 한이 있더라도 가족들과 같이 여행을 가고 싶어.

정답 ④

① 남자는 가족들과 같이 시간을 보내는 것이 더 중요하다고 했으니까 연말에 휴가를 꼭 가야한다는 것은 오답이다.
② 가족들과 같이 시간을 보내는 것이 중요해서 가족여행을 갈 것이라고 했으니까 가족여행이 중심 생각은 아니다.
③ 회사를 그만두는 한이 있어도 휴가를 간다고 했지 회사를 그만 두겠다고는 하지 않았다.
④ 가족들과 같이 시간을 보내는 것이 더 중요하다고 한 것이 남자의 중심 생각이다.

18.

남자 단순히 휴대폰을 오랫동안 사용한다고 휴대폰 중독이라고 하는 건 좀 심하다고 생각해.

여자 내 친구만 해도 여자 친구를 만나도 휴대폰만 보고, 휴대폰이 없으면 마음이 불안하대. 그 정도면 중독 아니야?

남자 휴대폰으로 하루 종일 게임을 하거나 휴대폰만 보면 중독이지만, 사전을 사용하거나 필요한 정보를 찾는 일 등 생활에 필요한 편리한 기능들을 사용한다면 중독은 아닌 것 같아.

정답 ③

마지막에 사전이나 필요한 정보를 찾는다면 휴대폰 중독이 아니라고 했으니까 이것이 남자의 중심 생각이다.

① 휴대폰으로 게임을 하면 안 된다는 이야기는 나오지 않는다.
② 남자는 휴대폰을 오랫동안 사용한다고 해도 중독이라는 말은 심한 것 같다고 했다.
③ 휴대폰으로 사전을 찾거나 필요한 정보를 찾으면 중독이 아니라고 했으니까 정답이다.
④ 휴대폰으로 사전과 필요한 정보를 찾을 수 있는 것은 맞지만 남자는 휴대폰 중독에 대한 이야기를 하고 있으니까 중심 생각은 아니다.

Key Point

중독	• [명사] 어떤 음식이나 물건 등이 없으면 견디지 못하는 상황

19.

남자 요즘에는 결혼하는 비율이 급격하게 떨어져서 20~30대의 절반이 결혼을 안 했다고 하더라.

여자 결혼하려면 비용도 많이 들고, 집도 사야 되고... 스트레스를 많이 받는다고 하잖아.

남자 맞아. 나도 결혼은 필수라는 말은 옛말이 되었다고 생각해.

정답 ④

결혼은 필수라는 말은 옛말이라고 하는 것으로 보아 남자는 결혼은 꼭 해야 하는 것은 아니다는 내용이 적절하다.

20.

여자 많은 사람들은 술을 마시면 무조건 건강에 나쁘다고 알고 있는데 이는 사실인가요?

남자 사실과 다릅니다. 술이 건강에 나쁜 것은 과음을 하기 때문입니다. 하지만 1~2잔 정도의 술을 마시는 것은 건강에 큰 영향을 주지 않는다고 합니다. 따라서 음주를 하더라도 1~2잔 정도의 적당한 양을 마시도록 노력하는 것이 중요합니다.

정답 ③

음주를 하더라도 적당한 양의 술을 마시도록 노력해야 한다고 했으니까 이것이 중심 생각이다.
① 하루에 1~2잔 정도의 술을 마시면 건강에 큰 영향이 없다고 했으니까 오답이다.
② 매일 술을 마셔야 한다는 이야기는 없다.
③ 1~2잔 정도의 적당한 양을 마셔야 한다고 했으니까 정답이다.
④ 회식을 할 때 술을 꼭 마셔야 한다는 내용은 없다.

[21~22]

남자 지난주부터 백화점에서 '코리아 블랙 프라이데이(korea black Friday)'라는 할인 행사를 하고 있다는데 정말 좋은 것 같아.

여자 나는 오히려 할인 행사 때문에 충동구매를 하게 될 것 같아.

남자 글쎄, 나는 사고 싶은 물건을 싸게 구입할 수 있고, 경제 발전에도 도움이 되니까 일석이조의 효과를 얻을 수 있다고 생각해.

여자 그렇지만 내가 백화점에 직접 가 보니까 뉴스에서 알려진 것하고는 많이 다르더라. 할인하는 상품도 몇 개 없고 어떤 것은 인터넷보다 비싸더라고.

21. **정답** ③

① 할인 행사를 더 많이 해야 한다는 말은 없다.
② 사람들이 소비를 많이 하면 경제가 발전에 도움이 된다고 했지 경제가 더 발전해야 한다는 말은 아니다.
③ 할인 행사로 인해서 사람들의 소비가 많아지고 경제도 발전한다고 했으니까 정답이다.
④ '코리아 블랙 프라이데이'라는 할인 행사를 백화점에서 하고 있다는 말이지 백화점에서만 해야 한다는 말은 아니다.

22. 정답 ③

① 지난주부터 할인 행사를 진행하고 있다. 아직 끝나지 않았다.
② 여자는 코리아 블랙 프라이데이의 단점으로 충동구매를 할 수 있다고 생각을 했지 충동구매를 한 것이 아니다.
③ 여자가 직접 가 보니 뉴스 기사와는 달리 할인을 많이 하지 않는다고 했으니까 적절하다.
④ 어떤 상품은 인터넷보다 더 비싸다고 했으니까 오답이다.

Key Point

일석이조	• 한 가지 일로 두 가지의 이득을 얻을 수 있다

[23~24]

여자 여보세요. 제가 체크카드를 분실해서 다시 신청하고 싶은데요. 어떻게 해야 하나요?
남자 은행으로 오시면 바로 만들어 드릴 수 있습니다. 오실 때 신분증과 통장을 꼭 가져 오셔야 합니다.
여자 전화나 인터넷으로 신청할 수 있습니까? 제가 시간이 없어서요.
남자 네, 가능합니다. 하지만 신청한 카드는 본인이 직접 받아야 바로 사용할 수 있고 일주일 정도 기다리셔야 합니다.

23. 정답 ①

체크카드를 잃어버려서 다시 신청하는 방법 즉, 재발급 방법을 물어보고 있다.

24. 정답 ③

① 전화나 인터넷으로 재발급을 신청할 수 있다고 하였다.
② 직접 은행에 갈 경우 신분증과 통장이 필요하지만 여자가 인터넷으로 서류를 냈다는 내용은 없다.
③ 여자는 시간이 없어서 직접 가는 방법 대신에 전화나 인터넷으로 신청하는 방법도 문의했다.
④ 직접 방문할 경우 바로 받을 수 있지만 전화나 인터넷으로 신청하면 일주일 정도 기다려야 한다.

Key Point

발급	• [명사] 증명서 따위를 발행하여 주다

[25~26]

여자 최근 이상기후 현상으로 폭우나 폭설이 자주 내려서 비행기의 이착륙이 지연되거나 결항되는 사태도 종종 발생하는데요. 이럴 때는 어떻게 해야 합니까?

남자 일단 출발이 지연된다면 그냥 기다리는 수밖에 없습니다. 하지만 결항이 되었을 때는 대처할 수 있는 방법을 미리 숙지하고 있어야 좋습니다. 우선 항공사에서 비행기 표를 환불 받거나, 다른 날짜의 비행기를 예약해야 합니다. 이 경우에는 추가적인 비용이 들어가지 않으므로 비행기 결항 시에는 빨리 다른 비행기 표를 예약하는 것이 좋습니다.

25. 정답 ②

비행기가 지연되거나 결항이 되었을 때 대처할 수 있는 방법에 대해서 이야기를 하고 있다.

Key Point

결항	• [명사] 배나 비행기가 어떠한 이유로 다니지 않는 것

26. 정답 ②

① 비행기가 결항되면 환불 받거나 다른 비행기를 예약해야 하지만 피해보상에 대한 이야기는 없다.
② 최근 이상기후로 인해서 폭우와 폭설이 자주 내리고 있다고 했으니까 정답이다.
③ 비행기의 출발이 지연되면 별 다른 방법 없이 기다려야 한다고 했으니까 오답이다.
④ 비행기 결항 시에 항공사에서 예약을 해준다는 이야기는 없다.

[27~28]

남자 최근 지구 온난화가 급속도로 가속화되고 있다는 뉴스를 본 적 있어요?

여자 들은 적은 있지만 당장 해결해야 할 시급한 문제라고 생각해 보지는 않았던 것 같아요.

남자 남극과 북극의 얼음이 녹으면서 지난 100년 동안 해수면이 20cm가 상승했고 앞으로 80년 동안 1m가 더 상승할 것으로 예상한대요. 이대로라면 섬나라 중 하나인 '몰디브'는 사라질 수 있다는데 정말 큰 문제인 것 같아요.

여자 그렇군요. 지금부터라도 지구 온난화를 막기 위해 작은 노력이라도 해야겠어요.

27. 정답 ④

지구 온난화로 인해 남극과 북극의 얼음이 녹으면서 해수면이 상승하게 되었고 섬이 사라질 수 있는 위기에 놓여 있다는 것을 설명하고 있다. 따라서 지구 온난화를 막기 위해 노력해야 한다는 것을 강조하고 있다.

28. 정답 ④

① 지구 온난화는 과거에도 존재하여 100년 동안 해수면이 20cm 상승했다.
② 섬나라인 몰디브가 사라질 위기에 처했다고 했다.
③ 지구 온난화를 막을 수 있는 방법은 없다는 이야기는 나오지 않았다.
④ 앞으로 80년 동안 해수면이 1m가 더 상승할 것이라고 했으니까 정답이다.

Key Point

지구 온난화	• [명사] 지구가 점점 뜨거워지는 현상
해수면	• [명사] 바닷물의 표면이나 그 높이

[29~30]

여자 내년에 새로 개통되는 고속철도는 기존 고속철도와 큰 차이점이 있다고 합니다. 이 고속철도를 개발한 회사의 대표 박 사장님께서 직접 설명을 해 주시겠습니다. 어떤 차이점이 있습니까?

남자 먼저 기차가 아주 빠른 속도를 내기 위해서는 기차의 모양이 아주 중요합니다. 그래서 기차의 모양을 새롭게 디자인하고 기존의 고속철도보다 약 20km 이상 더 빠른 속도로 달릴 수 있도록 설계하였습니다.

여자 그리고 또 다른 점은 무엇이 있나요?

남자 기차의 안정성을 높여서 사고가 날 확률을 크게 줄였습니다.

여자 네, 맞습니다. 아무리 기차의 속도가 빨라도 사고가 자주 난다면 아무도 타려고 하지 않겠죠. 지금까지 도움 말씀 주신 박 사장님, 감사합니다.

29. 정답 ①

처음에 여자가 소개할 때 남자를 회사의 사장님이라고 불렀으니까 정답이다. 뉴스 기자는 여자의 직업이다.

30. 정답 ③

① 빠른 속도를 내기 위해서는 기차의 모양이 중요하다고 했으니까 오답이다.
② 새 고속열차는 모든 부분에서 안정성을 높여서 사고가 날 확률을 줄였다고 했으니까 오답이다.
③ 기존의 고속철도보다 약 20km 더 빨라졌다고 했으니까 정답이다.
④ 현재 고속철도로가 속도가 빠른 대신에 안정성이 떨어진다는 내용은 제시되어 있지 않다. 다만 새로 개발된 고속철도는 기존의 고속철도보다 속도도 빠르고 안정성도 높였다고 제시하였다.

[31~32]

여자 날씨가 점점 추워지면서 감기에 걸리는 사람들이 많은데 건강을 지키는 방법에는 뭐가 있습니까?
남자 건강을 지키기 가장 좋은 방법은 바로 운동입니다.
여자 그런데 겨울에는 실외 운동이 오히려 건강에 좋지 않다고 하는데 맞습니까?
남자 아닙니다. 일단 운동 자체가 몸의 면역력을 높여주고 몸의 온도도 올려주므로 실외 운동은 일석이조의 효과를 볼 수 있습니다. 하지만 아침보다는 조금 따뜻한 오후에 운동하는 것이 더 좋으며 준비운동을 충분히 해야 합니다. 또 운동 후에는 충분한 휴식을 취하고, 겨울에는 날씨가 건조하기 때문에 물을 자주 마시는 것이 좋습니다.

31. 정답 ①

① 실외에서의 운동은 면역력도 높여주고 몸의 온도도 올려주므로 효과적이라고 제시되어 있다.
② 여자가 질문한 내용으로 남자는 아니라고 대답하였다.
③ 운동을 한 후에 휴식을 취해야 하고, 물을 마시는 것은 날씨가 건조하기 때문이니까 오답이다.
④ 겨울에는 운동을 아침보다 오후에 하는 것이 좋다고 했으니까 오답이다.

32. 정답 ②

여자의 질문에 여러 가지 근거를 들어서 설명하고 있다.

Key Point

면역력	· [명사] 외부의 세균으로부터 몸을 보호하는 능력

[33~34]

여자 요즘 대부분 신용카드 하나쯤은 가지고 있지만 사용할 때마다 적립되는 카드 포인트에 대해서는 잘 모르시는 분들이 많습니다. 신용카드 포인트는 잘만 사용하면 실제 돈과 다름없을 정도로 가치가 높습니다. 그래서 지금부터 여러분들에게 신용카드 포인트를 확인하고 사용하는 방법을 가르쳐 드리도록 하겠습니다.
먼저 카드사의 홈페이지에 들어가서 자신의 카드 포인트가 얼마나 적립되어 있는지 확인을 합니다. 그리고 물건을 살 때 신용카드 포인트 결제를 신청하면 현금처럼 사용할 수 있습니다. 이제부터 잊지 말고 신용카드 포인트를 사용하시기 바랍니다.

33. 정답 ④

카드 포인트를 어디서 조회하고 어떻게 사용하는지 말하고 있다.

34. 정답 ②

① 카드 포인트는 잘 사용하면 돈과 비슷하다고 했지만 같은 것은 아니다.
② 카드 포인트를 이용해서 결제를 할 수 있다고 했으니까 정답이다.
③ 사람들은 신용카드가 아니라 신용카드의 포인트에 대해서 잘 모르는 것이다.
④ 은행 홈페이지가 아니라 카드사의 홈페이지에서 포인트를 조회할 수 있다.

Key Point

소멸	• [명사] 사라져서 없어지다
온라인	• [명사] On-Line
다름없다	• 비교했을 때 비슷해 보이다

[35~36]

남자 쓰레기 처리장이나 장애인 시설 등이 자신이 살고 있는 지역에 들어오는 것을 반대하는 현상을 '님비 현상'이라고 합니다. 이러한 현상 때문에 지역 간에 갈등이 생기거나 싸움으로까지 번지기도 합니다. 그렇다면 님비 현상을 어떻게 극복할 수 있을까요? 먼저 해당 지역에 적절한 보상금을 지급하는 것입니다. 또한 시설의 운영비를 최대한 지원을 해 주고, 여러 가지 복지시설을 같이 건설하는 것입니다. 하지만 무엇보다도 서로 조금씩 양보하고 이해하는 마음이 가장 중요하다고 하겠습니다.

35. 정답 ②

① 님비 현상의 문제점을 이야기한 후 님비 현상을 극복할 수 있는 방법을 이야기 하고 있다.
② 님비 현상을 어떻게 극복할 수 있는지 그 방법을 이야기하고 있으니까 정답이다
③ 님비 현상의 해결 방법 중 하나가 시민들의 의견을 받아들이는 것이니까 방법을 소개하고 있는 것은 아니다.
④ 님비 현상 때문에 지역 간의 갈등이나 싸움이 일어나고 있으며 이를 해결하기 위한 방법을 이야기하고 있다. 원인을 설명하고 있는 것은 아니다.

36. 정답 ③

① 시민들이 싫어하는 시설은 안 지어도 된다는 내용은 없다.
② 님비 현상을 극복할 수 있는 방안으로 적절한 보상금 지급, 운영비 지원, 복지시설 건설 등을 제시하고 있다.
③ 쓰레기 처리장과 장애인 시설의 건설을 반대한다고 했으니까 정답이다.
④ 쓰레기 처리장과 장애인 시설이 들어오는 것을 반대해서 지역 간에 갈등이나 싸움이 생기는 것이다.

[37~38]

남자 간접흡연을 막으려고 실내에서 흡연을 금지하는 법이 생긴 지 벌써 몇 년이 지났습니다. 그런데 이제는 길거리에서도 담배를 피울 수 없게 하는 실외 흡연금지법을 만드는 중이라고 하네요.

여자 네, 그렇습니다. 국민들의 대다수가 공원, 버스정류장, 횡단보도 등을 금연구역으로 지정하는 것에 찬성하는 것으로 조사되었습니다. 실외 흡연금지법이 만들어지면 간접흡연에 의한 피해가 줄어들 것으로 예상이 되는데요. 이에 흡연자들 중에서 불만을 제기하는 사람도 있습니다. 따라서 실외 흡연금지법을 만들기 전에 흡연할 수 있는 공간을 만드는 것도 같이 해결되어야 할 문제라고 생각합니다. 그렇지 않으면 법을 만들기 전 보다 오히려 간접흡연의 피해나 갈등이 더 늘어나게 될 것입니다.

37. 정답 ③

① 간접흡연의 피해를 막을 수 있지만 흡연자를 위한 흡연구역의 지정도 같이 해결되어야 한다고 했다.
② 조사 결과 국민 대다수가 여러 장소를 금연구역으로 선정하는 것에 찬성하고 있지만 여자의 주된 중심 생각이라고 볼 수 없다.
③ 실외 흡연금지법을 만들기 전에 흡연자를 위한 공간도 고려해서 같이 해결해야 한다고 말하고 있다.
④ 이와 같은 내용을 제시되지 않았다.

38. 정답 ③

① 담배를 피울 수 있는 공간을 줄이고 있고, 흡연할 수 있는 공간을 만들어야 한다고 이야기하고 있으니까 오답이다.
② 실외 흡연금지법이 만들어지면 간접흡연 피해가 줄 것으로 예상하는 것이지 지금까지 피해가 없었다는 내용은 아니다.
③ 실내에서의 흡연을 금지하는 법이 생긴 지 몇 년이 지났다고 했으니까 실내에서는 담배를 피울 수 없다는 내용이 적절하다.
④ 조사 결과 대다수의 국민들이 금연구역 지정을 찬성하고 있는 것으로 나타났다.

Key Point

간접 흡연	• [명사] 담배를 피우는 사람 주변에서 담배 연기를 마시는 것

[39~40]

남자 이와 반대로 요즘에는 아침을 꼭 챙겨서 먹는 사람들이 늘었다고 합니다.

여자 네, 맞습니다. 예전과 달리 아름다운 몸매를 유지하기 위해서, 또는 다이어트를 하기 위해서 꼭 아침을 챙겨 먹는 사람들이 늘었습니다. 또한 최근 연구 결과 아침과 저녁을 먹는 시간에 따라서도 살이 빠질 수 있다고 합니다. 아침은 늦게 먹을수록, 저녁은 일찍 먹을수록 살이 빠진다고 합니다. 또한 아침에는 밥을 충분히 먹고 저녁에는 조금 먹는 것이 살 빼는데 도움이 된다고 합니다.

39. 정답 ③

남자가 이와 반대로 요즘에는 아침을 꼭 챙겨 먹는 사람들이 늘었다고 했으니 예전에는 아침을 안 먹는 사람들이 많다는 내용이 나와야 할 것이다.

40. 정답 ①

① 최근 연구 결과 아침과 저녁을 먹는 시간에 따라서 살이 빠질 수 있다고 한다.
② 요즘에는 아침을 꼭 먹는 사람이 많아졌다.
③ 예전이 아니라 요즘에 아름다운 몸매나 다이어트를 위해서 아침을 꼭 먹는 사람이 늘었다.
④ 아침에 충분히 먹고 저녁을 적게 먹어야 다이어트에 도움이 된다.

Key Point

거르다	• [동사] 차례대로 나아가다가 중간에 어느 순서나 자리를 빼고 넘기다.

[41-42]

여자 최근 직업 선호도에 대한 조사 결과를 보면 연예인이 되려는 청소년들이 많이 늘었습니다. 연예인이 되려는 이유로 재미있게 일할 수 있고 돈을 잘 벌며 명성을 얻을 수 있기 때문이라고 합니다. 하지만 생각과는 달리 연예인은 쉬운 직업이 아닙니다. 다이어트나 성형수술을 강요받기도 하며, 금품을 갈취당하는 경우도 있습니다. 또한 악성 댓글 등으로 극심한 스트레스를 받고, 40% 정도는 TV 출연은커녕 거의 돈을 벌지 못했습니다.
따라서 방송에서도 연예인의 좋은 점과 화려한 면만 부각시키는 것을 자제해야 하고, 청소년 스스로도 자신의 적성에 맞는 일인지를 꼼꼼하게 따져서 직업을 선택해야 합니다.

41. 정답 ①

① 직업을 선택할 때 자신의 적성에 맞는 일인지를 살펴서 선택해야 한다고 제시하였다.
② 유명한 연예인이 되려면 적성에 맞아야 하는 것이 아니라 자신의 적성에 맞는 직업을 찾아야 한다는 이야기를 하고 있다.
③ 연예인이 되어도 40% 정도는 TV에도 나오지 못했고 돈도 벌지 못했다고 했고, 명성을 얻을 수 있다는 것은 청소년들이 연예인이 되고 싶은 이유 중의 하나로 제시된 내용이다.
④ 연예인이 되려면 다이어트나 성형수술을 해야 하는 것이 아니라, 일부 연예인들이 이와 같은 일을 강요당하고 있다고 했으니까 오답이다.

42. 정답 ④

① 연예인들의 화려한 면만 부각시키는 것을 자제해야 한다.
② 방송에서 보이는 연예인들의 모습을 통해 연예인이라는 직업에 매력을 느끼게 되고 악성 댓글 등으로 극심한 스트레스를 받기도 한다.
③ 적성보다 돈을 많이 버는 직업을 선호한다는 내용은 제시되지 않았다. 다만 연예인이 되고 싶은 이유로 돈을 많이 벌 수 있고 명성을 얻을 수 있기 때문인 것으로 조사되었다.
④ 직업 선호도 조사에서 최근에 연예인이 되고자 하는 청소년들이 점점 늘었다고 밝히고 있다.

Key Point

부각	• [명사] 어떤 일이나 사물을 강조함
명성	• [명사] 세상에 널리 알려져 있음
인권 침해	• [명사] 인간의 권리를 침해, 방해당하는 일
금품 갈취	• [명사] 돈과 물품을 강제로 빼앗는 것
자제하다	• [동사] 자신의 감정을 억제하거나 참다

[43~44]

남자 암컷 펭귄은 알을 보호하기 위해 두툼한 발등과 아랫배 사이 털 속에 알을 보관한다. 그러나 아무 것도 먹지 못한 채 며칠을 보낸 암컷 펭귄은 수컷 펭귄에게 발등에서 발등으로 알을 옮기고 바다로 먹이를 찾으러 간다. 수컷 펭귄들은 아랫배 가장 따뜻한 부위에 알을 감추고 체온을 유지하기 위해 서로 몸을 붙여 원을 만든다. 수컷 펭귄은 추위와 배고픔을 견디며 암컷이 오기만을 기다리고 그 사이에 태어난 새끼들을 위해 수컷 펭귄은 비축해 둔 먹이를 토해내어 새끼를 먹인다. 암컷 펭귄이 돌아오면 발등으로 작은 새끼를 건네고 수컷펭귄이 먹이를 찾아 떠난다. 이런 몇 번의 과정은 새끼들이 바다에 들어갈 정도가 될 때까지 반복된다. 새끼들이 세상을 살아갈 준비를 모두 마친 후 마침내 펭귄들의 이동이 시작되는 것이다.

43. 정답 ④

암컷 펭귄과 수컷 펭귄이 추위와 배고픔을 견디면서 번갈아서 알을 보관하고 새끼를 돌보는 것은 새끼들이 바다에 들어갈 수 있는 준비를 할 수 있을 때까지 보호하는 것이다.

44. 정답 ③

암컷 펭귄이 돌아오기 전에는 먹을 것을 얻기가 어려워서 그 사이에 태어난 새끼들을 위해 비축해 둔 먹이를 토해서 먹이는 것이다.

Key Point

비축하다	• [동사] 만약의 경우를 대비하여 미리 갖추어 모아 두거나 저축하다.
감추다	• [동사] 남이 보거나 찾아내지 못하도록 가리거나 숨기다.

[45~46]

여자 몇 십 년 전부터 비만 인구가 크게 늘어나기 시작했습니다. 비만의 원인은 고칼로리의 음식을 자주 섭취하면 발생할 수 있고, 유전적 요인도 비만의 원인이 된다는 연구 결과도 있습니다. 부모가 비만이면 자식도 비만일 확률이 높다는 것입니다. 그런데 요즘 부쩍 '마른 비만'이 늘고 있습니다. 마른 비만은 겉으로는 날씬해 보이지만 실제로 지방이 상당히 많아 일반적인 비만보다 더 위험하다고 합니다. 하지만 병원에서 검사를 받기 전까지 본인도 마른 비만인지 아닌지 알 수 없어서 주의가 필요합니다. 마른 비만의 주 원인은 무리한 다이어트로, 무리한 다이어트를 자제하고 운동량을 늘려 건강한 체력을 유지하는 것이 중요할 것입니다.

45. 정답 ①

① 일반적인 비만보다 마른 비만이 더 위험하다.
② 이미 몇 십 년 전부터 비만 인구가 크게 늘어나기 시작했다.
③ 연구를 통해서 유전적인 요인이 비만에 영향을 끼치는 것으로 밝혀졌다.
④ 비만일 때 병원에 가서 검사를 받으라는 내용은 제시되어 있지 않다.

46. 정답 ②

일반적인 비만과 마른 비만을 제시하고 각각의 비만이 나타나는 원인을 설명하고 있다.

Key Point

칼로리 (Calorie)	• [명사] 음식의 영양가를 열량으로 바꾼 것
지방	• [명사] ㊇ Fat. 에너지원이지만 몸무게가 느는 원인이 되기도 한다.
섭취	• [명사] 영양소를 흡수하다. 음식을 먹다

[47~48]

여자 최근 무단 횡단으로 인한 사고가 자주 발생하고 있는데 운전자보다 보행자의 잘못이 더 크다고 생각합니다.

남자 아무리 횡단보도가 없는 곳이라도 길을 건너는 사람을 보고도 차를 세우지 못한 운전자에게도 큰 책임이 있습니다.

여자 규정 속도를 지키면서 운전을 한다고 해도, 사각지대에서 보행자가 갑자기 차도로 뛰어든다면 이를 보고 차를 멈출 수 있는 사람은 아무도 없습니다.

남자 횡단보도가 아주 비효율적으로 설치되어 있는 곳도 있습니다. 짧은 길을 건너려고 먼 길을 돌아가는 경우도 많이 있습니다. 무단횡단으로 인한 사고를 줄이려면 이를 개선할 필요가 있습니다.

여자 결국 현재로서는 운전자는 무단횡단을 하는 사람이 없는지 잘 살피고, 보행자도 최대한 안전하게 길을 건너는 방법밖에 없겠군요.

47. 정답 ③

① 무단횡단을 하면 안 된다는 말은 하지 않았다.
② 횡단보도가 비효율적으로 설치되어 있는 곳이 있고 이를 개선해야 한다고 제시하였다. 횡단보도를 더 설치해야 한다는 언급은 없다.
③ 여자가 횡단보도가 아닌 곳에서 길을 건너는 보행자의 잘못이 더 크다고 했으니까 정답이다.
④ 여자는 규정 속도를 지켜도 갑자기 차도로 뛰어드는 보행자는 피할 수 없다고 했으니까 오답이다.

48. 정답 ④

무단횡단을 하는 보행자도 물론 잘못이 없는 것은 아니지만 과속운전을 하는 운전의 책임이 더 크다는 입장과 횡당보도가 비효율적으로 설치되어 있어 무단횡단을 할 수밖에 없다는 근거를 들어 이를 개선해야 한다는 태도를 보이고 있다.

Key Point

무단횡단	• [명사] 규칙을 어기고, 횡단보도가 아닌 곳으로 길을 건너다
보행자	• [명사] 길을 걸어가는 사람
과속운전	• [명사] 아주 빠르게 운전하는 것
사각지대	• [명사] 현재 있는 곳에서 보이지 않는 장소, 지역
규정 속도	• [명사] 규칙으로 정해놓은 속도

[49~50]

남자 한 연구에 따르면 최근 약을 과다 복용하는 사례가 크게 급증하고 있는 것으로 나타났습니다. 이번 연구에 따르면 성인 5명 중 1명은 약을 지나치게 많이 먹는 것으로 드러났습니다. 가장 많이 먹는 약은 진통제, 그 다음으로는 기침약과 감기약이 그 뒤를 이었습니다. 약을 과다 복용하는 사람은 주로 20대의 건설노동자였고 흡연과 음주를 즐겨하는 사람일수록 약을 과다 복용하는 비율이 높았습니다. 약을 과다 복용하는 원인으로는 의사의 처방 없이 쉽게 구입할 수 있기 때문입니다. 하지만 약을 과다 복용할 경우 건강이 악화되는 것은 물론 사망에 이를 수도 있기 때문에 약을 먹기 전에 의사의 처방을 받아 약을 복용하는 것이 좋습니다.

49. 정답 ①

① 감기약 등은 의사의 처방 없이도 쉽게 구입할 수 있다.
② 약을 많이 먹으면 건강 악화나 사망에 이를 수도 있다.
③ 담배와 술을 하는 사람이 약을 과다 복용하는 확률도 높다.
④ 약을 먹기 전에 의사의 처방을 받아야 한다고 하였지만 아플 때 반드시 의사의 처방 없이 약을 먹으면 안 된다는 내용은 없다. 또한 진통제나 기침약, 감기약은 처방 없이도 구입할 수 있다. 다만 의사의 처방을 받아서 약을 복용하는 것이 좋다고 제시되어 있다.

50. 정답 ①

① 약물을 과다 복용하는 원인과 그 결과를 제시하여 위험성을 알리고 있다.
② 약물의 효과를 무조건적으로 믿는 것을 경계하고 있지 않다.
③ 약을 먹을 때는 의사의 처방대로 먹으라는 이야기는 있지만 진통제나, 감기약의 복욕 방법만 이야기하는 것이 아니다.
④ 의사의 잘못된 처방에 대한 이야기는 없다.

Key Point

과다 복용	• [명사] 너무 많이 먹음.
처방	• [명사] 병을 치료하기 위한 방법

쓰기 (51번~54번)

51. 정답 ㉠ 되었습니다/ 지났습니다

㉡ 들면(들었으면) 좋겠습니다./ 들지 모르겠습니다.

52. 정답 ㉠ 화재가 발생할 수도 있기 때문입니다./ 불이 날 수 있기 때문입니다.

㉡ 계단을 이용하는 것이 좋습니다.

53. 정답

	택	배		주	문	이		늘	어	나	면	서		20	18	년	에		70
%	정	도	였	던		것	이		20	20	년	에	는		약		20	0	%
로		늘	어	났	다	.	하	지	만		택	배		주	문	이		늘	면
서		택	배		차	량	의		아	파	트		진	입	에		대	한	
택	배	회	사	와		아	파	트		간	의		문	제	가		발	생	하
게		되	었	다	.	택	배	회	사		측	은		무	거	운		택	배
를		아	파	트	에		진	입	하	지		않	고		배	달	할		방
법	이		없	고		걸	어	서		배	달	하	면		시	간	이		오
래		걸	리	며		택	배		분	실		위	험	이		있	기		때
문	에		신	입	할		수		밖	에		없	나	는		입	상	이	나
.	아	파	트		측	은		아	파	트		내		도	로	가		없	어
서		위	험	하	다	는		의	견	이		가	장		많	았	고		아
이	들		안	전	사	고	의		우	려	와		아	파	트		주	민	들
도		차	량		진	입	을		금	지	하	고		있	기		때	문	에
택	배		차	량	도		진	입	할		수		없	다	는		입	장	이
다	.																		

54. 정답

	최	근		일	자	리	의		감	소	,	경	기		불	황	,	특	정
	직	업	군	의		쏠	림		현	상	과		기	피		현	상	,	평
균		수	명	의		연	장	으	로		인	한		노	인		일	자	리
증	가		등	으	로		인	해		대	학	생	들	의		취	업	난	은
갈	수	록		심	화	되	고		있	는		실	정	이	다	.	이	에	
대	학		졸	업	의		요	건	을		모	두		갖	추	었	음	에	도

불구하고 졸업을 늦추고 졸업을 유예하는 학생들이 늘고 있다. 취업이 잘 되지 않아서, 혹은 당장 선택할 수 있는 직업보다 더 높은 수준의 직업을 선택하기 위해서 취업을 미루는 경우 즉, 사실상 학교를 졸업한 상태에서 학생 신분만 유지하는 것을 의미한다고 할 수 있다.

많은 취업 준비생들은 기업은 졸업한 사람보다 졸업예정자를 더 선호할 것이라고 생각한다. 또한 학생 신분으로 학교 시설도 이용하고 여러 취업준비의 기회를 얻기 위해서 졸업을 유예하는 경우도 있다. 졸업 후 취직을 하기까지 기간이 길어지면 막연한 불안감이 생길 수 있기 때문에 학생 신분을 유지하려고 한다. 따라서 취직이 어렵기 때문에 졸업 유예를 한 학생들에게도 등록금을 동일하게 내는 것은 불합리하다고 생각한다. 2018년 졸업 유예금을 금지하는 법이 만들어져서 졸업 유예 학생에 등록금을 받지 않는 대학교가 있는 반면에 졸업 유예 등록금의 명목으로 10만 원에서 70만 원까지 일정 금액을 받는 대학교도 있다.

취업난이 지속될수록 취업 준비생들의 부담은 더욱 커질 수밖에 없다. 따라서 대학에서도 훌륭한 인재 양성과 자랑스러운 졸업생을 배출하기 위해서라도 졸업 유예 학생들에게 등록금을 부과하지 않고 누구나 언제든 취업에 불이익을 받지 않고 본인이 원하는 직업을 선택할 수 있는 분위기가 조성되어야 할 것이다.

읽기 (1번~50번)

01. 정답 ④

눈이 많이 내려서 외출이 불편하다는 이야기이니까 원인이나 이유를 나타내는 'A/V-기 때문에'가 들어가야 한다.

Key Point

-다가	• 어떤 행동을 하다가 그만 두고 다른 행동을 할 때 사용하는 표현
-았/었지만	• 앞문장과 반대되는 내용이 뒤에 나올 때 사용하는 표현
-았/었을 텐데	• 추측을 나타낼 때 사용하는 표현
-기 때문에	• 원인이나 이유를 나타낼 때 사용하는 표현

02. 정답 ②

인터넷이 빠르게 발전하는 상황을 근거로 볼 때 부작용도 발생한다는 뜻으로 어떤 일이나 상태의 기준을 나타내는 -에 따라(서) 를 선택하는 것이 적절하다.

Key Point

-을/ㄹ 바에야	• 앞 문장의 내용이 뒤 문장의 내용보다 더 안 좋은 선택이라는 의미의 표현
-에 따라(서)	• 앞 문장의 상황 때문에 뒤 문장의 일이 생길 때 사용하는 표현
-는 셈치고	• 앞 문장의 행동을 한다고 생각하고 뒷문장의 행동을 한다는 의미의 표현
-기에 망정이지	• 앞 문장의 행동을 해서 다행이라는 의미의 표현

03. 정답 ③

'V-고자'는 앞의 동사를 위해서라는 뜻으로 비슷한 표현으로 'V-(으)려고''V-기 위해서'가 있다. 많은 것을 배우기 위해서 유학을 결심했다는 의미의 문법을 찾으면 된다.

Key Point

-자마자	• 어떤 행동이 일어난 다음에 뒤의 행동이 곧바로 일어난다는 의미의 표현
-는 대신(에)	• 앞 문장을 하지 않고 뒤 문장으로 바꿔서 한다는 의미의 표현
-(으)려고	• 앞에 제시된 동사를 위해서 뒤 문장을 한다는 의미의 표현
-더라도	• 앞에 제시된 동사/형용사와 상관없이 뒤에 제시되는 동사/형용사를 한다는 의미의 표현(앞에 제시된 동사/형용사는 뒤에 제시된 문장에 큰 영향을 주지 못함)

04. 정답 ②

올해가 거의 끝났다는 의미의 내용을 찾아야 한다. 'V-는 셈이다, A-은/ㄴ 셈이다, N인 셈이다'는 실제로 그런 것은 아니지만 결과적으로 그렇다고 말할 수 있다는 의미를 나타내는 표현이다.

Key Point

-을/ㄹ 뿐	• 오직 그 일이나 상태만 있음을 나타내는 표현 (-을/ㄹ 뿐이다)
-는 것이나 다름없다	• '-는 것이나 마찬가지이다', '-는 셈이다'와 비슷한 표현
-을/ㄹ 리가 없다	• 믿을 수 없는 일이나 그럴 가능성이 없는 일을 강조해서 말할 때 사용하는 표현
-았/었으면 좋겠다	• 어떤 것을 희망할 때 사용하는 표현

05. 정답 ④

채널을 바꾼다, TV볼륨을 조절한다 등의 문장으로 미루어보아 이 광고는 텔레비전 광고이다.
① 학교와 관련된 이야기는 없다.
② 채널을 바꿀 수 있고 TV 볼륨을 조절할 수 있다고 했으니까 스피커 광고는 아니다.
③ 마술사가 될 수 있다고 했지만 채널을 바꿀 수 있고 TV 볼륨을 조절할 수 있다고 했으니까 마술학원 광고는 아니다.
④ 채널을 바꿀 수 있고 TV 볼륨을 조절할 수 있다고 했으니까 텔레비전 광고이다.

06. 정답 ②

'신다'라는 단어를 사용할 수 있는 보기는 운동화밖에 없다.
① 신고 걷기만 해도 살이 빠진다는 문장이 있으니까 침대 광고는 아니다.
② 다이어트를 하는 방법으로 신고 걷기만 해도 된다고 했으니 운동화 광고이다.
③'먹다'는 단어가 없으니까 식품임을 알 수 있는 내용은 없다.
④ 살이 빠진다는 이야기는 있지만'먹다'는 단어는 없으니까 다이어트 식품 광고는 아니다.

07. 정답 ②

'원하는 곳은 어디든지 모시다'는 말은 가고 싶은 곳은 어디도 갈 수 있다는 내용으로 해석할 수 있다. 이 글은 항공사를 홍보하는 글이다.
① 영화관과 관련된 이야기는 없다.
② 서비스, 저렴한 가격, 원하는 곳은 어디든지 갈 수 있다고 했으니까 항공사 홍보 내용이다.
③ 식사와 관련된 내용은 제시되지 않았다.
④ 안마와 관련된 이야기는 없다.

Key Point

안마	• [명사] 손이나 기계로 몸을 두드려서 피의 순환을 돕는 것

08. 정답 ②

① '학자금 대출'이라는 단어가 있지만 학자금 대출을 원하는 합격자라는 말이 있으니까 대출 광고하는 내용이 아니다.
② 사무실 문 여는 시간, 방문해야 하는 날짜 등을 언급하고 있으니 이용을 안내하는 내용이다.
③ 합격자에게 안내를 하는 내용이니 대학교를 홍보하는 내용이 아니다.
④ 등록방법에 대한 이야기는 없다.

Key Point

학자금 대출	• [명사] 학비를 빌리는 것

09. 정답 ④

① 한 달에 한 번 모임이 있다고 했으니까 일 년에 12번 등산을 간다.
② 점심을 제공한다는 이야기는 제시되지 않았고 등산을 할 때 필요한 것은 각자 준비해야 한다고 하였다.
③ 누구나 가입 가능하지만 가입비를 내야 한다는 이야기는 없다.
④ 일 년에 6번 이상 등산을 가지 않으면 회원 자격을 상실한다고 했으니까 7번 가지 않으면 동호회에서 탈퇴 당한다는 내용이 정답이다.

Key Point

상실	• [명사] 어떠한 것이 완전히 없어지거나 사라지다

10. 정답 ④

2021년에는 대학원의 취업자 비율이 전문대학보다 더 높으니까 4번이 정답이다.
① 2020년에는 전문대학의 취업자 비율이 가장 높다.
② 2020년 그래프를 보면 전문대학> 대학원> 대학교의 순서로 취업자 비율을 확인할 수 있다.
③ 2019년에는 대학원 취업자 비율이 가장 높다.
④ 2020년에는 전문대학 취업자 비율이 높았지만 2021년에는 대학원 취업자 비율이 높은 것을 확인할 수 있다.

11. 정답 ②

① 방학이 더 생긴다는 이야기는 없다.
② 졸업식을 빨리 하는 이유는 불필요한 시간을 줄이고 방학이 더 길어지기 때문이라고 했으니까 정답이다.
③ 일부 학교만 12월이나 1월에 졸업식을 한다고 했으니까 대부분의 학교는 아니다.
④ 학생들이 졸업식을 빨리 하기를 원한다는 이야기는 없다.

Key Point

자기 계발	• [명사] 자신의 능력이나 재능을 향상시키는 것

12. 정답 ④

① 40~50도의 온도에서도 화상을 입을 수 있다고 제시되어 있다.
② 저온화상이 일반적인 화상보다 심각하지 않다는 이야기는 없다.
③ 일반적인 화상을 입을 확률이 나와 있지 않아서 저온화상을 입을 확률이 더 높은지 낮은지 비교해서 알 수 없다. 하지만 저온화상은 뜨겁다는 것을 인지하지 못하기 때문에 저온화상을 입을 확률이 무척 높다고 제시되어 있다.
④ 저온화상은 온도가 높지 않지만 1시간 이상 신체에 닿아있으면 화상을 입을 수 있다고 제시되어 있다. 오래 지속되면 화상을 입을 수 있다는 내용이 정답이다.

Key Point

화상	• [명사] 뜨거운 물 등에 의해 피부를 다친 것
인식하다	• [동사] 어떤 사물이나 일을 알게 되다.

13. 정답 ③

① (다) 뒤에는 기억력이 나빠지지 않는 방법이 나와야 하는데 여기서는 없으니까 오답이다.
② '바로'는 앞에서 이야기하는 것을 나타내는 뜻인데 여기서는 '바로'가 제일 첫 번째에 있으니까 오답이다.
③ 나이가 들면 기억력이 나빠지지만, 나빠지지 않는 방법이 있다고 하면서 운동을 하면 기억력이 나빠지지 않는다고 하고 있으니까 정답이다.
④ (다)의 '하지만'은 앞문장과 뒷문장이 반대일 때 사용하는 표현인데 (라)와 (다)는 반대의 의미를 가진 연결이 아니니까 오답이다.

14. 정답 ①

① 등산가는 사람이 늘어나고 있는데 등산은 위험하니 준비를 잘 해야 한다는 순서의 1번이 정답이다.
② (다) 문장의 '또'는 앞에 문장에 더해서 이야기할 때 사용하는 표현인데 겨울 등산은 위험한데 또 사탕이나 초콜릿을 가져가라는 이야기는 적절하지 않다. (다) 문장의 앞에는 옷을 많이 입어야 한다는 (나) 문장이 오는 것이 더 적절하다.
③ (라) 문장의 '하지만'은 앞뒤 문장이 반대일 때 사용하는 표현이기 때문에 (다) 문장보다는 (가) 문장이 오는 것이 더 적절하다.
④ (가) 문장의 등산을 가는 사람이 많은데 (다) 문장의 또 사탕이나 초콜릿을 가져가라는 이야기는 알맞지 않다. (다) 문장 앞에는 (나) 문장이 오는 것이 더 적절하다.

15. 정답 ③

① 보통 사람들은 하이힐이 다리 건강에 좋지 않다고 생각한다는 문장 뒤에 오랜 시간 신으면 스트레칭을 해 주어야 한다는 (가) 문장 보다는, 이와는 반대로 적당히 신으면 오히려 다리 건강에 도움이 된다는 (나) 문장이 와야 더 적절하다.
② 하이힐이 다리 건강에 안 좋다고 생각하는 (다) 문장 뒤에, 예외의 뜻을 가진 '다만' 뒤에 오래 신으면 건강에 좋지 않다는 (라) 문장이 오는 것은 적절하지 않다.
③ 일반적으로 하이힐이 다리 건강에 안 좋다고 생각하는데 오히려 다리 건강에 도움이 된다. 하지만 예외적으로 오랫동안 신으면 건강에 안 좋으니 꼭 스트레칭을 해야 한다는 순서인 3번이 정답이다.
④ 하이힐이 다리 건강에 안 좋다고 생각하는 (다) 문장 뒤에, 예외의 뜻을 가진 '다만' 뒤에 오래 신으면 건강에 좋지 않다는 (라) 문장이 오는 것은 적절하지 않다.

Key Point

스트레칭 (stretching)	• [명사] 몸과 다리를 쭉 펴는 것

16. 정답 ②

① 수면 시간 부족이 술을 더 잘 마시게 되는 것, 건강을 해치게 되는 것과 관련성이 없다.
② 수면 시간이 부족하니까 업무의 효율이 떨어지고 건강을 해치게 된다는 문장이 정답이다.
③ 수면 시간이 부족한 것과 교통비용이 더 많이 드는 것은 관계가 없으니까 오답이다.
④ 수면 시간이 부족하니까 회사에 더 일찍 출근해야 하고 건강을 해치게 된다는 문장은 오답이다.

Key Point

수면	• [명사] 잠을 자는 것

17. 정답 ④

① 일반 야채와 동일하고 모양만 다르다고 했으니 맛이 없다는 설명은 알 수 없다.
② 가격이 저렴하지만 많은 양을 살 수 있는지는 확인할 수 없다.
③ 마지막 문장에서 많은 주부들이 선호한다고 하고 있으니 찾는 사람이 많다.
④ 앞뒤 문장을 살펴보면 모양만 못생겼을 뿐 가격이 저렴하고 일반 야채와 동일해서 찾는 사람이 많다고 하고 있기 때문에 품질이 떨어지지 않는다는 내용이 적절하다.

18. 정답 ①

차단해주는 제품들이 많이 나온다는 내용이 들어가야 적절하다. 많이 출시되거나 만들어진다는 뜻으로 ① 정답이다.

Key Point

차단하다	• 어떤 흐름을 막아서 들어오지 못하게 하거나 끊다
출시	• 상품이 시장에 나오다, 물건을 팔기 시작하다
미미하다	• 아주 작고 보잘 것 없다

19. 정답 ②

'게다가'는 앞의 문장에 더해서 추가로 설명할 때 사용하는 표현이다. 앞에서 건물을 제대로 짓지 않았고 뒤에는 이에 더해서 여러 가지 시설도 비치하지 않았다는 내용이 제시되어 있으므로 2번이 정답이다.

Key Point

그러면	• 앞의 문장을 받아들일 때 사용하는 표현
게다가	• 앞의 문장에 더해서 추가로 설명할 때 사용하는 표현
설마	• 그럴 리는 없겠지만. 부정적인 추측을 강조할 때 사용하는 표현
과연	• 아닌 게 아니라 정말로. 주로 생각과 실제가 같음을 확인할 때 사용하는 표현

20. 정답 ③

① 이 아파트의 점검을 1년 동안 한 번도 안 한 것이지 1년에 한 번 점검한다는 것은 알 수 없다.
② 서울의 모든 아파트에 불 끄는 시설이 없다는 내용은 나오지 않는다.
③ 화재의 가장 큰 원인이 부실 공사라고 제시되어 있다.
④ 아파트를 지을 때 싼 가격의 재료를 사용하거나 대피 시설을 만들이 않으면 큰 화재로 번질 수 있어서 피해가 커지게 된다.

Key Point

점검	• [명사] 하나하나 모두 검사하다

21. 정답 ③

이웃과 어떤 문제가 발생했을 때 직접 찾아가지 말고 관리 사무소나 민원센터를 통해서 해결해야 한다는 내용으로 발생된 어떤 문제를 해결한다는 의미의 내용을 선택해야 한다.

22. 정답 ④

아파트 문화가 발달되면서(공동주택과 고시원 포함해서) 층간소음 문제가 발생하게 되었는데 이를 해결할 수 있는 가장 좋은 방법으로 주민들 사이에 서로 배려하는 마음을 지니는 것으로 제시되어 있다.

Key Point

층간 소음	• [명사] 층과 층 사이에서 들리는 시끄러운 소리
공동주택	• [명사] 여러 가구가 한 건물에서 각각 생활하는 집
고시원	• [명사] 시험을 준비하는 사람들이 머무르는 아주 작은 집
항의하다	• [동사] 어떤 일이나 주장에 대해 반대하다
현명하다	• [형용사] 어떤 일의 상태나 모양을 분명하고 정확하게 알다.
관리 사무소	• [명사] 아파트 등을 관리하는 사무실

23. 정답 ②

내가 한 실수에 손님으로 온 그 가족이 화를 내거나 짜증을 낼 것 같아서 걱정하는 마음이 있었지만 오히려 더 미안해하고 따뜻한 말을 해 줘서 감동을 받았다.

24. 정답 ②

① 오히려 미안해했다는 내용이 있지만 이는 뛰어온 나를 걱정하는 마음을 표현한 것이다. 가족이 잘못했다고 사과한 것은 아니다.
② 사장님께 상황을 설명하고 가족을 찾으러 나갔다고 했으니까 직접 찾을 수 있었다는 내용이 정답이다.
③ 나는 가족이 화를 내거나 짜증을 낼 것을 걱정하였지만 따뜻하게 말을 해서 감동을 받았다.
④ 일이 손에 잡히지 않아서 바로 가족을 찾으러 갔다.

Key Point

일이 손에 잡히다	• [관용표현] 마음을 가라 앉히고 일을 할 수 있게 되다.
헐레벌떡	• [부사] 숨을 가쁘고 거칠게 몰아쉬는 모양

25. 정답 ④

'뒷짐 지다'는 '아무것도 하지 않고 구경만 하고 있다'는 뜻이다.
① 어린이집에서 아동 학대가 일어나고 있지만 정부는 아무것도 하지 않는다는 뜻이니까 오답이다.
② 어린이집에서 아동 학대가 일어나고 있지만 정부는 아무것도 하지 않는다는 뜻이니까 대책을 마련하고 있는 것이 아니다.
③ 어린이집에서 아동 학대가 일어나고 있지만 정부는 아무것도 하지 않는다는 뜻이지 조사를 요청했다는 것이 아니다.
④ 어린이집에서 아동 학대가 일어나고 있지만 정부는 아무것도 하지 않는다는 뜻이니까 정답이다.

Key Point

학대	• [명사] 가혹하게 대하거나 괴롭힘

26. 정답 ③

① 만 가지의 병을 고칠 수 있다는 약이 사실은 감기약이었다는 뜻이다. 감기가 나았다는 말이 아니다.
② 감기약이 효과가 좋은 것이 아니라 감기약을 효과가 좋은 약처럼 속여서 팔았다는 뜻이다.
③ 만 가지의 병을 고친다는 약이 사실은 감기약이었다는 뜻으로 만 가지의 병을 고칠 수 있는 약이 아니라 가짜 약이었다는 의미가 된다.
④ 감기약으로 만 가지의 병을 고칠 수 있는 것이 아니라 가짜 약이라는 뜻이니까 오답이다

Key Point

명약	• [명사] 효과가 좋아서 유명해진 약

27. 정답 ②

예매는 표를 미리 산다는 뜻으로 지금 고향에 간다는 뜻은 아니다.
① 예매 전쟁이 사람들이 싸웠다는 뜻이 아니라, 예매하려는 사람들이 많았다는 뜻이다.
② 추운 날씨에도 열차표를 예매하려는 사람들이 기차역으로 많이 왔다는 뜻이다.
③ 날씨가 추워서 온 것이 아니라, 열차표를 예매하려는 사람들이 많았다는 뜻이다.
④ 설날에 고향에 가는 열차표를 미리 사려는 사람들이 많았다는 뜻이다.

28. 정답 ②

'하지만'은 앞뒤 문장이 반대일 때 사용하는 표현이니까 불법 행위가 늘어났다는 문장이 빈칸에 들어가야 정답이다.
① 승부원이 바빠지는 것과 벌금이 낮아지는 것은 관련이 없으니까 오답이다.
② 갈수록 불법 행위가 줄어들지 않자 정부에서는 벌금을 확대했다는 문장이 가장 적합하다.
③ 담배의 가격과 벌금은 관련이 없으니까 오답이다.
④ 비행기 표가 비싸지는 것과 벌금이 오르는 것은 관련이 없으니까 오답이다.

Key Point

불법 행위	• [명사] 법을 지키지 않은, 법을 어기는 행동
폭언	• [명사] 난폭하게, 나쁘게 말함
성희롱	• [명사] 성적 수치심을 주는 행동
벌금	• [명사] 규정, 법을 지키지 않았을 때 내는 돈
확대하다	• [동사] 모양이나 크기를 더 커지게 하다

29. 정답 ①

가습기를 제대로 사용하는 방법에 하루에 한 번 청소하기, 3시간 이상 연속해서 사용하지 않기, 공기가 머물러 있으면 오히려 안 좋다는 내용이 뒤에 나와 있기 때문에 공기를 순환 시키는 10분 정도 창문을 열어서 환기를 해야 한다는 내용이 들어가야 적절하다.

Key Point

가습기	• [명사] 수증기를 이용하여 실내의 습도를 조절하는 기계
세균	• [명사] 동물의 몸속으로 들어가서 병을 일으키는 것
환기하다	• [동사] 나쁜 공기를 맑은 공기로 바꾸다

30. 정답 ③

운이 좋지 않은 상황에서 이를 이름 때문으로 생각해서 개명한다는 내용을 찾아야 한다.

Key Point

수명	• [명사] 생명이 살 수 있는 기간
취직	• [명사] 일정한 직업을 잡아서 직장에 나가다
국가시험	• [명사] 국가에서 시행하는 여러 가지 시험
탓	• [명사] 부정적인 현상, 일이 생겨난 원인

31. 정답 ④

헌혈에 대한 잘못된 인식으로 인해서 혈액 공급이 부족하게 되었고 병원이나 단체에서 잘못된 인식을 바로 잡기 위해서 홍보를 하고 있지만 아직 부족한 상황임을 나타내고 있다. 지금부터라도 잘못된 인식을 바로 잡고 알린다면 많은 사람들이 헌혈에 동참하게 된다는 내용이 와야 한다.

Key Point

헌혈	• [명사] 피를 뽑아서 필요한 사람에게 주도록 하는 것
인식	• [명사] 어떤 물건이나 일에 대해 알게 됨
예방	• [명사] 재해나 병이 생기기 전에 막는 것

홍보	• [명사] 널리 알게 하는 것
동참하다	• [동사] 어떤 모임이나 일을 같이 하는 것

32. 정답 ④

① 승차 거부로 인해 피해를 입는 것은 손님들이다.
② 경찰들이 승차 거부에 대해 단속도 하고 있지만 줄어들지 않고 있다.
③ 승차 거부는 가까운 곳에 가는 손님을 거부하고 장거리 손님을 태우려고 하기 때문에 발생된다.
④ 정당한 이유 없이 승차를 거부할 경우 단속 대상이 되기 때문에 불법에 해당되는 것이 정답이다.

Key Point

단속	• [명사] 규칙이나 법을 지키도록 통제함
항변하다	• [동사] 못마땅한 생각이나 반대의 뜻을 주장하다

33. 정답 ②

① 암에 걸리는 것을 막으려고 친환경 제품을 사용한다고 제시하고 있다.
② 영수증 속에 유해 물질이 있어서 직접 만지지 않아야 한다고 제시되어 있다.
③ 최근에 암에 걸리는 사람들이 급격히 증가하고 있다는 이야기는 없다.
④ 쇼핑을 자주하는 사람이 쇼핑을 안 하는 사람보다 암에 더 잘 걸리는지는 알 수 없다.

Key Point

유해하다	• [형용사] 해롭거나 나쁜 부분이 있다
암	• [명사] 나쁜 세포가 몸속에서 계속 생겨나는 병
친환경	• [명사] 환경을 오염시키지 않고 잘 어울리며 만들어 낸 물건
인식	• [명사] 어떤 물건이나 일을 알게 되다
흡수하다	• [동사] 어떤 물질을 몸속으로 받아들이다

34. 정답 ①

① 김홍도의 작품은 일반 서민들의 모습을 사실적으로 생생하게 보여준다.
② 김홍도의 씨름은 안정감이 있으면서도 씨름하는 사람에 집중할 수 있도록 그린 작품이다.
③ 조선 시대 풍속화를 대표한다고 해도 과언이 아니라는 말은 대표할 만큼 훌륭하다는 의미다.
④ '씨름'은 일반 서민들이 씨름을 하는 모습을 그린 작품으로 김홍도의 작품은 일반 서민들의 모습을 그리고 이를 생생하게 보여주고 있기 때문에 높이 평가 받고 있다.

Key Point

보물	· [명사] 예로부터 대대로 물려 오는 귀중한 가치가 있는 문화재. 국보 다음으로 중요한 유형 문화재이다.
풍속화	· [명사] 그 시대의 세정과 풍습을 그린 그림.
소박하다	· [형용사] 꾸밈이나 거짓이 없고 수수하다.
꾸밈없다	· [형용사] 가식이 없이 참되고 순수하다.

35. 정답 ②

① 임산부 석에는 임산부만 앉을 수 있다는 이야기는 없으니까 오답이다.
② 지하철에 임산부 석이 있지만 잘 지켜지지 않았고 그 이유로 시민 의식과 홍보 부족이라고 했으니까 정답이다.
③ 지하철의 임산부 석은 분홍색이지만 잘 지켜지지 않는다는 이야기를 하고 있으니까 이것이 주제는 아니다.
④ 임산부 석을 좌석과 바닥에 분홍색으로 표시되어 쉽게 알아볼 수 있기 때문에 이를 개선해야 한다는 내용은 아니다.

Key Point

버젓이	· [부사] 남의 시선을 신경 쓰지 않고

36. 정답 ④

① 졸음운전을 피하기 위한 방법으로 공기를 환기시켜야 한다고 제시하고 있지만 공기를 환기시켜야 한다는 것이 주제는 아니다.
② 이는 졸음운전의 위험성을 이야기하고 있지만 전체적인 내용을 포괄하는 것은 아니다.
③ 졸음운전을 예방하기 위한 방법 중의 하나로 제시하고 있다.
④ 졸음운전을 하면 아주 위험하니까 이를 예방해야 한다는 것이 이 글의 주제이다.

Key Point

졸음	· [명사] 잠이 오는 느낌이나 상태

37. 정답 ③

유네스코가 어떤 곳인지 설명을 하고 어떤 일을 하고 있는 국제기구인지 설명하고 있다. 유네스코는 문화유산 및 자연유산을 지키기 위해서 노력하고 있는 국제기구라고 제시되어 있으므로 ③이 정답이 된다.

Key Point

기여하다	· [동사] 도움이 되도록 이바지하다
협약	· [명사] 협상에 의하여 조약을 맺은 것 또는 그 조약

38. 정답 ③

① 도박은 청소년이 더 빠지기 쉽지만 이러한 도박에 중독되면 치료를 받아야 한다는 이야기를 하고 있으니까 주제가 아니다.
② 도박을 끊는 것이 어렵지만 가족과 시간을 보내거나 병원에서 치료를 받아야 한다는 내용이 주제이니까 오답이다.
③ 도박에 중독되면 병원을 찾아서 치료를 해야 한다는 내용을 말하고 있으니까 정답이다.
④ 매년 도박에 중독되는 사람이 많으니 이를 치료하기 위해서는 병원을 찾아야 한다는 이야기가 주제이다. 도박에 중독되는 사람이 많다는 것이 주제는 아니다.

Key Point

도박	· [명사] 돈을 걸고 게임을 통해서 내기를 하는 것
중독	· [명사] 음식이나 물건이 없으면 견디기 힘든 상태

39. 정답 ②

한국어를 사용하는 인구가 14위에 해당된다는 내용과 한국어에 대한 관심이 높아져서 한국어능력시험을 신청한 사람의 수가 늘었다는 내용이 적절하다.

Key Point

자제하다	· [동사] 자기의 감정이나 욕망을 스스로 억제하다

40. 정답 ①

① 보육원에서 아동 학대 사건이 발생하고 1년이 지났다. 그 이후 CCTV를 설치하자는 논의가 아직까지 되고 있다는 순서의 문장이 가장 적절하다.
② CCTV설치 논의가 아직까지 계속 되고 있는데 아동 학대 사건이 1년이 지났다는 <보기>의 문장이 오면 어색하다. 1번의 자리에 <보기>의 문장이 들어가는 것이 더 적절하다.
③ 아동 학대 사건이 발생한 지 1년이 지났는데 하지만 보육원과 교사를 뽑는 기준을 강화해야 한다는 순서의 문장은 어색하다.
④ 보육원과 교사를 뽑는 기준을 강화해야 하는데 아동 학대 사건이 발생한 지 1년이 지났다는 선수의 문장은 어색하다.

Key Point

보육원	· [명사] 아이들을 받아들이거나 보호하는 곳
사생활	· [명사] 개인의 일상생활

41. 정답 ②

① 최근 5년 간, 한 달에 한 번씩 사고가 나는데 요즘 지하철은 자주 고장이 난다는 순서의 문장은 어색하다.
② 최근 지하철이 자주 고장 나고 있는데 한 달에 한 번씩 사고가 난다는 순서의 문장이 가장 적절하다.
③ 한 달에 한 번씩 사고가 나는데, 이러한 낡은 지하철을 사용한다는 순서의 문장은 어색하다.
④ 낡은 지하철을 교체할 계획이 없는데 한 달에 한 번씩 사고나 고장이 난다는 순서의 문장은 어색하다.

Key Point

고장	• [명사] 기계에 문제가 있어서 제대로 움직이지 못하는 상황
정비	• [명사] 기계가 제대로 움직이도록 확인하고 정리함

42. 정답 ②

'털썩 주저앉았다'는 문장은 나쁜 일이 생겼거나, 계획된 일을 하지 못했을 때 사용하는 표현이니까 부정적인 상황에 대한 내용이 나와야 한다.

① '기대'는 좋은 일이 있을 것 같은 느낌이지만, 오늘도 비행기가 없다는 것은 나쁜 일이니까 오답이다.
② 오늘 비행기를 탈 수 있다고 생각했다가, 비행기가 없다는 소식을 들은 이 상황에 속상하다는 내용이 가장 적절한 단어이다.
③ '쓸쓸함'은 혼자 있어서 외롭다는 뜻이니까 오늘도 비행기를 타지 못하는 이 상황에 적절하지 않다.
④ '부끄러움'은 수줍다는 뜻으로 오늘도 비행기가 없다는 이 상황에 적절하지 않다.

43. 정답 ①

① 계속된 폭설로 인해서 비행기가 결항되었다고 했으니까 정답이다.
② 공항 바닥에서 자는 모습이 전쟁터의 난민과 비슷한 모습이라고 했으니까, 난민을 인터뷰하는 것이 아니다. 오답이다.
③ 돈이 없어서 공항 바닥에서 잠을 자는 것이 아니라 숙소를 구하지 못해서이다. 오답이다.
④ 폭설이 시작되자 운이 좋은 사람들은 근처의 숙소로 대피했지만, 나를 포함한 대부분의 사람은 공항 바닥에서 잠을 잔다고 했으니까 오답이다.

Key Point

노숙	• [명사] 차가운 곳, 밖에서 잠을 자는 것
난민	• [명사] 전쟁으로 인해서 집을 잃거나 어려움을 겪는 사람
결항	• [명사] 배나 비행기가 움직이지 않음

44. 정답 ②

① 대출 업체에서 제대로 확인하지 않고 돈을 빌려주는 것에 대해 명품 구입을 부추기고 있다는 비난을 받고 있지만 주제로 적절하지 않다.
② 무리하게 명품을 구입하면서 나타나는 나쁜 점들을 이야기하고 있으니까 주제로 가장 적절하다.
③ 그로 인해 명품을 구입하려는 평범한 사람들이 많아졌다는 내용을 담고 있지만 주제로 적절하지 않다.
④ 돈이 많은 사람들이 명품을 구입할 수 있지만 이것이 곧 사회적 지위를 나타낸다고 생각하지만 그 때문에 무리하게 명품을 사면서 나타나는 나쁜 점들을 이야기하고 있다. 명품을 구입하는 사람이 사회적으로 높은 지위를 갖는다는 내용은 제시되어 있지 않다.

Key Point

부추기다	• [동사] 다른 사람에게 어떤 일을 하게 하다

45. 정답 ①

돈이 많은 사람이 구입한다는 내용과 평범한 사람들도 무리하게 대출을 해서 구입한다는 내용이 제시되어 있기 때문에 가격이 높다, 비싸다는 내용이 적절하다.

Key Point

대출하다	• [동사] 물건이나 돈을 빌리다

46. 정답 ③

① 선입견이나 배척한다는 내용이 제시되기 전이기 때문에 적절하지 않다.
② 외국인 노동자들이 더 많은 일을 하지만 돈을 적게 받거나 받지 못하는 등 차별 받고 있는 내용을 제시하고 있다.
③ 이러한 것이 차별 대우를 받는다는 것임을 제시하고 있는 <보기>의 내용이 들어가야 적절하다.
④ 차별 대우를 막기 위한 여러 방안을 제시하고 있다.

47. 정답 ②

① 2025년에 일하는 사람이 없어지는 것이 아니라 감소하는 것으로 제시하였다.
② 일하는 사람이 줄어들면 경제 위기가 올 수 있다고 했으니까 정답이다.
③ 대한민국은 하나의 민족만 존재하지만, 더 우월하다는 이야기는 없으니까 적절하지 않다.
④ 외국인 노동자는 일을 못해서가 아니라 한민족이 아니라는 이유로 차별 대우를 받는다고 제시하고 있다.

Key Point

선입견	• [명사] 어떤 대상에 대하여 이미 마음속에 가지고 있는 고정적인 관념이나 관점
배척하다	• [동사] 따돌리거나 거부하여 밀어 내치다
비일비재	• [명사] 같은 현상이나 일이 한두 번이나 한둘이 아니고 많음
제정하다	• [동사] 제도나 법률 따위를 만들어서 정하다

48. 정답 ②

어린이보호구역이 무엇이고 어린이들을 보호하기 위한 제도의 내용을 설명하고 있다. 또한 왜 이것을 지켜야 하는지에 대해 제시하고 있다.

49. 정답 ②

어린이들은 성인에 비해 체구가 작아서 운전자들이 발견하거나 인지하기 어렵다는 내용이 들어가야 한다.

50. 정답 ③

이 제도를 잘 지킨다면 어린이보호구역 내에서 안타까운 사고를 막을 수 있을 것으로 기대하고 있다는 내용이 적절하다.

한국어능력시험
Real TOPIK Ⅱ

한국어능력시험
Real TOPIK Ⅱ

Chapter 04

Real TOPIK Ⅱ 4회 해설

- 듣기 통합 (1번~50번)
- 쓰기 (51번~54번)
- 읽기 (1번~50번)

듣기 통합 (1번~50번)

01.

여자 어, 도서관에 앉을 자리가 없네요. 내일 시험인데··· 어떻게 하지요?
남자 커피숍에 가서 공부할까요? 커피숍에서 공부하다가 저녁에 다시 도서관에 와 보지요, 뭐.
여자 그래요. 일단 커피숍으로 가요.

정답 ④

① 두 사람은 책을 찾는 것이 아니라 공부를 할 장소를 찾고 있기 때문에 오답이다.
② 그림 속의 두 사람은 이미 커피숍에 있으므로 '일단 커피숍으로 가요'라는 표현을 쓸 수 없기 때문에 오답이다.
③ 그림 속의 두 사람은 시험을 보고 있는데 대화에서는 내일 있을 시험을 위해 공부를 하자고 했으므로 오답이다.
④ '도서관에 자리가 없네요', '일단 커피숍으로 가요'라는 말을 하기 때문에 두 사람은 도서관에 자리가 없는 것을 확인하며 대안으로 커피숍을 찾은 것으로 볼 수 있다. 그러므로 정답이다.

02.

여자 이 옷 색상이 저와 어울리지 않아요. 다른 색으로 교환할 수 있어요?
남자 죄송해요. 교환 기간이 지나서 바꿔 드릴 수 없어요.
여자 한 번도 안 입었는데 바꿔 주세요.

정답 ②

① 두 사람은 '옷 교환'을 주제로 이야기하고 있는데 그림 속 배경은 카페(커피숍)이므로 오답이다.
② 옷가게를 배경으로 여자 손님이 옷을 보여주고 있고 점원으로 보이는 남자가 보인다. 그러므로 정답이다.
③ 대화에서 다른 색으로 교환하고 싶다고 했지만 그림에서는 여자가 구입한 옷에 문제가 생겨 화를 내고 있는 상황이므로 오답이다.
④ 쇼핑을 하고 있는 남자와 여자의 모습이므로 오답이다.

03.

남자 스마트폰 사용이 늘어남에 따라 SNS이용자도 꾸준히 증가하고 있습니다. 10대부터 60대 이상의 이용률을 조사한 결과, 20대의 이용률이 가장 많았으며, 30대가 그 뒤를 이었습니다. 주 이용활동으로 '친구의 글 확인하기'가 가장 많았고, '댓글 보기'나 '자신의 SNS에 글쓰기' 등을 하는 것으로 나타났습니다.

정답 ③

① 20대의 이용률이 가장 많고 그 다음으로 30대의 이용률이 많다고 했으므로 오답이다.
② 20대의 이용률이 가장 많다고 했으므로 오답이다.
③ 주 이용활동으로 '친구의 글 확인하기'가 가장 많다고 했으므로 정답이다.
④ 주 이용활동으로 가장 많은 것은 '친구의 글 확인하기'이므로 오답이다.

04.

여자 밖에 비 와요? 옷이 다 젖었네요.
남자 네, 갑자기 날씨가 흐려지더니 비가 오더라고요.
여자 ______________________

정답 ④

① 남자는 이미 비를 맞고 집에 왔다. 그러므로 우산을 갖다 주겠다는 여자의 대답은 오답이다.
② 비 오는 날을 좋아한다는 내용은 대화에 없었으므로 오답이다.
③ 빨래와 관련된 내용은 대화에 없었으므로 오답이다.
④ 비를 맞은 남자를 걱정하며 옷을 갈아입을 것을 권유했으므로 정답이다.

05.

여자 요즘 시간이 없어서 운동을 못했어요.
남자 그럼 동호회에 가입해서 일주일에 한 번이라도 운동을 해 보는 게 어때요?
여자 ______________________

정답 ①

① 남자가 권유하는 동호회에 대한 대답으로 가장 적절하므로 정답이다.
② 운동을 해야 하는 이유에 대해 이야기하는 것은 오답이다.
③ 동호회에서는 여러 사람과 같이 운동을 하는 것이므로 혼자 하는 운동에 대해 이야기하는 것은 오답이다.
④ 동호회의 장점에 대해 이야기하는 것은 오답이다.

06.

남자 실례합니다. 10시쯤 사당행 지하철에 가방을 두고 내렸는데 찾을 수 있을까요?
여자 가방의 색과 모양을 설명해 주시면 찾아 보겠습니다.
남자 ______________________

정답 ①

① 가방의 색과 모양을 설명했으므로 정답이다.
② 가방이 소중한 이유를 말했으므로 오답이다.
③ 가방에 어떤 물건이 들어있는지 대답했으므로 오답이다.
④ 가방을 잃어버린 이유에 대해 이야기했으므로 오답이다.

07.

남자 새 집으로 이사를 하려고요. 층간 소음 때문에 너무 괴로워요.
여자 그동안 힘들었겠어요. 그 집은 학교에서도 멀다고 했지요?
남자 ______________________

정답 ④

① 친구와 같이 사는 것에 대해 물어보지 않았으므로 오답이다.
② 층간 소음으로 인해 이사를 하는 것이므로 이사를 자주 다녀야 한다는 것은 오답이다.
③ 남자는 이사를 하려고 하는데 집의 장점에 대해 이야기 하고 있고 학교의 거리 또한 대화와 다르게 가깝다고 했으므로 오답이다.
④ 남자가 이사를 할 때 원하는 조건에 대해 이야기했으므로 정답이다.

Key Point

-는 법이다	· 앞의 동작이나 상태가 이미 그렇게 정해져 있다거나 그런 것이 당연하다는 의미를 나타낸다.
-을 뿐만 아니라	· 앞의 것만이 아니라 뒤의 것까지 그러하다거나 앞의 상황에 더해 뒤의 상황까지 작용함을 나타낸다.

08.

남자 졸업 축하해요. 졸업식에 못 가서 미안해요.
여자 아니에요. 어머니 칠순잔치가 있었다면서요? 칠순잔치는 잘 했어요?
남자 ______________________

정답 ③

① 남자는 칠순잔치에 갔기 때문에 오답이다.
② 이 말은 여자가 남자에게 할 만한 말이므로 오답이다.
③ 칠순잔치에 대해 묻는 여자의 질문에 대한 답으로 가장 적절하므로 정답이다.
④ 졸업을 한 것은 여자이므로 오답이다.

Key Point

-고 나다	· 행위가 일어나기 전에는 미처 몰랐는데 행위를 한 뒤에, 또는 그 결과로 뒤에 오는 내용을 받아들이거나 새삼 깨닫게 됨을 나타낸다. '-고 보다'와 비슷하게 사용할 수 있다.

09.

여자 요즘 건강을 위해 아침을 챙겨먹는 사람들이 많다고 해요.
남자 맞아요. 저도 아침을 챙겨먹고 싶은데 아침에는 바빠서 밥 먹을 시간도 없더라고요.
여자 그럼 배달해서 먹으면 어때요? 아침 식사를 배달해주는 곳도 많아요.
남자 좋은 방법이네요. 전화번호 좀 알려주세요.

정답 ④

① 남자는 요리를 할 생각이 없고 아침에는 밥 먹을 시간도 없다고 했으므로 오답이다.
② 남자의 아침식사에 관한 대화인데 이것은 여자가 이어서 할 행동과 관련이 없으므로 오답이다.
③ 남자가 여자에게 전화번호를 알려 달라고 했고, 대신 전화를 해 달라고 부탁한 것은 아니므로 오답이다.
④ 남자가 여자에게 전화번호를 알려달라고 해서 여자가 남자에게 전화번호를 알려주는 것이므로 정답이다.

10.

여자 동생에게 생일 선물하려고 하는데요. 어떤 것이 좋을까요?
남자 이 모자는 어떠세요? 검정색과 파란색, 두 가지 색상이 있어요.
여자 검정색이 괜찮네요. 이걸로 예쁘게 포장해 주세요.
남자 네, 그럼 먼저 계산 후에 포장해 드릴게요.

정답 ①

① 남자가 계산 후에 포장을 해 준다고 했으므로 여자가 계산을 하는 행동은 정답이다.
② 여자는 검정색 모자를 골랐으나 포장은 점원인 남자가 해야 할 일이므로 오답이다.
③ 여자가 동생에게 선물을 주는 행동은 선물을 구입하는 현재 상황이 끝나고 나중에 할 행동이므로 오답이다.
④ 대화에서 이미 모자를 선택했으므로 다른 물건을 둘러보는 행동은 오답이다.

11.

여자 체크카드를 분실했어요. 정말 난감하네요.
남자 사용 정지는 했어요?
여자 네, 사용 정지는 바로 했어요. 카드를 재발급 받아야 하는데 혹시 방법을 알고 있어요?
남자 신분증을 가지고 은행에 가면 바로 재발급 받을 수 있어요.

정답 ④

① 카드를 어디서 잃어버렸는지 알 수 없으므로 오답이다.
② 재발급 하는 방법에 대해 물었으므로 스트레스를 풀러 가는 것은 오답이다.
③ 사용 정지는 바로 했다고 이야기 했으므로 오답이다.
④ 남자에게 재발급 하는 방법에 대해 물었고 남자가 알려준 대로 은행에 재발급을 받으러 가는 것이 정답이다.

12.

여자 중고 가게에 물건을 팔아 본 적 있어요?
남자 네, 있어요. 요즘엔 잘 사용하지 않는 물건을 중고 가게나 인터넷에서 많이 팔더라고요.
여자 저는 가방을 팔고 싶은데, 어떻게 해야 돼요?
남자 먼저 사진을 찍어서 인터넷에 올리세요. 그럼 연락이 올 거예요.

정답 ①

① 중고 가게나 인터넷에 물건을 팔려면 먼저 사진을 찍어야 한다고 했으므로 정답이다.
② 여자는 물건을 팔고 싶어 하므로 교환을 하는 것은 오답이다.
③ 인터넷에 물건을 아직 올리지 않았으므로 살 사람과 연락하는 것은 나중에 할 일이다. 그러므로 오답이다.
④ 중고 가게에 방문하지 않고 인터넷에 글을 올려서 판매하는 것이므로 오답이다.

Key Point

중고	• [명사] 이미 사용하였거나 오래됨.

13.

남자 날씨가 어찌나 추운지 실내도 춥네요. 온도 좀 더 올려야 하는 것 아니에요?
여자 난방비가 너무 많이 나와서 적정 온도로 맞췄어요. 난방비를 절약할 수 있는 방법 없을까요?
남자 창문에 단열 필름을 붙이면 실내 온도가 올라간다고 하더라고요. 붙이는 방법도 쉽다고 해요.
여자 좋은 방법이네요. 그리고 내복도 입고 양말도 신으면 체온이 올라가서 난방비를 절약할 수 있을 것 같아요.

정답 ①

① 여자는 난방비를 절약할 수 있는 방법으로 내복과 양말을 제안했으므로 정답이다.
② 남자가 단열 벽지를 이야기 하면서 붙이는 방법도 쉽다고 했으므로 오답이다.
③ 겨울철에 내복패션이 유행한다는 내용은 없었으므로 오답이다.
④ 남자는 적정 온도를 높게 조절하는 것이 아니라 단열 필름을 창문에 붙여 실내 온도가 올라갈 것을 기대하는 것이므로 오답이다.

Key Point

단열	· [명사] 물체와 물체 사이에 열이 서로 통하지 않도록 막음.
적정	· [명사] 알맞고 바른 정도.
내복	· [명사] 기본 속옷 위에 껴입는 방한용 옷.

14.

남자 아파트 관리소에서 알려드립니다. 매주 목요일은 분리배출을 하는 날입니다. 놀이터 옆에 있는 분리수거장에 내놓으시면 다음 날 오전 10시에 수거합니다. 플라스틱과 유리병은 투명봉투에 담아서, 종이와 스티로폼은 묶어서 배출하세요. 투명봉투는 주민센터에서 무상으로 배부해 드립니다. 또한 소형 가전제품도 분리수거장 옆에 놓아두시면 무상으로 수거해 드립니다.

정답 ③

① 목요일에 분리배출을 하고 다음 날 수거를 한다고 했으므로 오답이다.
② 묶어서 배출해야 하는 것은 종이와 스티로폼이며, 플라스틱과 유리병은 투명봉투에 담아서 배출해야 한다고 했으므로 오답이다.
③ 투명봉투를 주민센터에서 무상으로 배부한다고 했으므로 정답이다.
④ 소형 가전제품을 버리는 곳이 정해진 것이 아니라 분리수거를 할 때 분리수거장 옆에 놓아두면 수거해준다고 했으므로 오답이다.

15.

여자 12일부터 여의도 한강 공원에서 스케이트를 즐길 수 있습니다. 한강 공원에 스케이트장이 생긴 것은 이번이 처음이며, 13세 미만의 어린이들은 무료 강습도 받을 수 있다고 합니다. 개장을 기념하여 토요일과 일요일 각각 100명에게 무료입장의 기회를 준다고 합니다. 운영시간은 오전 10시부터 오후 10시까지이며, 장비는 1,000원에 대여해 드립니다.

정답 ②

① 장비는 모든 사람들에게 1,000원에 대여해 준다고 했으므로 오답이다.
② 스케이트장의 운영시간은 오전 10시부터 오후 10시까지라고 했으므로 정답이다.
③ 토요일과 일요일 각각 100명씩 무료입장을 하므로 총 200명이다. 그러므로 오답이다.
④ 13세 미만의 어린이들만 무료로 강습을 받을 수 있다고 했으므로 오답이다.

Key Point

개장	· [명사] 극장이나 시장, 해수욕장 따위의 영업을 시작함.
장비	· [명사] 갖추어 차림. 그 장치와 설비.

16.

여자 현역 군인이 뇌졸중으로 쓰러진 일반인을 병원으로 옮겨 목숨을 구한 사실이 알려져 훈훈한 감동을 주고 있습니다. 당시 상황을 박 기자가 전달해 드리도록 하겠습니다.

남자 네, 박 기자입니다. 야외에서 작업을 하던 김 병장은 길가에 쓰러져 있는 이 씨를 목격하고 인근 병원으로 데려갔습니다. 뇌졸중 진단을 받은 이 씨는 큰 병원으로 옮겨졌고 조금만 늦었더라면 목숨을 잃을 뻔 했다고 합니다. 많은 사람들의 칭찬이 이어지자 김 병장은 자신이 할 일을 했을 뿐이라며 이 씨가 빨리 건강해지길 바란다고 말했습니다.

정답 ②

① 이 씨는 목숨을 잃을 뻔한 것이지 잃은 것은 아니므로 오답이다.
② 많은 사람들의 칭찬이 이어졌다고 했으므로 정답이다.
③ 퇴원과 관련된 이야기는 나오지 않았으므로 알 수 없다. 그러므로 오답이다.
④ 김 병장은 휴가를 나왔던 것이 아니라 작업을 하던 중에 이 씨를 발견한 것이므로 오답이다.

Key Point

뇌졸중	• [명사] 뇌에 혈액 공급이 제대로 되지 않아 손발의 마비, 언어 장애, 호흡 곤란 따위를 일으키는 증상.
-을 뻔하다	• 사실은 일어나지 않았지만 어떤 일이 거의 일어날 것 같았음을 나타낸다.

17.

여자 아까 지하철에서 어떤 사람이 한 눈에 봐도 임신한 것처럼 보이는 사람이 앞에 서 있는데도 양보를 안 해 주더라. 그 사람이 앉은 자리에 임산부석이라고 핑크색으로 표시까지 해 두었는데 말이야.

남자 임산부석은 항상 비워둬야 하는 거지?

여자 임산부를 위한 자리니까 항상 비워 두는 것이 좋을 것 같아. 임신 초기에는 임신했다는 것이 티가 안 나잖아.

정답 ①

① 임산부를 위해 항상 비워두는 것이 좋다고 했으므로 정답이다.
② 임산부에게 양보를 하지 않는 사람들을 목격한 후 말한 내용이므로 오답이다.
③ 임신한 것이 티가 나는 사람에게도 양보를 하지 않는 것을 여자가 보았으므로 오답이다.
④ 임산부석을 핑크색으로 표시해서 사람들이 이미 알고 있으므로 오답이다.

Key Point

티	• [명사] 어떤 태도나 기색.
-아/어 두다	• 어떤 행위나 동작을 한 상태를 그대로 유지함을 나타낸다.

18.

여자 민수 씨, 영어 학원은 잘 다니고 있어요?
남자 지금은 그만 뒀어요. 영어의 필요성을 크게 못 느끼겠더라고요.
여자 그래도 외국어 하나 정도는 할 수 있는 게 좋지 않을까요? 요즘 같은 경쟁 사회에서는 외국어 실력은 기본이고 다양한 분야의 자격증도 있어야 하잖아요.

정답 ①

① 요즘 같은 경쟁 사회에서 외국어 실력은 기본이라고 했으므로 정답이다.
② 영어 학원을 오래 다녀야 한다고는 하지 않았으므로 오답이다.
③ 외국어 실력은 기본이고 자격증도 필요하다고 했으므로 오답이다.
④ 자격증도 있어야 한다고 했지만 다른 학원을 다녀야 한다는 말은 아니었다. 그러므로 오답이다.

Key Point

그만두다	• [동사] 하던 일을 그치고 안 하다.
경쟁력	• [명사] 경쟁할 만한 힘. 또는 그런 능력.

19.

여자 드라마에서 감초역할을 하는 아역배우 덕분에 드라마까지 인기가 높아지고 있는 것 같아.
남자 한창 학교에 다녀야 할 나이인데 부작용이 있지는 않을까?
여자 부모님의 동의를 얻고 출연하는 거니까 걱정할 일은 아닌 것 같아. 오히려 어렸을 때의 경험을 통해서 재능을 일찍 발견할 수 있으니까 더 좋은 것 아냐?
남자 학교를 다니면서 배울 수 있는 것도 많은데 너무 어린 나이에 배우 생활을 하는 것을 보면 안쓰러워 보일 때도 있더라고.

정답 ③

① 아역배우 덕분에 드라마의 인기가 높아질 수는 있지만 꼭 나와야 하는 것은 아니므로 오답이다.
② 아역배우가 연기를 잘해서 인기가 많다는 언급은 없었으므로 오답이다.
③ 어렸을 때의 경험을 통해서 재능을 일찍 발견할 수 있어 좋다고 했으므로 정답이다.
④ 여자가 아니라 남자의 생각이므로 오답이다.

Key Point

감초역할	• 감초란 한약재로 쓰는 뿌리 식물로 단 맛이 강하다. 그래서 쓴 맛이 나는 한약에 감초를 넣어서 한약을 편하게 먹을 수 있도록 도와준다. 즉, 감초 역할은 극에서 비중이 크지는 않지만 재미를 주는 역할을 일컬어 '감초역할'이라고 한다.
아역배우	• 어린이 배우를 일컫는 말로 영화나 드라마에 출연하는 아동을 말하며 광고에서도 자주 볼 수 있다.
한창	• [부사] 어떤 일이 가장 활기 있고 왕성하게 일어나는 모양.

20.

남자 아, 나도 독립하고 싶다. 아버지랑 또 싸웠어. 나도 이제 성인인데 늦게 들어온다고 혼내시고, 청소 안한다고 혼내시고. 너무 보수적이셔서 나를 잘 이해하지 못하시는 것 같아.

여자 네가 막내라서 아버지가 더 마음이 쓰이시나 보다. 독립하는 게 좋은 것만은 아니야. 나도 혼자 살고 있지만 독립하면 신경을 써야 할 게 엄청 많아. 빨래, 청소, 설거지도 네가 다 해야 하고, 생활비도 만만치 않게 많이 들어. 또 혼자 있으면 늦게 일어나고 밥도 잘 안 챙겨 먹게 되더라.

정답 ④

① 남자가 막내인 것보다 독립을 하고 싶어 하는 것이 중요한 내용이므로 오답이다.
② 남자는 가족의 소중함을 잊어서 독립을 하고 싶어 하는 것이 아니므로 오답이다.
③ 생활비가 많이 들고 해야 할 집안일도 많지만 잘 해야 하는 것은 아니므로 오답이다.
④ 독립하면 신경을 써야 할 것도 많으며 늦게 일어나고 밥도 잘 안 먹게 된다고 했으므로 정답이다.

Key Point

독립	• 다른 것에 예속하거나 의존하지 아니하는 상태로 됨.
보수적	• [관형사·명사] 새로운 것이나 변화를 반대하고 전통적인 것을 옹호하며 유지하려는. 또는 그런 것.
-곤 하다	• 같은 상황이 반복됨을 나타낸다.
-게 마련이다	• 그러한 일이 있는 것이 당연하다는 뜻을 나타낸다. '-기 마련이다' 표현으로 바꿔 쓸 수 있다.
신경(을) 쓰다	• [관용구] 사소한 일까지 세심하게 주의를 기울이다.

[21~22]

남자 지점장님, 올해에도 '불우 이웃 돕기' 행사를 진행할까요? 작년에 음료 값의 천원을 할인해주고 그 돈을 '불우 이웃 돕기'에 사용한다고 하니 고객들의 반응이 좋았었거든요.

여자 음… 이번에는 좀 색다른 행사를 하면 어떨까요? 늘 고객을 위해 노력하는 우리 점원들을 위한 행사요. 점원에게 따뜻한 말 한마디와 함께 주문을 하면 반값을 할인해 주는 거예요.

남자 행사에 참여한 고객들은 반값 할인을 받으니까 좋고 힘들게 일하는 점원들은 따뜻한 말 한마디로 힘을 얻을 수 있으니 일석이조네요.

여자 행사 이름을 뭘로 하면 좋을 지 생각해 봅시다.

21. 정답 ③

① 점원들을 위한 행사는 여자의 생각이므로 오답이다.
② 작년에 했던 행사는 반응이 좋았으며 새로운 행사는 여자의 생각이므로 오답이다.
③ 고객은 반값 할인을 받을 수 있고 점원은 따뜻한 말 한마디로 힘을 얻을 수 있어서 일석이조라고 하였다. 그러므로 정답이다.
④ 음료 값을 할인해 주고 '불우 이웃 돕기'를 한 것은 작년에 했던 행사이므로 오답이다.

Key Point

지점장	• [명사] 지점의 업무를 총괄하여 지점을 맡아 다스리는 직위. 또는 그 직위에 있는 사람.
색다르다	• [형용사] 동일한 종류에 속하는 보통의 것과 다른 특색이 있다.
일석이조	• [명사] 돌 한 개를 던져 새 두 마리를 잡는다는 뜻으로 동시에 두 가지 이득을 봄을 이르는 말.

22. 정답 ④

① 작년에는 '불우 이웃 돕기'를 했지만 올해에는 다른 행사를 하기로 했으므로 오답이다.
② 여자가 행사명은 생각해 보자고 했으므로 아직 정해지지 않았다. 그러므로 오답이다.
③ 점원에게 따뜻한 말 한마디를 하면 반값을 할인해 주는 것이고, 천원을 할인해 주었던 것은 작년 행사이므로 오답이다.
④ 점원들이 고객에게 따뜻한 말 한마디를 듣고 힘을 얻을 수 있는 점원들을 위한 행사이다. 그러므로 정답이다.

[23~24]

남자　'겨울바다 펭귄수영대회'에 참가하려고 하는데요, 절차가 어떻게 되나요?
여자　홈페이지에 가입한 후 신청하시면 됩니다. 신청이 완료되면 모임 장소, 준비물 등을 이메일로 보내드리니 꼭 확인하시기 바랍니다.
남자　참가비가 있나요?
여자　참가비는 무료입니다. 수영대회 이외에도 다양한 행사가 있으니 많은 관심 부탁드립니다.

23. 정답 ③

① 남자는 수영 대회에 참가하기 위해 전화를 한 것이므로 오답이다.
② 홈페이지 가입 방법에 대해서는 물어보지 않았으므로 오답이다.
③ 남자가 수영대회에 참가하고 싶다며 절차에 대해 물었으므로 정답이다.
④ 남자가 수영 실력에 대해 언급하지 않았으므로 오답이다.

Key Point

절차	• [명사] 일을 치르는 데 거쳐야 하는 순서나 방법.
문의하다	• [동사] 물어서 의논하다.
과시하다	• [동사] 자랑하여 보이다.

24. 정답 ②

① 참가비는 무료라고 했으므로 오답이다.
② 여자가 홈페이지에 가입한 후 신청해야 한다고 했으므로 정답이다.
③ 이메일로는 신청이 완료된 후 모임 장소와 준비물에 대해 보내준다고 했으므로 오답이다.
④ 여자가 다른 행사에 대해 안내를 했지만 남자가 관심이 없다는 언급은 없었으므로 오답이다.

[25~26]

여자 기부는 꼭 돈으로 해야 한다는 고정관념을 깨고 자신의 재능을 기부하는 재능기부가 늘어나고 있는데요. 얼마 전 목소리 기부로 화제가 되고 있는 김민수 아나운서를 모셨습니다. 이 일을 하게 된 계기가 무엇입니까?

남자 평소에도 목소리 기부를 하고 싶다는 생각을 많이 했는데 어떻게 해야 하는지 방법을 잘 몰랐습니다. 그러던 중 우연히 '시각장애인 도우미'를 모집한다는 공고를 보게 되었어요. 시각장애인을 위해 책을 녹음해 주는 일인데 저에게 잘 어울리는 일이라고 생각했지요. 하지만 이 일은 봉사 정신과 책임감 있는 사람이라면 누구나 할 수 있어요. 도움의 손길이 많이 필요하다고 하니 많은 분들이 동참해 주시면 좋을 것 같아요.

25. 정답 ②

① 남자는 어떻게 해야 하는지 방법을 몰랐다고 했으며 기회가 없다고는 안했으므로 오답이다.
② 목소리가 좋은 사람만 할 수 있는 것이 아니라 봉사 정신과 책임감만 있으면 누구나 할 수 있다고 했으므로 정답이다.
③ 남자가 아니라 여자가 한 말이므로 오답이다.
④ 도움의 손길이 많이 필요하다고 했으므로 이미 많은 사람들이 목소리를 기부하고 있다는 것은 오답이다.

Key Point

고정관념	• 잘 변하지 아니하는, 행동을 주로 결정하는 확고한 의식이나 관념.
재능	• [명사] 어떤 일을 하는 데 필요한 재주와 능력.
우연히	• [부사] 어떤 일이 뜻하지 아니하게 저절로 이루어져 공교롭게.
손길	• [명사] 도와주거나 해치는 일을 비유적으로 이르는 말.
동참	• [명사] 어떤 모임이나 일에 같이 참가함.

26. 정답 ①

① 여자가 얼마 전 목소리 기부로 화제가 되고 있는 김민수 아나운서를 만나보겠다고 했으므로 정답이다.
② 아나운서뿐만 아니라 누구나 할 수 있다고 했으므로 오답이다.
③ 돈을 받고 하는 일이 아니며 스스로 재능을 기부하는 것이므로 오답이다.
④ 재능으로 하는 기부가 더 도움이 많이 된다는 언급은 없었으므로 오답이다.

[27~28]

남자 대청소한다더니 잘 했어요?

여자 말도 마세요. 안 입는 옷이나 안 쓰는 물건이 어찌나 많은지… 내일 옷은 헌 옷수거함에 넣고 물건들은 분리수거 해서 버리려고요.

남자 '아름다운 가게'에 기증하는 건 어때요? 이왕이면 좋은 곳에 쓰이는 것이 좋잖아요. 또 '기부영수증'도 발급해 줘서 연말정산 때 소득공제도 받을 수 있다고 하더라고요.

여자 아, 정말이요? '아름다운 가게'에 기증하면 그 물건을 어려운 이웃에게 전달해 주는 건가요?

남자 어려운 이웃에게 배분되거나 각종 공익사업이나 행사에 사용한다고 하더라고요. 간접 봉사를 할 수 있는 좋은 기회이지요.

27. 정답 ③

① 남자가 '아름다운 가게'에 기증하는 건 어떠냐고 물었으므로 홍보를 부탁하는 것은 아니다. 그러므로 오답이다.
② '아름다운 가게'가 왜 필요한지에 대한 언급은 없었으므로 오답이다.
③ 옷을 그냥 버리는 것보다 '아름다운 가게'에 기증을 하면 간접 봉사를 할 수 있는 좋은 기회라고 하였다. 그러므로 정답이다.
④ 기증하는 방법에 대한 설명은 없었으므로 오답이다.

Key Point

-다더니	• 말하는 사람이 들어서 알고 있는 어떤 사실을 언급하며 그와 관련된 것을 말하거나 그와 다른 반대의 상황을 말할 때 쓴다.
소득공제	• 과세의 대상이 되는 소득액을 결정하기 위하여 총소득액에서 법으로 정하여진 금액을 빼내는 일.
연말정산	• 급여 소득에서 원천 과세한 일 년 동안의 소득세에 대하여, 연말에 넘거나 모자라는 액수를 정산하는 일.
공익사업	• [명사]공공의 이익을 위하여 하는 사업.
기증	• [명사] 선물이나 기념으로 남에게 물품을 거저 줌.

28. 정답 ①

① 여자는 대청소를 해서 안 입는 옷과 안 쓰는 물건을 정리하려 했으므로 정답이다.
② 여자는 내일 헌옷수거함에 헌옷을 넣는다고 했으므로 오답이다.
③ '기부영수증'으로는 소득공제를 받을 수 있지만 현금으로 받을 수는 없으므로 오답이다.
④ 어려운 이웃에게 판매하는 것이 아니라 기증받은 물건을 나눠주는 것이므로 오답이다.

[29~30]

여자 선생님의 이름을 내건 대회가 열렸는데요, 오랜만에 뛰시니 어떠신가요?

남자 선수 때만큼은 훈련을 많이 하지 않았기 때문에 짧은 코스를 선택해 가볍게 뛰고 있습니다. 참가하는데 의의를 두고 즐겁게 뛰고 가려고요.

여자 초보자들에게 조언 좀 부탁드립니다.

남자 숨이 차거나 몸에 이상신호가 오면 참지 말고 멈춰야 해요. 선수들 중에도 참고 뛰는 경우가 종종 있는데 그것보다는 천천히 오랫동안 뛰는 방법을 찾고 욕심을 버리라고 말해주고 싶어요. 시간이 지나고 감독의 입장에서 선수들을 보면 안타까울 때가 많아요. 승부도 중요하지만 오랫동안 좋아하는 일을 하기 위해서 즐거운 마음으로 임했으면 좋겠어요.

29. 정답 ②

① '아직도 선수 생활을 하고 있었을지도 몰라요'라는 말은 지금은 선수 생활을 하고 있지 않는 것을 의미한다. 그러므로 오답이다.
② '감독의 입장에서 선수들을 보면'이라고 했으므로 정답이다.
③ 참가자의 이름을 내건 대회는 있을 수 없으므로 오답이다.
④ 대회는 진행 중이며, 참가하는데 의의를 둔다고 했으므로 오답이다.

Key Point

의의	• [명사] 어떤 사실이나 행위 따위가 갖는 중요성이나 가치.
(숨이) 차다	• [동사] 어떤 높이나 한도에 이르는 상태가 되다.
임하다	• [동사] 어떤 사태나 일에 직면하다.

30. 정답 ①

① 여자가 처음에 '선생님의 이름을 내건 대회가 열렸다'고 했으므로 정답이다.
② 숨이 차거나 몸에 이상신호가 오면 참지 말고 멈춰야 한다고 했으므로 오답이다.
③ 남자는 몸에 이상신호가 와도 참고 뛰는 선수들을 보면 안타까울 때가 많다고 했으므로 오답이다.
④ 좋아하는 일을 오랫동안 하기 위해 즐거운 마음으로 임했으면 좋겠다고 했으므로 오답이다.

Key Point

(이름을) 따다	• 이름이나 뜻을 취하여 그와 같게 하다.

[31~32]

여자 이 드라마는 역사 속의 인물을 주인공으로 했지만 역사적인 사실과는 다른 부분이 있기 때문에 드라마는 드라마 자체로만 봐주셨으면 좋겠습니다.

남자 역사를 왜곡하면서까지 학생들도 즐겨 보는 드라마를 제작하는 것은 문제가 있다고 봅니다.

여자 역사도 중요하지만 드라마는 드라마일 뿐입니다. 드라마는 사실 여부를 떠나 재미가 있어야 하는 것 아닙니까?

남자 이제 막 역사에 대해 배우는 학생들에게 이 드라마에 대해서 묻자 '역사 속 인물에 대해 잘 알 수 있었다'며 드라마의 내용을 그대로 믿고 있는 경우가 있었습니다. 뿐만 아니라 '역사를 배우는 데 도움이 된다', '학교보다 재미있고 쉽게 역사를 배울 수 있다'고 대답했습니다. 이것은 학생들이 학교에서 배우는 내용과 드라마의 내용이 다르지 않을 것이라고 믿고 있다는 의미겠지요. 잘못된 역사를 사실이라고 믿는 학생들을 위해서라도 제작진은 조금 더 책임의식을 갖고 드라마를 제작해 주시길 바랍니다.

31. 정답 ④

① 주인공이 문제가 아니라 역사 속 사실과 다른 드라마의 내용을 문제로 삼았기 때문에 오답이다.
② 역사를 배우기 시작한 학생들이 드라마의 내용을 사실로 믿었으므로 오답이다.
③ 학교에서 배우지 않아도 역사와 다르지 않은 드라마를 만들어야 한다는 것이므로 오답이다.
④ 남자는 학생들을 위해서라도 재미만을 생각할 것이 아니라 책임의식을 갖고 드라마를 제작해 주기를 바란다고 했으므로 정답이다.

Key Point

왜곡하다	• [동사] 사실과 다르게 해석하거나 그릇되게 하다.
-을 뿐이다	• 현재의 상황 이외에 다른 가능성이나 상황은 없으며 다른 선택은 배제한다는 뜻을 나타낸다. '-을 따름이다'로 바꿔 쓸 수 있다.

32. 정답 ④

① 남자가 '책임 의식을 갖고 드라마를 제작해 주길 바란다'고 했으므로 책임을 묻는 것은 아니다. 그러므로 오답이다.
② 남자는 문제가 있다고 했으므로 상대방의 주장을 지지하는 것으로 볼 수 없다. 그러므로 오답이다.
③ 앞으로 일어날 일에 대해 걱정하지 않았으므로 오답이다.
④ 학생들을 대상으로 한 설문조사를 근거로 들었고, 재미보다는 책임의식을 갖고 드라마를 제작해야 한다고 주장했으므로 정답이다.

Key Point

제기하다	• [동사] 의견이나 문제를 내어놓다.
지지하다	• [동사] 어떤 사람이나 단체 따위의 주의 정책 의견 따위에 찬동하여 이를 위하여 힘을 쓰다.

[33~34]

여자 여러분은 한복을 얼마나 자주 입으십니까? 최근 유명 여배우가 세계적인 시상식에서 드레스 대신 입은 우리의 전통 의상, 한복이 세계적인 관심을 받고 있습니다. 하지만 우리는 명절이나 결혼식이 아니면 한복을 입을 기회가 거의 없어 안타까울 따름인데요. 이에 정부는 매월 첫째 토요일을 '한복의 날'로 지정하고 한복을 입은 사람이 공공시설을 이용하면 입장료를 감면해주거나 소정의 기념품을 증정하는 정책을 추진하여 한복의 대중화를 꿈꾸고 있다고 합니다. 그 밖에도 오래된 한복을 현대식으로 리폼하거나 한복을 직접 만들 수 있는 강좌도 생겨나고 있다고 하니 가까운 미래에는 한복을 입은 사람을 자주 볼 수 있을 것으로 보입니다.

33. 정답 ③

① 한복을 만드는 방법에 대해서는 언급하지 않았으므로 오답이다.
② '한복의 날'이라는 정책을 추진하고 있으므로 결과를 언급하는 것은 오답이다.
③ '한복의 날'입장료를 감면해주거나 기념품을 주는 것, 한복과 관련된 강좌 등은 한복의 대중화를 위한 노력이므로 정답이다.
④ 한복을 입으면 받을 수 있는 혜택은 여자가 언급한 것의 일부분이므로 오답이다.

Key Point

소정	• [명사] 정해진 바.
감면	• [명사] 매겨야 할 부담 따위를 덜어 주거나 면제함.
대중화	• [명사] 대중 사이에 널리 퍼져 친숙해짐.
리폼(reform)	• [명사] 낡거나 오래된 물건을 새롭게 고치는 일.

34. 정답 ④

① '한복의 날'에는 한복을 입은 사람에게 혜택이 있는 것이며 모든 사람들이 한복을 입는 것은 아니므로 오답이다.
② 여자는 오래된 한복을 현대식으로 바꾸는 강좌가 있다고 했으므로 오답이다.
③ 드레스가 아닌 한복을 입어 세계적인 관심을 받았으므로 오답이다.
④ 매월 첫째 토요일을 '한복의 날'로 지정하고 한복을 입은 사람이 공공시설을 이용할 경우 입장료를 감면받을 수 있다고 했다. 그러므로 정답이다.

Key Point

현대식	• [명사] 현대에 알맞은 형식이나 방식.

[35~36]

남자 여러분은 언제 많이 웃으시나요? 15초 동안 소리 내서 웃으면 수명이 이틀 늘어나는 효과를 볼 수 있다고 합니다. 웃음의 효과에 대해서 더 자세히 알아보도록 하겠습니다. 첫째, 혈액순환을 돕고 암을 예방합니다. 몸의 긴장이 풀리면서 많은 산소가 공급되고 맥박과 호흡이 안정되기 때문입니다. 둘째, 스트레스가 해소되고 면역력을 강화시켜 줍니다. 쌓인 스트레스를 제대로 풀어주지 않으면 우울증이 올 수 있는데 많이 웃어주는 것만으로도 스트레스가 해소되고 세포가 활성화 되어 면역력이 늘어난다고 합니다. 셋째, 운동을 한 것과 같은 효과를 볼 수 있습니다. 웃으면 우리 몸에 있는 많은 근육에 영향을 끼치는데 3분 동안 웃으면 10분 동안 달리기를 한 것과 같은 효과를 볼 수 있다고 합니다. 억지로 웃는 웃음도 같은 효과를 낸다고 하니 평소에 자주 웃는 습관을 갖는 것이 중요합니다. 항상 웃는 일만 가득하시길 바랍니다.

35. 정답 ①

① 웃음의 효과에 대해 자세히 알아보자고 했으므로 정답이다.
② 웃음은 운동을 한 것과 같은 효과가 있다고 했지만 운동의 중요성을 주장하지는 않았다. 그러므로 오답이다.
③ 웃으면 수명이 늘어난다는 것은 웃음의 효과 중 하나였으므로 오답이다.
④ 수명을 늘리기 위한 방법을 이야기한 것은 아니므로 오답이다.

Key Point

면역력	• [명사] 외부에서 들어온 병원균에 저항하는 힘.
세포	• [명사] 생물체를 이루는 기본 단위.
분석하다	• [동사] 얽혀 있거나 복잡한 것을 풀어서 개별적인 요소나 성질로 나누다.

36. 정답 ②

① 억지로 웃는 웃음도 같은 효과를 낸다고 했으므로 오답이다.
② 15초 동안 소리를 내서 웃으면 수명이 이틀 늘어난다고 했으므로 정답이다.
③ 스트레스를 해소하기 위해 면역력을 강화할 수 있는 것은 아니다. 웃으면 스트레스가 해소되고 그 결과로 면역력도 강화된다고 했으므로 오답이다.
④ 3분 동안 웃으면 10분 동안 운동한 효과를 볼 수 있다고 했으므로 오답이다.

Key Point

억지	• [명사] 잘 안될 일을 무리하게 기어이 해내려는 고집.

[37~38]

남자 부산 경찰은 공공기관의 SNS는 재미가 없고 일방적인 내용뿐이라는 편견을 깨버리고 올해 SNS 대상 5개 부문을 석권하셨는데요. 어떻게 시민들의 전폭적인 지지를 받을 수 있었는지 말씀 부탁드립니다.

여자 매일 일어나는 사건 사고에 재미와 유머를 더하고 시민들이 알고 싶어 하는 내용을 중점적으로 친근하게 전달하며 소통하고자 노력했습니다. 자칫 딱딱할 수 있는 '정지선 지키기' 캠페인 영상도 운전자들이 정지선을 안 지킬 경우 포돌이가 나타나 응징을 한다는 내용으로 가볍게 웃으며 볼 수 있도록 했습니다. 이 캠페인 영상은 20만 명이 넘는 시민들이 '좋아요'를 누르고 8000명이 공유를 했을 정도로 크게 이슈가 되었습니다. 또 지난 4월에는 실종된 치매할머니의 공개 수배 전단을 SNS에서 접한 시민이 112로 제보를 해 2시간 만에 가족에게 인계한 경우도 있었습니다. 이렇게 시민들의 관심과 제보는 수사에 큰 도움을 줍니다. 시민들과 소통하기 위해 SNS를 통해 더욱 친근하게 다가갈 수 있도록 노력하겠습니다.

37. 정답 ③

① 재미와 유머를 더한 내용으로 인기를 끌었지만 요점은 아니므로 오답이다.
② 시민의 제보가 큰 도움을 주지만 의지하는 것은 아니므로 오답이다.
③ SNS로 시민과 소통하며 친근하게 다가가고자 노력했다고 이야기 했으므로 정답이다.
④ 딱딱할 수 있는 캠페인 영상을 재미있게 만들어 가볍게 웃으며 볼 수 있도록 했지만 중심 생각으로 볼 수 없다. 그러므로 오답이다.

Key Point

편견	• [명사] 공정하지 못하고 한쪽으로 치우친 생각.
석권하다	• [동사] 빠른 기세로 영토를 휩쓸거나 세력 범위를 넓히다.

전폭적	• [관형사·명사] 전체에 걸쳐 남김없이 완전한. 또는 그런 것.
자칫	• [부사] 어쩌다가 조금 어긋남을 나타낼 때 쓰는 말.
정지선	• [명사] 교통 안전 표지의 하나. 횡단보도 앞에서 정지 신호에 따라 차량이 정지해야 하는 위치를 나타내는 선이다.
캠페인 (campaign)	• [명사] 사회·정치적 목적을 위하여 조직적이고도 지속적으로 행하는 운동.
치매	• [명사] 대뇌 신경 세포의 손상 따위로 말미암아 지능, 의지, 기억이 지속적 본질적으로 상실되는 병. 주로 노인에게 나타난다.
인계하다	• [동사] 하던 일이나 물품을 넘겨주거나 넘겨받다.

38. 정답 ①

① 올해 SNS 대상 5개 부문을 석권했다고 했으므로 정답이다.
② 보통 공공기관의 SNS는 재미가 없고 일방적인 내용이라는 편견이 있다고 했으므로 오답이다.
③ 포돌이가 응징을 한다는 내용이었으며 벌금을 내야 한다는 언급은 없었다. 그러므로 오답이다.
④ 실종된 치매할머니는 2시간 후 가족에게 인계되었다고 했으므로 오답이다.

[39~40]

여자 요새 어깨 근육이 뭉치고 쉽게 피곤하다고 느꼈었는데 저도 거북목 증후군인 것 같네요. 예방법은 어떤 것이 있을까요?

남자 거북목은 최근 오랜 시간 컴퓨터와 스마트폰을 사용하는 사람들에게 자주 나타나며 방치할 경우 체형 불균형으로 이어질 수 있는데요. 잘못된 자세로 인한 생활 습관이기 때문에 간단한 방법으로 예방하고 치료할 수 있습니다. 우선 컴퓨터나 스마트폰의 사용을 최소화해야 합니다. 어쩔 수 없이 매일 컴퓨터를 사용해야 하는 직장인의 경우 눈높이에 맞춰 화면의 위치를 조정하고 목과 등이 수그러지지 않게 바른 자세를 유지해야 합니다. 틈틈이 스트레칭을 통해 어깨와 목 주변의 근육을 풀어주는 것도 좋은데요. 양손으로 어깨를 잡고 어깨를 앞뒤로 크게 돌리거나 가끔 천장을 쳐다보는 동작이 도움이 됩니다.

39. 정답 ②

① 거북목 증후군의 위험성에 대한 언급은 없었으므로 오답이다.
② 어깨가 뭉치는 것이 자신도 거북목의 증후군인 것 같다고 했으므로 정답이다.
③ 예방법은 뒤에 나온 내용이므로 오답이다.
④ 오랜 시간 컴퓨터와 스마트폰을 사용하는 것이 거북목 증후군의 원인이라고 했으며 쉽게 피로감을 느끼는 것에 대한 언급은 오답이다.

Key Point

거북목 증후군	• 목을 앞으로 뺀 자세가 일으키는 증상들을 말하며 나이가 들수록, 근육이 없을수록 잘 생기지만 컴퓨터를 많이 하는 요즘에는 연령, 성별에 관계없이 나타난다.
방치하다	• [동사] 내버려 두다.
수그러지다	• [동사] 안으로 굽어 들거나 기울어지다.

40. 정답 ③

① 방치할 경우 전신 마비가 아닌 전신 불균형이 올 수 있다고 했으므로 오답이다.
② 눈높이에 맞춰 조정하라고 했으므로 오답이다.
③ 양손으로 어깨를 잡고 앞뒤로 크게 돌리는 동작이 도움이 된다고 했으므로 정답이다.
④ 컴퓨터를 오랜 시간 사용하는 사람에게 자주 나타난다고 했으므로 오답이다.

[41~42]

남자 싱글세는 일정 나이가 되도록 결혼을 하지 않으면 세금을 걷는 제도입니다. 정부는 저출산 문제를 극복하기 위해 싱글세 도입을 검토하고 있어 긍정적으로 평가받는 추세입니다. 출산 장려를 위해 교육비, 출산 휴가 등의 지원이 필요한데 이를 싱글세를 걷어 효율적으로 운영하겠다는 것이지요. 출산한 부부들은 아이를 키우면서 다양한 형태의 세금을 내고 있습니다. 이 세금은 출산을 하지 않은 사람들에게도 똑같은 혜택으로 나눠진다고 하니 분명히 검토되어져야 할 것입니다. 하지만 긍정적인 면만 있는 것은 아닙니다. 출산한 부부들이 경제적인 어려움을 겪으며 힘들어 하는 것을 왜 출산을 하지 않은 사람들에게 잘못을 돌리며 책임을 짊어지게 하냐는 것입니다. 오히려 싱글세를 낸 사람들은 결혼과 출산이 점점 더 미뤄지며 악순환이 계속되는 것은 아닐까요?

41. 정답 ④

① 긍정적으로 평가받는 추세이지만 부정적인 면도 언급했으므로 오답이다.
② 남자는 출산한 부부가 겪는 경제적인 어려움을 출산을 하지 않은 사람들에게 책임을 돌리는 것에 대해 의문을 제기한 것이므로 오답이다.
③ 오히려 싱글세를 내면 결혼과 출산이 미뤄질 것이라고 했으므로 오답이다.
④ 긍정적으로 평가되는 추세라고 말하면서 긍정적인 면만 있는 것은 아니라고 했으므로 정답이다.

Key Point

-을 만하다	• 어떤 사람이나 사물이 그러한 행위를 할 가치가 있음을 나타낸다.

42. 정답 ②

① 싱글세는 결혼을 하지 않으면 내는 세금이므로 오답이다.
② 정부에서 저출산 문제를 극복하기 위해 싱글세 도입을 검토하고 있다고 했으므로 정답이다.
③ 인력이 필요하다는 언급은 없었으므로 오답이다.
④ 결혼을 하지 못한 사람들도 똑같은 혜택을 받는 것이지 그 사람들에게만 혜택을 주는 것은 아니다. 그러므로 오답이다.

Key Point

싱글세	• 결혼하지 않은 사람에게 특별히 걷는 세금이다. 독신세나 1인가구세라고도 한다.
저출산	• [명사] 아이를 적게 낳음.
추세	• [명사] 어떤 현상이 일정한 방향으로 나아가는 경향.
장려	• [명사] 좋은 일에 힘쓰도록 북돋아 줌.
짊어지다	• [동사] 책임이나 의무를 맡다.
악순환	• [명사] 순환이 좋지 않음. 또는 나쁜 현상이 끊임없이 되풀이됨.

[43~44]

여자 늑대들의 세계에 절대 권력이란 없습니다. 강한 자만이 살아남는 야생의 세계에서 살아남기 위해서는 수많은 음모와 배신을 견뎌내야 하는데요. 유독 한 녀석이 무리에 어울리지 못하고 주변만 어슬렁거리고 있습니다. 심지어 늑대의 자존심이라는 꼬리를 말아 넣고서는 말이지요. 먹이조차 제대로 먹지 못하고 있는 이 녀석은 사실 늑대왕국 서열 1위였습니다. 수컷들의 사랑을 한 몸에 받으며 새끼를 출산한 것도 녀석뿐이었습니다. 그런데 어쩌다 이런 꼴이 되었을까요? 알고 보니, 새끼를 낳은 후 폭우가 계속되어 어린 생명을 살리기 위해 어쩔 수 없이 새끼들을 녀석 품에서 떼어 내게 되었다는데요. 공동육아를 하는 늑대들의 특성상 새끼를 지키지 못한 어미의 권위는 땅으로 추락한다고 합니다. 이 늑대는 과연 이 위기를 견뎌내고 다시 다른 늑대들과 잘 지낼 수 있을까요?

43. 정답 ②

① 늑대의 자존심을 이야기한 것은 아니므로 오답이다.
② 절대 권력이 존재하지 않아 서열 1위에서 바닥으로 권위가 떨어진 늑대의 이야기이므로 정답이다.
③ 수컷들의 사랑과 관련된 내용이라고 보기는 어려우므로 오답이다.
④ '다시 다른 늑대들과 잘 지낼 수 있을까'라고 했으므로 다음 내용으로는 극복 방법이나 그 후의 이야기가 나올 것으로 예상된다. 그러므로 오답이다.

Key Point

권력	• [명사] 남을 복종시키거나 지배할 수 있는 공인된 권리와 힘.
음모	• [명사] 나쁜 목적으로 몰래 흉악한 일을 꾸밈.
어슬렁거리다	• [동사] 몸집이 큰 사람이나 짐승이 몸을 조금 흔들며 계속 천천히 걸어 다니다.
꼴	• [명사] 어떤 형편이나 처지 따위를 낮잡아 이르는 말.

44. 정답 ④

① 무리에 어울리지 못해 꼬리를 말아 넣고 다니는 것이므로 오답이다.
② 야생의 세계에 음모와 배신이 존재하지만 그 이유로 미움을 받는 것은 아니므로 오답이다.
③ 서열 1위였기 때문에 수컷들의 사랑을 한 몸에 받는다는 이유로 미움을 받지는 않았다. 그러므로 오답이다.
④ 새끼를 낳은 후 폭우로 인해 어쩔 수 없이 떼어 놓았는데 공동육아를 하는 늑대들의 특성상 새끼를 지키지 못한 어미는 권위가 바닥으로 추락하게 된다고 했다. 그러므로 정답이다.

[45~46]

남자 여러분은 물건을 살 때 어디를 이용하십니까? 불친절한 서비스, 주차문제 등으로 외면당하는 재래시장을 활성화하기 위한 방안으로 대형할인마트의 영업제한이 생겼는데요. 대형할인마트를 규제하지 않고서는 재래시장으로 사람들의 발길을 돌릴 수는 없는 걸까요? 각 시장이 갖고 있는 장점을 극대화시키고 단점을 보완해 국민들에게 선택할 권리를 줘야 한다고 생각합니다. 저는 대형할인마트가 접근성이 용이하고 넓은 주차장과 친절한 서비스를 제공해서 자주 이용하기는 하지만 재래시장도 종종 가곤 합니다. 재래시장은 주차하기가 힘들기는 하지만 흥정도 할 수 있고 사람 사는 냄새가 나는 것 같더라고요. 또 재래시장에 있는 반찬을 엽전으로 구입해서 먹을 수 있는 '도시락 카페'에서는 약 5천원이면 푸짐하게 한 끼를 먹을 수 있습니다. 대형할인마트와 재래시장은 각각의 매력이 있다고 봐요.

45. 정답 ④

① 대형할인마트는 넓은 주차장을 제공하고 재래시장이 주차하기 힘들다고 했으므로 오답이다.
② 대형할인마트에서 친절한 서비스를 제공한다고 했으며 재래시장은 불친절한 서비스로 외면 받고 있다고 했다. 그러므로 오답이다.
③ 도시락을 판매하는 것이 아니며 5천원 정도면 반찬을 구입할 수 있다고 했으므로 오답이다.
④ 남자의 '대형할인마트가 휴업이라고 해서 대형할인마트 대신 재래시장을 찾을까요'라는 말은 대형할인마트 대신 재래시장을 찾지 않을 것이라는 반어적인 의미로 한 질문이므로 정답이다.

Key Point

비위생적	• [관형사·명사] 위생에 좋지 않거나 알맞지 아니한. 또는 그런 것.
규제	• [명사] 규칙이나 규정에 의하여 일정한 한도를 정하거나 정한 한도를 넘지 못하게 막음.
흥정	• [명사] 물건을 사거나 팔기 위하여 품질이나 가격 따위를 의논함.
엽전	• [명사] 예전에 사용하던, 놋쇠로 만든 돈.
냄새	• [명사] 어떤 사물이나 분위기 따위에서 느껴지는 특이한 성질이나 낌새.

46. 정답 ④

① 대형할인마트의 영업제한이 재래시장의 활성화에 도움이 되지 못한다고 했으므로 오답이다.
② 각 시장의 장점과 문제점을 이야기 했으므로 문제점을 비교·분석한 것은 아니다. 그러므로 오답이다.
③ 국민들에게 재래시장 이용을 요청한 것은 아니므로 오답이다.
④ 대형할인마트 영업제한이 재래시장 활성화에 도움을 주지 못했으므로 각 시장이 장점을 극대화하고 단점을 보완해서 국민들의 선택을 받도록 해야 한다고 했으므로 정답이다.

Key Point

당위성	• [명사] 마땅히 그렇게 하거나 되어야 할 성질.
협조	• [명사] 힘을 보태어 도움.

[47~48]

여자 유명 어플리케이션에서 개인정보를 해외 서버로 전송하고 있다고 해서 논란이 되고 있습니다. 사용자들은 이 어플리케이션을 지워야 할지 말아야 할지 고민에 빠져있는데요. 사실 이 어플리케이션뿐만 아니라 수많은 어플리케이션에서 사용자들의 개인정보를 수집하고 있지 않습니까? 이러한 어플리케이션은 모두 불법입니까?

남자 개인정보를 수집하는 것이 모두 불법은 아닙니다. 스마트폰의 많은 어플리케이션에서 개인정보를 이용해 다양한 서비스를 제공하고 있으며 설치할 때 사용자에게 동의를 구하고 있기 때문입니다. 하지만 문제는 필요 이상의 개인정보를 수집하는 일부 어플리케이션이 있다는 것입니다. 사용자는 어플리케이션을 설치할 때 개인정보 수집 내용을 반드시 확인해야 하며 필요 이상의 개인정보가 수집되고 있다면 삭제를 하는 것이 좋습니다. 또한 스마트폰 전용 백신 프로그램을 설치하는 것도 도움이 됩니다.

47. 정답 ①

① 여자가 수많은 어플리케이션에서 사용자들의 개인정보를 수집하고 있다고 했으므로 정답이다.
② 남자가 개인정보를 수집하는 것은 불법이 아니라고 했으므로 오답이다.
③ 백신 프로그램은 도움을 주는 것이지 유출을 막는 것은 아니므로 오답이다.
④ 어플리케이션을 설치할 때 사용자의 동의를 구한다고 했으므로 오답이다.

Key Point

서버(server)	• [명사] 주된 정보의 제공이나 작업을 수행하는 컴퓨터 시스템.
백신(vaccine)	• [명사] 컴퓨터 바이러스를 찾아내고 손상된 디스크를 복구하는 프로그램.

48. 정답 ③

① 스마트폰 전용 백신 프로그램을 꼭 설치하라는 것이 아니라 도움이 된다고만 했으므로 오답이다.
② 설치에 대해 우려하고 있다는 내용은 없었으므로 오답이다.
③ 개인정보 수집을 막기 위한 방법으로 수집 내용을 확인하고 필요이상으로 수집하는 어플리케이션은 삭제하는 것이 좋다고 했다. 또한 백신 프로그램도 도움이 된다고 했으므로 정답이다.
④ 필요이상으로 개인정보를 수집하는 어플리케이션의 문제점을 진단한 것이므로 오답이다.

Key Point

우려	• [명사] 근심하거나 걱정함. 또는 그 근심과 걱정.

[49~50]

여자 현대인에게 스트레스는 떼려야 뗄 수 없는 관계이지요. 여러분은 스트레스를 해소하기 위해 무엇을 하십니까? 많은 사람들이 스트레스를 해소하기 위해 과식, 과음, 흡연 등 건강하지 못한 행동을 하고 있는데요. 건강하게 스트레스를 해소하는 방법을 가르쳐 드리겠습니다. 우선 활동하십시오. 책상을 정리하거나 빨래를 돌리면서 주변을 정리해도 좋고, 퇴근 후 30분 동안 산책을 하는 것도 좋습니다. 그리고 일기를 쓰십시오. 다만 일기를 쓸 때 가장 기분 좋았던 일을 중점적으로 쓰세요. 기분 좋았던 일을 생각하며 긍정적으로 하루를 마무리하게 될 것입니다. 또 내일 할 일에 대해 적으면 당연히 해야 할 일로 생각되어 스트레스라는 생각이 사라지게 됩니다. 마지막으로 자신을 사랑하십시오. 자기 전에 '나는 소중한 사람이다. 사랑한다.'고 말해 보세요.

49. 정답 ④

① 책상 정리, 빨래 돌리기 등의 집안일이 스트레스 해소에 도움이 될 수 있지만 주부들이 스트레스가 없다는 것은 아니므로 오답이다.
② 과식, 과음, 흡연으로 스트레스를 해소하는 사람이 많은 것이므로 오답이다.
③ 사랑하는 사람이 아니라 나에게 '사랑한다'고 말하는 것이 좋다고 했으므로 오답이다.
④ 일기에 기분 좋았던 일을 쓰면 긍정적으로 하루를 마무리 할 수 있고 내일 할 일에 대해 적으면 당연히 해야 할 일로 생각되어 좋다고 했으므로 정답이다.

Key Point

다만	• [부사] 다른 것이 아니라 오로지.

50. 정답 ②

① 원인에 대해 이야기 하고 있지 않으므로 오답이다.
② 스트레스 해소법으로 활동하기, 일기쓰기, 자신을 사랑하기를 제안하고 있으므로 정답이다.
③ 해소하기 위해 건강하지 못한 행동들을 언급하기는 했지만 문제점을 제기하는 것은 아니므로 오답이다.
④ 현대인을 걱정하는 내용은 아니므로 오답이다.

쓰기 (51번~54번)

51. 정답 ㉠ 자제하여 주시기 바랍니다.
㉡ 지정된 장소에 배출해 주시기 바랍니다.

52. 정답 ㉠ 어릴 때부터 관리와 주의가 필요하다.
㉡ 균형 잡힌 식사를 해야 한다.

53. 정답

	독	서	를		하	는		목	적	에		대	해		조	사	한		결
과	,	1	학	년		학	생	과		4	학	년		학	생	의		독	서
목	적	이		크	게		다	른		것	으	로		나	타	났	다	.	1
학	년		학	생	의		경	우		교	양	을		쌓	기		위	해	
독	서	를		한	다	는		학	생	이		41	%	로		가	장		많
았	으	며		‘	어	학		성	적		향	상	’		32	%	,	‘	취
업		관	련		정	보		습	득	’		19	%		순	으	로		나
타	났	다	.	4	학	년		학	생	의		경	우		‘	취	업		정
보		습	득	’	이		52	%	로		가	장		높	았	으	며		‘
어	학		성	적		향	상	’	,‘	교	양	습	득	’	이		그		뒤
를		이	었	다	.	이	를		통	해		학	년	이		높	아	질	수
록		취	업	에		대	비	하	기		위	한		준	비	를		중	요
하	게		여	긴	다	는		사	실	을		알		수		있	다	.	

54. 정답

공교육이란 국가 또는 지방자치단체가 설립하여 운영하는 국·공립학교, 사립학교 교육 모두를 포함한다. 공교육은 교육 기간, 교육 방법 및 목적 등을 국가가 결정하기 때문에 교육의 대상이 되는 국민은 그 결정에 따라야 하므로 자기 주도성이 결여되기 쉽다. 그리고 교사가 다수의 학생을 대상으로 가르치기 때문에 학생 한 명 한 명을 대하는 데 소홀하며, 이로 인해 중하위권 학생은 학업을 포기하거나 학습 진도를 따라가기 힘든 상황도 올 수 있다는 문제가 있다.

사교육은 공교육에 반대되는 개념으로, 국가가 관리하는 교육기관 밖에서 이루어지는 교육을 의미하며 일반적으로 학원, 온라인 교육, 개인 과외 등을 의미한다. 사교육은 학생의 역량에 맞춰서 가르치기 때문에 학생 개인의 수준에 맞는 효과적인 공부를 할 수 있다는 장점이 있지만 사교육비의 부담이 크다는 문제가 있다.

학습의 내용과 깊이, 다양성 부분에서 학생과 학부모가 공교육에 만족하지 못한다면 공교육을 하는 주체와 교사는 양질의 교육을 위해 전반적인 노력을 기울여야 할 것이다.

읽기 (1번~50번)

01. 정답 ②

'-다가'는 어떤 행위나 상태가 중단되고 다른 행위나 상태로 바뀜을 의미한다. 그러므로 비가 오는 것이 그치고 갑자기 맑은 상태로 바뀌었다는 의미가 되므로 정답이다.

Key Point

-려고	• 어떤 행위를 할 의도나 목적이 있음을 나타낸다.
-거나	• 둘 이상의 경우 중에 하나를 선택함을 나타낸다.
-든지	• 선택의 의미를 나타낸다.

02. 정답 ③

가는 것이 있으면 오는 것이 당연하다는 의미이므로 '-기 마련이다'가 정답이다.

Key Point

-기만 하다	• 오직 한 하기 행동만을 하거나 어떤 상태가 지속됨을 나타낸다.
-기 일쑤이다	• 어떤 일이 자주 일어남을 나타낸다.
-기 십상이다	• 어떤 일이 그렇게 되기 쉽다는 의미를 나타낸다.

03. 정답 ①

'-기 위해서'는 '-고자'와 마찬가지로 목적이나 의도를 나타내므로 정답이다.

Key Point

-고자	• 어떤 행위의 목적이나 말하는 사람의 의도 희망
-기 무섭게	• 어떤 일이 끝나자마자 바로 다음 일이 일어남
-는 대신에	• 앞의 행동은 하지 않고 다른 행동으로 대체함
-는 반면에	• 앞 내용과 뒤 내용이 상반됨

04. 정답 ②

'-을 텐데'는 '-으련만'과 유사한 의미를 나타낸다. 그러므로 정답이다.

Key Point

-으련만	• 어떤 상황을 기대하며 가정하지만 뒤의 상황은 그렇지 않음을 의미
-은 대로	• '앞선 과거의 동작이나 상태와 같은 모양으로'의 뜻으로 사용됨
-을 만큼	• 앞의 내용과 비슷한 정도나 수량
-을 까봐	• 추측이나 의지

05. 정답 ④

아이의 꿈이 시작되며 예쁘고 바른 아이로 자랄 수 있도록 보살피는 곳은 유치원이므로 ④가 정답이다.

Key Point

보살피다	• [동사] 정성을 기울여 보호하며 돕다.

06. 정답 ③

구입한 상품을 환불하는 방법을 안내한 문구이므로 ③이 정답이다. 포인트 적립이나 상품 설명과는 거리가 멀고 구입에 관한 설명으로도 볼 수 없으므로 구입 방법도 오답이다.

07. 정답 ①

'사용하기, 버리기, 깨끗한 지구' 등 환경과 관련된 것은 '환경 보호'이므로 ①이 정답이다. 동물을 '사용하기'와 결합할 수 없으며 잔디는 '버리기'와 결합할 수 없으므로 오답이다. 또한 아동보호도 깨끗한 지구와 관련이 없으므로 오답이다.

Key Point

양심	• [명사] 사물의 가치를 변별하고 자기의 행위에 대하여 옳고 그름과 선과 악의 판단을 내리는 도덕적 의식.

08. 정답 ①

'안전하다, 생기있게 가꿔주다, 끈적이지 않는다' 등은 제품의 특징을 설명한 것이므로 ①번이 정답이다.

Key Point

색소	• [명사] 물체의 색깔이 나타나도록 해 주는 성분.
탄력	• [명사] 용수철처럼 튀거나 팽팽하게 버티는 힘.
끈적이다	• [동사] 끈끈하게 척척 들러붙다.

09. 정답 ④

① 여름이 아닌 겨울이므로 오답이다.
② 애완동물은 입장이 불가하므로 오답이다.
③ 초등학생은 10,000원의 요금을 내며 중 고등학생은 13,000원을 내야 한다. 그러므로 오답이다.
④ 송어는 1인당 2마리만 가지고 나올 수 있다고 했으므로 정답이다.

Key Point

미취학	• [명사] 아직 학교에 들어가지 못함.
불가	• [명사] 가능하지 않음.
미성년자	• [명사] 만 19세 이하의 사람

10. 정답 ②

① 부모와 자녀의 의견이 일치하지 않으므로 오답이다.
② 장래 희망으로 자녀와 부모에게 모두 의사가 2위이므로 모두에게 인기 있는 직업이라고 할 수 있다. 그러므로 정답이다.
③ 자녀는 교사가 가장 되고 싶어 하며 부모의 뜻을 따른 것으로 볼 수는 없다. 그러므로 오답이다.
④ 부모는 공무원, 의사, 교사 등 안정적인 직업을 더 선호하는 것으로 볼 수 있으므로 오답이다.

Key Point

공무원	• [명사] 국가 또는 지방 공공 단체의 사무를 맡아보는 사람.
전문직	• [명사] 전문적인 지식이나 기술이 필요한 직업.

11. 정답 ②

① 8일 오후와 9일 오후로 분산될 것이라고 했으므로 오답이다.
② 부산에서 서울까지 6시간 40분 소요될 전망이므로 정답이다.
③ 버스, 철도보다 승용차가 월등히 많을 것으로 예상된다고 했으므로 오답이다.
④ 올해는 지난해보다 20~40분 더 소요될 것이라고 했으므로 지난해 목포에서 서울까지는 약 6시간 20분~6시간 40분 정도 소요되었을 것으로 추측할 수 있다. 그러므로 오답이다.

Key Point

귀경길	• [명사] 서울로 돌아가거나 돌아오는 길.
분산되다	• [동사] 갈라져 흩어지다.
월등히	• [부사] 수준이 정도 이상으로 뛰어나게.

12. 정답 ④

① 소방차와 구급차의 진로를 방해하면 과태료가 부과되므로 오답이다.
② 과태료가 매우 많이 상향되었으므로 운전자들은 더욱 많은 경각심을 가지게 될 것이므로 오답이다.
③ 과태료가 기존에 비해 10배 더 많아졌으므로 오답이다.
④ 소방차와 구급차가 접근하면 옆으로 피하거나 일시정지를 하지 않으면 과태료가 부과된다는 내용이므로 정답이다.

Key Point

화재	• [명사] 불로 인한 재난
응급	• [명사] 급한 대로 우선 처리함. 또는 급한 정황에 대처함.
시행되다	• [동사] 법령이 공포된 뒤에 그 효력이 실제로 발생되다.
상향	• [명사] 수치나 한도, 기준 따위를 더 높게 잡음.
과태료	• [명사] 공법에서, 의무 이행을 태만히 한 사람에게 벌로 물게 하는 돈.
부과하다	• [동사] 세금이나 부담금 따위를 매기어 부담하게 되다.

13. 정답 ②

(가)와 (다)의 접속사 '그래서', '하지만'은 문장 처음에 올 수 없으므로 ①, ③은 오답이다. ②에서는 박 씨는 혼자 노래 부르는 것이 취미이고 혼자 노래 부르며 스트레스를 해소하곤 하는데 물질적, 육체적으로 버거워서 코인 노래방을 찾는다는 것을 인과 관계에 맞게 배열하였다. 그러므로 정답이다. ④는 코인 노래방을 즐겨 찾게 되었는데 다음 순서가 취미에 대한 언급이므로 순서가 적절하지 않다. 그러므로 오답이다.

Key Point

다소	• [부사] 어느 정도로
버겁다	• [형용사] 물건이나 세력 따위가 다루기에 힘에 겹거나 거북하다.

14. 정답 ④

①, ②는 접속사 '또한'이 첫 문장에 오는 것은 자연스럽지 않으므로 오답이다. (다)에서는 연구 내용을 밝혔고, (라)에서는 연구 결과를 발표했다고 했으므로 결과를 발표하고 내용을 밝히는 것이 자연스럽다. 그래서 (다)보다 (라)가 먼저 와야 하므로 ④가 정답이다.

Key Point

뒷받침하다	• [동사] 뒤에서 지지하고 도와주다.

15. 정답 ③

①, ② (다)에서 (가)가 바로 오면 야생동물 먹이주기 행사에 대한 설명이 아니라 그 외의 활동에 대한 것이므로 오답이다. ③, ④ (나)는 행사에 대한 설명이므로 (가)의 그 외 활동 보다는 (라) 먹이의 위치가 먼저 오는 것이 적절하다. 그러므로 ③이 정답이다.

Key Point

올무	• [명사] 새나 짐승을 잡기 위하여 만든 올가미.
덫	• [명사] 짐승을 꾀어 잡는 기구.
인적	• [명사] 사람의 발자취. 또는 사람의 왕래.
드물다	• [형용사] 어떤 일이 일어나는 일이 잦지 아니하다.

16. 정답 ①

① 카드를 사용하면 눈에 보이지 않기 때문에 더 많은 지출을 하게 된다고 했으므로 지출을 줄이기 위해서는 가능한 한 현금을 사용해 직접 계산하는 것이 도움이 된다. 그러므로 정답이다.
② 지출을 줄이기 위한 방법으로 다른 사람을 시키는 것은 오답이다.
③ 오랜 기간 할부를 하면 지출을 줄일 수 없으므로 오답이다.
④ 일시불 또한 지출을 줄일 수 없으므로 오답이다.

Key Point

발생	• [명사] 어떤 일이나 사물이 생겨남.
주범	• [명사] 어떤 일에 대하여 좋지 아니한 결과를 만드는 주된 원인.
무분별하다	• [형용사] 분별이 없다.

17. 정답 ③

① 성공과 실패는 누군가가 해 주는 칭찬의 결과가 아니므로 오답이다.
② 노력을 칭찬할 경우 실패와 성공의 이유가 자신의 노력 때문이라고 생각하기 때문에 더 많은 노력을 한다고 했으므로 노력이 전부라고 판단하는 것은 오답이다.
③ 노력을 칭찬하면 실패할 경우 노력이 부족하기 때문이라고 생각한다고 했으므로 이것이 정답이다.
④ 마지막에 결과보다는 과정이 중요하다고 했으므로 오답이다.

Key Point

자책하다	• [동사] 자신의 결함이나 잘못에 대하여 스스로 깊이 뉘우치고 자신을 책망하다.

18. 정답 ②

① '한몫하다'는 '한 사람으로서 맡은 역할을 충분히 하다'라는 의미인데 항공권 특가 이벤트가 어떤 역할을 했는지가 나와 있지 않으므로 오답이다.
② 기존 가격의 90% 낮은 금액의 항공권을 얻기 위해 홈페이지가 다운될 정도로 많은 접속자가 몰렸으므로 많은 화제가 된 것으로 볼 수 있다. 그러므로 정답이다.
③ 홈페이지가 다운되는 문제를 일으키긴 했지만 빈칸 뒤에는 문제점이 아닌 이벤트에 관한 내용이므로 오답이다.
④ 사람들의 비난과 관련된 내용은 언급되지 않았으므로 오답이다.

Key Point

누적	• [명사] 포개어 여러 번 쌓음. 또는 포개져 여러 번 쌓임.
돌파	• [명사] 일정한 기준이나 기록 따위를 지나서 넘어섬.
다운되다	• [동사] 컴퓨터 시스템에 문제가 생겨서 작동이 일시적으로 중단되다.
한몫하다	• [동사] 한 사람으로서 맡은 역할을 충분히 하다.
(비난을) 사다	• [동사] 다른 사람에게 어떤 감정을 가지게 하다.

19. 정답 ④

① 몸을 흔드는 것은 불안정한 움직임으로 볼 수 있지만 글의 앞부분에서 이미 말한 내용이므로 오답이다.
② ①과 마찬가지로 글 앞부분에서 이미 언급한 행동이므로 오답이다.
③ 글에서 언급하는 행동과 거리가 멀기 때문에로 오답이다.
④ 거짓말을 할 때 상대방의 시선을 피한다는 사실을 이미 많은 사람들이 알고 있다고 언급했으므로 정답이다.

Key Point

꼽다	• [동사] 골라서 지목하다.
오히려	• [부사] 일반적인 기준이나 예상, 짐작, 기대와는 전혀 반대가 되거나 다르게.
유심히	• [부사] 주의가 깊게.

20. 정답 ③

① 시선을 피하는 행동이 너무 알려져서 오히려 눈을 마주치는 사람이 많다고 했지만 눈을 마주치고 이야기 한다고 진실일 가능성이 크다고는 하지 않았으므로 오답이다.
② 마지막에 연인이 거짓말을 하는 것처럼 느껴질 땐 행동을 유심히 살피라고 했으므로 오답이다.
③ 동작을 멈추거나 숨기려 하는 무의식적인 행동은 거짓말을 할 때 나타나는 특징이라고 했으므로 정답이다.
④ 상대방의 시선을 마주치며 이야기하는 행동은 이 글에서 언급한 거짓말을 할 때 하는 행동과 반대의 행동이므로 오답이다.

21. 정답 ④

① '그림의 떡'은 아무리 마음에 들어도 차지할 수 없는 경우를 이르는 말이므로 오답이다.
② '엎질러진 물'은 한번 저지른 일을 다시 고치거나 중지할 수 없음을 이르는 말이므로 오답이다.
③ '내 코가 석 자'는 사정이 급하고 어려워서 남을 돌볼 여유가 없음을 이르는 말이므로 오답이다.
④ '티끌 모아 태산'은 아무리 작은 것이라도 모이고 모이면 나중에 큰 덩어리가 됨을 이르는 말이므로 정답이다.

Key Point

곳곳	• [명사] 여러 곳 또는 이곳저곳.
심심찮다	• [형용사] 드물지 않고 꽤 잦다.
차곡차곡	• [부사] 물건을 가지런히 겹쳐 쌓거나 포개는 모양.
독거노인	• [명사] 가족 없이 혼자 살아가는 노인.

22. 정답 ④

① 돈의 액수는 중요하지 않다고 했으므로 오답이다.
② 동전을 모아서 기부를 했지만 동전을 떨어뜨리지 말라고 한 것은 아니므로 오답이다.
③ 동전보다는 사랑하는 마음으로 누군가를 도왔다는 것이 중점이므로 오답이다.
④ 마지막 문장에서 돈의 액수보다 다른 사람을 향한 사랑의 마음이 가장 중요하다고 했으므로 정답이다.

23. 정답 ③

① '섭섭하다'는 서운하고 아쉽다는 의미이므로 오답이다.
② '후련하다'는 좋지 아니하던 속이 풀리거나 내려서 시원하다는 의미이므로 오답이다.
③ '부담스럽다'는 어떠한 의무나 책임을 져야 할 듯한 느낌이 있다는 의미이므로 정답이다.
④ '당황스럽다'는 놀라거나 다급하여 어찌할 바를 몰라 하는 데가 있다는 의미이므로 오답이다.

Key Point

배낭여행	• [명사] 필요한 물품을 준비하여 배낭에 넣고 떠나는 여행. 경비를 절약하고 생생한 체험을 할 수 있다는 장점이 있다.
마음(을)잡다	• [동사] 마음을 바로 가지거나 새롭게 결심하다.
호되다	• [형용사] 매우 심하다.
아예	• [부사] 일시적이거나 부분적이 아니라 전적으로. 또는 순전하게.
꼼수	• [명사] 쩨쩨한 수단이나 방법.

24. 정답 ①

① 이번 설 연휴에는 고향에 가지 않고 친구와 배낭여행을 간다고 했으므로 정답이다.
② 명절은 갈수록 부담으로 다가온다고 했으므로 오답이다.
③ 작년 추석에 가족들의 잔소리에 호되게 당했다고 했으므로 오답이다.
④ 잔소리는 언니가 결혼하기 전까지만 했고 그 이후에는 나에게 한다고 했으므로 오답이다.

25. 정답 ③

① 전국이 아니라 수도권에만 눈이나 비가 온다고 했으므로 오답이다.
② 기온이 오른다고 했으므로 추워지는 것은 아니기 때문에 오답이다.
③ 대체로 기온이 오르고 포근하다고 했으며, 수도권에는 눈이나 비가 올 것이라는 의미이므로 정답이다.
④ 수도권에 눈이나 비가 이미 내리고 있는 것은 아니므로 오답이다.

Key Point

입춘	• [명사] 24절기의 하나이며 이때부터 봄이 시작된다고 한다.
포근하다	• [형용사] 겨울 날씨가 바람이 없고 따뜻하다.

26. 정답 ①

① 버스전용차로를 위반하며 질주해 잡았는데 잡고 보니 수배자였다는 의미이므로 정답이다.
② 버스전용차로를 질주하는 차량이 수배자의 것이었으므로 수배자를 잡는 차량이라는 것은 잘못되었다. 그러므로 오답이다.
③ 버스전용차로를 달린다고 해서 수배자가 되는 것은 아니므로 오답이다.
④ 수배자를 잡기 위한 것이 아니라 수배자가 버스전용차로를 위반한 채 달리고 있었던 것이므로 오답이다.

Key Point

버스전용차로	• 도로에 버스만 다닐 수 있는 차로를 만들어 대중교통을 원활히 하고자 하는 제도.
수배자	• 경찰이 수사하여 잡으려고 하는 범인

27. 정답 ②

① 음주를 한 뒤 운전을 한 것은 맞지만 창고를 들이받았다는 내용은 없으므로 오답이다.
② 음주운전을 하던 20대가 창고를 들이받았다는 의미이므로 정답이다.
③ 미숙한 운전 실력으로 창고를 들이받은 것이 아니라 음주운전을 한 것이므로 오답이다.
④ 창고를 들이받고 술을 마시러 간 것이 아니라 술을 마시고 운전을 한 것이므로 오답이다.

28. 정답 ④

① 잠을 자는 것, 운동을 하는 것, 손을 씻는 것은 비싼 것이라 할 수 없으므로 오답이다.
② 병을 예방하는 습관이지 절대로 걸리지 않는 것은 아니므로 오답이다.
③ 건감검진과 관련된 것으로 보기에는 어려우므로 오답이다.
④ 건강 습관으로 제시한 것들(잠, 운동, 손)이 일상생활에서 지킬 수 있는 것이므로 정답이다.

29. 정답 ③

① 적은 분량의 스토리가 옛 추억을 느낄 수 있는 것으로 볼 수는 없으므로 오답이다.
② 현대인이 공감할 수 있는 것은 적은 분량이 아니라 소재이므로 오답이다.
③ 적은 분량의 스토리는 출 퇴근 시간을 활용할 수 있으므로 정답이다.
④ 적은 분량으로 작가의 의도를 파악하기에는 어려움이 있으므로 오답이다.

Key Point

웹툰(webtoon)	• 영어 표현의 'web(웹)'과 'cartoon(만화)'을 합성한 말로, '인터넷을 매개로 배포하는 만화'를 의미한다.

30. 정답 ③

① 뒤에 자주 이용한다고 했으므로 건강에 좋지 않다는 단점은 오답이다.
② 앞에서 음식의 양과 조리시간의 단점을 언급했는데 인기는 이것과 관련 없는 내용이므로 오답이다.
③ 자주 이용한다는 이유로 조리시간이 짧고 맛이 좋다는 장점은 정답이다.
④ 직접 하는 요리가 시간이 많이 걸린다고 했으므로 간편 요리도 오래 걸린다는 것은 오답이다.

Key Point

그럴싸하다	• [형용사] 제법 훌륭하다.

31. 정답 ①

① 한국어를 사용해야 할 상황에 영어를 하려고 하면 한국어도, 영어도 제대로 할 수 없다는 내용이므로 정답이다.
② 앞뒤의 내용을 볼 때 아이들이 자신감을 잃는다는 내용은 찾아 볼 수 없으므로 오답이다.
③ 앞뒤의 내용을 볼 때 한국어마저도 잊어버리게 된다는 내용은 찾아 볼 수 없으므로 오답이다.
④ 영어 유치원 교사가 아이들을 보내는 것에 반대한다고 했으므로 영어 실력이 는다는 것은 옳지 않다. 그러므로 오답이다.

Key Point

막연하다	• [형용사] 뚜렷하지 못하고 어렴풋하다.
우물쭈물하다	• [동사] 행동 따위를 분명하게 하지 못하고 자꾸 망설이며 몹시 흐리멍덩하게 하다.
-은들	• 어떤 상황을 가정하여 인정한다고 하여도 그 결과가 예상과 다른 내용임을 나타낸다.

32. 정답 ②

① 서울 근교 나들이로 민속촌을 추천했으므로 오답이다.
② 매주 토요일과 일요일마다 오전, 오후 두 차례 전통 공연이 펼쳐진다고 했으므로 정답이다.
③ 민속촌에는 실제 조상들이 살던 모습이 남아있다고 했으므로 오답이다.
④ '재미로 보는 운세'는 매주 일요일에 참여할 수 있다고 했으므로 오답이다.

Key Point

고스란히	• [부사] 건드리지 아니하여 조금도 축이 나거나 변하지 아니하고 그대로 온전한 상태로.
으리으리하다	• [형용사] 모양이나 규모가 압도될 만큼 굉장하다.
문간방	• [명사] 문간(대문이나 중문 따위의 출입문이 있는 곳) 옆에 있는 방.
아기자기하다	• [형용사] 여러 가지가 오밀조밀 어울려 예쁘다.
얼	• [명사] 정신의 줏대.
기예	• [명사] 예술로 승화될 정도로 갈고닦은 기술이나 재주.
재담	• [명사] 익살과 재치를 부리며 재미있게 이야기함.

33. 정답 ①

① 마지막에 서울의 옛 모습을 그대로 간직한 채 현대와 어우러지고 있다고 했으므로 정답이다.
② 최근 젊은 예술가들이 모여들었다고 했으므로 오답이다.
③ 집값이 오른 것은 경치가 좋고 조용해서가 아니기 때문에 오답이다.
④ 예술가들이 허름한 집을 개조해 작업실, 카페, 스튜디오로 활용하는 것은 집값이 저렴하기 때문이지 적합하기 때문이라고 볼 수는 없으므로 오답이다.

Key Point

달동네	• [명사] 산등성이나 산비탈 따위의 높은 곳에 가난한 사람들이 모여 사는 동네.
새바람	• [명사] 새롭게 변하는 풍조.

입(을) 모으다	• [관용구] 여러 사람이 같은 의견을 말하다.

34. 정답 ②

① 재미도 있고 교육 자료의 역할도 톡톡히 해내고 있다고 했으므로 오답이다.
② 부모와 자녀 온가족이 함께 볼 정도로 폭넓은 연령대의 시청자에게 사랑을 받고 있다고 했으므로 정답이다.
③ 장영실이 역사 속의 중요한 인물이지만 부모가 자녀에게 보라고 강요하는 것은 아니므로 오답이다.
④ 특수 효과뿐만 아니라 재미와 감동, 교훈까지 있는 드라마이기 때문에 어른들도 볼 만하므로 오답이다.

Key Point

안방극장	• [명사] 텔레비전을 보는 각 가정의 방을 극장에 비유하여 이르는 말.
바람을 일으키다	• [관용구] 사회적으로 많은 사람에게 영향을 미치다.
톡톡히	• [부사] 구실이나 역할 따위가 제대로 되어 충분하게.

35. 정답 ①

① 컴퓨터, 건축 분야의 일자리는 증가할 것으로 보이는 반면 사무 행정, 제조업 분야의 일자리는 줄어들 것으로 보인다고 했으므로 일자리의 양극화가 심해지는 것이다. 그러므로 정답이다.
② 산업구조의 변화로 인터넷과 인공지능이 발전하는 것은 아니므로 오답이다.
③ 우리의 생활이 더 편리해질 것은 맞지만 주제로 볼 수는 없으므로 오답이다.
④ 모든 분야의 일자리가 창출되는 것이 아니라 일자리가 창출되는 분야가 있고 줄어드는 분야가 있기 때문에 취업난이 해결되는 것은 아니다. 그러므로 오답이다.

Key Point

인공지능	• 인간의 지능이 가지는 학습, 추리, 적응, 논증 따위의 기능을 갖춘 컴퓨터 시스템.
제조업	• [명사] 물품을 대량으로 만드는 사업.
양극화	• [명사] 서로 점점 더 달라지고 멀어짐.
창출되다	• [동사] 전에 없던 것이 처음으로 생각되어 지어내어지거나 만들어지다.

36. 정답 ④

① 방송 제작 환경과 관련된 것은 아니므로 오답이다.
② 일반인 참가자를 대상으로 하며 문제가 발생했지만 새로운 형식의 프로그램을 개발해야 한다는 것은 아니므로 오답이다.
③ 시청자의 요구로 볼 수 있는 것은 없으므로 오답이다.
④ 프로그램의 입장에서 흥미와 시청률만 신경을 쓸 것이 아니라 일반인 참가자에 대한 존중과 배려가 있어야 한다고 했으므로 정답이다.

Key Point

짜깁기	• [명사] 기존의 글이나 영화 따위를 편집하여 하나의 완성품으로 만드는 일.

37. 정답 ④

① 메신저로 대화를 나누는 사람들이 많아지긴 했지만 주제로 보기에는 어려우므로 오답이다.
② 이모티콘이 감정을 표현하는 중요한 역할을 하지만 대화를 나누는 데 어려움이 생긴다고 볼 수는 없으므로 오답이다.
③ 이모티콘은 신조어나 줄임말보다 소통의 문제가 덜 발생하지만 부모님과 소통하기 편리하다고 보기에는 어려우므로 오답이다.
④ 마지막 부분에 이모티콘은 우리에게 없어서는 안 될 또 하나의 언어로 자리매김했다고 볼 수 있다고 했으므로 정답이다.

Key Point

이모티콘 (emoticon)	• [명사] 컴퓨터나 휴대 전화의 문자와 기호, 숫자 등을 조합하여 만든 그림 문자. 감정이나 느낌을 전달할 때 사용한다.
자리매김하다	• [동사] 사회나 사람들의 인식 따위에 어느 정도의 고정된 위치를 차지하다.

38. 정답 ②

① 성금의 액수가 중요한 것은 아니므로 오답이다.
② 스타에게 긍정적인 이미지를 심어주기 위해 이웃에게 사랑을 나누는 것은 박수를 받아 마땅하며 스타의 가치가 더욱 높아진다고 했으므로 정답이다.
③ 연예인이 유명한 것과 팬클럽의 봉사활동 여부는 관련이 없으므로 오답이다.
④ 올바른 팬덤 문화를 지향하지만 그렇지 않은 팬클럽이 많다는 내용은 없으므로 오답이다.

Key Point

팬덤(fandom)	• '광신자'를 뜻하는 영어의 'fanatic의 fan'과 '영지(領地) 또는 나라'를 뜻하는 접미사 'dom'의 합성어로서 특정한 인물(특히 연예인)이나 분야를 열성적으로 좋아하거나 몰입하여 그 속에 빠져 드는 사람을 가리키는 말이다.

39. 정답 ④

이 글은 감귤로 잼을 만드는 과정인데 <보기>의 내용은 감귤을 활용하는 방법이기 때문에 ㉠, ㉡, ㉢에 들어갈 경우 어색해진다. <보기>는 감귤 잼을 완성한 후에 나오기 알맞은 내용이므로 ④가 정답이다.

Key Point

즙	• [명사] 물기가 들어 있는 물체에서 짜낸 액체.

40. 정답 ①

<보기>는 자유학기제가 무엇인지 설명하는 내용으로 글의 첫 부분에 나와야 하기 때문에 ①이 정답이다.

Key Point

자유학기제	• 중간·기말고사를 보지 않는 대신 토론 실습 수업이나 직장 체험활동과 같은 진로교육을 받는 제도.

41. 정답 ②

제때 챙겨먹지 않아 병이 악화될 수도 있다는 문제를 해결하기 위해 오래 지속되는 약이 개발된 것으로 볼 수 있다. 또한 개발된 약의 설명이 뒤에 나오므로 ②가 정답이다.

Key Point

여간	• [부사] 그 상태가 보통으로 보아 넘길 만한 것임을 나타내는 말.
재발	• [명사] 다시 발생함.
악화되다	• [동사] 병의 증세가 나빠지다.
흠	• [명사] 어떤 사물의 모자라거나 잘못된 부분.

42. 정답 ①

① '속이 시원하다'는 '좋은 일이 생기거나 나쁜 일이 없어져서 마음이 상쾌하다'는 의미이므로 정답이다.
② '감회'는 '지난 일을 돌이켜 볼 때 느껴지는 회포'라는 의미로 오답이다.
③ '기대'는 '어떤 일이 이루어지기를 바라고 기다림'이라는 의미로 오답이다.
④ '먹먹하다'는 '체한 것같이 가슴이 답답하다'는 의미로 오답이다.

Key Point

독립영화	• 기존 상업자본에 의존하지 않고 창작자의 의도에 따라 제작한 영화.
상업영화	• 이윤 추구를 최우선 목표로 두고 만든 영화.
천편일률적	• [관형사·명사] 여럿이 개별적 특성이 없이 모두 엇비슷한. 또는 그런 것.

43. 정답 ②

① '꿈'은 개봉을 앞두고 있으므로 흥행에 성공했다는 것은 오답이다.
② 독립영화는 상업영화에 비해 촬영부터 개봉까지 힘들다고 했으므로 제작환경이 좋지 않은 것이다. 그러므로 정답이다.
③ 관객에게 영화선택권을 주고 싶어 하지만 독립영화'만' 보기를 바라는 것은 아니므로 오답이다.
④ 독립영화는 작가와 감독의 묘한 상상력을 볼 수 있으며 성향 또한 잘 드러난다. 그러므로 오답이다.

44. 정답 ①

① '빨리빨리'문화로 경제 강국이 되었고 이제는 여유로운 삶도 즐길 줄 아는 대한민국이 되길 바란다고 했으므로 정답이다.
② '빨리빨리'문화는 대한민국의 대표적인 이미지이지만 부정적이라고는 하지 않았으므로 오답이다.
③ 대표 이미지를 바꿔야 한다는 내용은 없었으므로 오답이다.
④ 한국의 사회가 발전하고 경제 성장을 이룬 것에 '빨리빨리'문화가 한 몫 하기는 했지만 꼭 필요하다고 말하는 것은 아니므로 오답이다.

Key Point

발맞추다	• [동사] (비유적으로) 여러 사람이 각자의 행동이나 말 따위를 하나의 목표나 방향을 향하여 일치시키다.
그저	• [부사] 다른 일은 하지 않고 그냥.
극단적	• [관형사·명사] 길이나 일의 진행이 끝까지 미쳐 더 나아갈 데가 없는. 또는 그런 것.

45. 정답 ②

① '빨리빨리'에 길들여진 이유로 '대충대충'을 싫어해서라는 것은 오답이다.
② '빨리빨리'의 힘으로 사회가 성장했고 세계 12위 강국이 되었다고 했으므로 정답이다.
③ 빨리 변하는 요즘 시대에 발맞추기 위해 필요한 자세라고 했지만 '빨리빨리'에 길들여진 이유로 보기에는 어렵다. 그러므로 오답이다.
④ 자연스럽게 한국인의 대표 이미지가 된 것이지 '빨리빨리'를 대표 이미지로 만들기 위한 것은 아니므로 오답이다.

46. 정답 ②

① ㉠의 앞은 체력 회복이 최대의 관건이라는 내용인데 이 뒤에 음식물 섭취와 관련된 내용이 나오는 것은 오답이다.
② ㉡의 앞에는 갖가지 방법으로 체력 회복에 힘써야 한다는 내용인데 뒤에는 체력 회복을 위한 스트레칭과 정리운동을 이야기하고 있다. 그러므로 가장 적절하며 ㉡의 뒤에 나오는 '이외에도'와 자연스럽게 이어질 수 있어 정답이다.
③ ㉢에 들어가도 자연스럽게 이어질 수 있지만 앞 문장에 있는 '이외에도' 때문에 ㉡이 더욱 적절하다. 그러므로 오답이다.
④ 체력 회복이 중요한 역할을 한다고 한 후에 나올 내용으로 적절하지 않아 오답이다.

Key Point

관건	• [명사] 어떤 사물이나 문제 해결의 가장 중요한 부분.
갖가지	• [명사] '가지가지(이런저런 여러 가지)'의 준말.
판가름	• [명사] 승패나 생사존망을 결판내는 일.

47. 정답 ④

① 경기 후 30분 이내에 물과 과일을 섭취하라고 했으므로 오답이다.
② 경기당 11km~13km를 뛰어 극심한 칼로리가 소모되고 체력이 저하된다고 했으므로 오답이다.
③ 체력을 회복하는 것은 기술과 작전보다 매우 중요하다고 했으므로 오답이다.
④ 체력 회복이 기술과 작전보다 매우 중요하며 성패를 판가름 하는 중요한 역할을 한다고 했으므로 정답이다.

48. 정답 ①

① 자신이 겪은 일을 소개하며 내 가족을 위해서라도 성숙된 시민의식이 필요하다고 했으므로 정답이다.
② 구급대원의 근무 환경에 대해서는 언급하지 않았으므로 오답이다.
③ 임산부의 응급상황 시 대처 방법에 대한 설명은 언급하지 않았으므로 오답이다.
④ 응급상황에서 자신들만 생각하는 사람들에 대한 설명은 언급하지 않았으므로 오답이다.

Key Point

설상가상	• [명사] 눈 위에 서리가 덮인다는 뜻으로, 난처한 일이나 불행한 일이 잇따라 일어남을 이르는 말.
간혹	• [명사] 어쩌다가 한 번씩.
꼬집다	• [동사] 분명하게 집어서 드러내다.

49. 정답 ④

① '중립적'은 '어느 편에도 치우치지 아니하고 공정한 태도를 취하는 것'을 의미하므로 오답이다.
② '독창적'은 '다른 것을 모방함이 없이 새로운 것을 처음으로 만들어 내거나 생각해 내는 것'을 의미하므로 오답이다.
③ '자율적'은 '자기 스스로의 원칙에 따라 어떤 일을 하거나 자기 스스로를 통제하여 절제하는 것'을 의미하므로 오답이다.
④ '이기적'은 '자기 자신의 이익만을 꾀하는 것'을 의미하므로 정답이다.

50. 정답 ③

① 구급대원들이 겪는 어려움으로 볼 수 없으므로 오답이다.
② 내 가족에게 피해를 볼 수도 있다는 생각으로 성숙된 시민의식이 필요하다고 한 것이지 내 가족에게 응급상황이 생길까 두려운 것은 아니므로 오답이다.
③ 낮아지는 시민의식으로 인해 내 가족이 피해를 볼 수도 있다고 생각하며 성숙된 시민의식이 필요하다고 했으므로 정답이다.
④ 피해를 입은 사람들을 동정하는 내용으로 볼 수 없으므로 오답이다.

Key Point

공감하다	• [동사] 남의 감정, 의견, 주장 따위에 대하여 자기도 그렇다고 느끼다.
두려워 하다	• [동사] 꺼려 하거나 무서워하는 마음을 갖다.
염려하다	• [동사] 앞일에 대하여 여러 가지로 마음을 써서 걱정하다.
동정하다	• [동사] 남의 어려운 처지를 자기 일처럼 딱하고 가엾게 여기다.

한국어능력시험
Real TOPIK II

한국어능력시험
Real TOPIK Ⅱ

한국어능력시험
Real TOPIK Ⅱ

Chapter 05

Real TOPIK Ⅱ 5회 해설

듣기 통합 (1번~50번)

01.

여자 우리 저 나무 아래에서 쉬었다 갈까요?
남자 그래요. 오랜만에 탔더니 힘이 드네요.
여자 시원한 나무 아래서 쉬고 나면 좀 괜찮아질 거예요. 조금만 더 힘내요.

정답 ①

① '오랜만에 탔더니'라는 말을 하기 때문에 두 사람은 자전거를 탔다고 할 수 있다. 그러므로 이것이 가장 적절하다.
② 두 사람은 걷고 있다. 그러므로 '오랜만에 탔더니'라는 표현을 쓸 수 없다.
③ 두 사람은 나무 그늘에 이미 앉아 있기 때문에 좀 쉬자는 말은 적절하지 않다.
④ 두 사람은 그림을 보고 있기 때문에 '오랜만에 탔더니'라는 표현은 적절하지 않다.

02.

여자 호앙 씨 이거 받으세요. 제가 좀 늦었지요?
남자 아니에요. 바쁜데도 불구하고 이렇게 와 주신 게 어딘데요. 정말 감사해요.
여자 뭘요, 당연히 와야죠. 졸업을 축하드려요.

정답 ③

① 그림의 배경이 파티이므로 졸업식 장면과는 무관하여 틀린 답이다.
② 선물을 주는 장면이므로 졸업식 장면과는 무관하여 틀린 답이다.
③ 대화에서 '졸업을 축하드려요'라고 했다. 그러므로 졸업식 장면이 적절하다.
④ 그림의 배경은 옷가게인데, 이 대화는 손님과 점원의 대화가 아니다.

03.

노동 시장의 취업 구조가 변하고 있습니다. 지난 10년간 연령별 취업 상황을 살펴보면 가장 많은 비중을 차지했던 20대의 취업율은 감소했으나 40대의 경우는 높아진 것으로 나타났습니다. 분야별로는 '서비스업'이 가장 높았으며 '일반 사무직', '영업'이 그 뒤를 이었습니다.

정답 ②

04.

여자 저, 실례합니다. 오늘 아침에 사당행 지하철에서 가방을 분실했는데요.
남자 사당행 지하철이요? 가방이 어떻게 생겼습니까?
여자 ______________________________

정답 ②

① 남자가 가방의 생김새에 대해 물어보기 때문에 '잠깐이면 돼요'라는 여자의 대답은 적절하지 않다.
② 가방의 생김새를 대답하고 있기 때문에 적절하다.
③ 가방의 생김새를 물어보는 데 '다시 찾아봅시다'라고 했으므로 적절하지 않다.
④ '너무 비싸니까 다른 것을 보여 주세요.'라는 대답은 가게 점원과 손님 사이의 대화에 해당한다.

05.

여자 민수 씨, 무슨 좋은 일 있어요? 얼굴이 좋아 보여요.
남자 그래 보여요? 이번 주말에 부모님이 한국에 오시거든요.
여자 ______________________________

정답 ②

① 부모님을 곧 만난다고 했기 때문에 그에 대한 반응으로 '어디 여행을 다녀오셨군요'라는 표현은 적절하지 않다.
② 부모님을 기대하는 친구에게 부모님이 오셔서 기쁘겠다고 이야기하는 것이 가장 적절하다.
③ 부모님께서 오신다고 했는데 반대로 못 오신다고 이야기하는 것은 맞지 않다.
④ '그렇군요'는 상대의 말에 호응이기 때문에 가능하지만, '부모님께 자주 연락드리세요'라는 말은 상황에 맞지 않다.

06.

남자 시간이 없어서 오늘도 아침은 못 먹었어요.
여자 그렇게 아침을 안 먹으면 오전에 배고프지 않아요?
남자 ______________________________

정답 ④

① 남자는 아침밥을 못 먹었다고 했기 때문에 남자의 마지막 발언으로 밥을 챙겨먹는다는 것은 적절하지 않다.
② '누가 알았겠어요.'라는 표현은 자신도 어쩔 수 없다는 의미이며 여기에 적절하지 않다.
③ 남자는 시간이 없어서 밥을 못 먹었다고 했는데 지금 밥을 먹겠다고 말하는 것은 상황에 맞지 않다.
④ '이젠 ~ 모르겠어요.'는 비록 배가 고프지만'괜찮다'혹은 '견딜 만하다'라는 뜻이다. 상대가 걱정하는 것에 대한 대답으로 적절하다.

07.

여자 사무실 공기가 답답하지 않아요? 창문 좀 열까요?
남자 조금 전에 밖에서 공사를 하고 있어서 제가 창문을 닫았는데 그래서 그런가 봐요.
여자 ____________________

정답 ④

① 창문은 이미 닫혀 있고 답답하다고 이야기했으므로 창문을 닫자고 말하는 것은 적절하지 않다.
② 답답하다고 했으므로 적절하지 않다.
③ 창문을 닫았다는 이야기 후에 열려 있다는 것이 상황에 맞지 않다.
④ 공사로 창문을 닫았지만 답답하므로 조금 후에 열자고 제안하는 게 맞다.

08.

여자 김 선생님, 이번 졸업 행사 참석자 명단 좀 주시겠어요? 답례품을 준비해야 해서요.
남자 아, 네. 그런데 아직 참석자가 확실하지 않은데요.
여자 ____________________

정답 ②

① 여자가 명단을 달라고 했는데 다시 줬다고 말하는 것은 적절하지 않다.
② 확실하지 않다고 이야기했으므로 확실히 정해지면 알려 달라고 하는 게 맞다.
③ 답례품을 준비하기 위해 명단을 달라고 했으므로 상황에 맞지 않다.
④ 두 사람은 졸업 행사에 참석한 사람이 아닌 준비하는 사람이므로 상황에 맞지 않다.

Key Point

답례품	• [명사] 감사의 표시로 주는 물건.

09.

여자 내일까지 기숙사 신청해야 하는데.
남자 아직 신청을 안 했어? 기숙사 신청 기한이 내일까지 맞아?
여자 학교 홈페이지에서 그렇게 봤어. 내가 사무실에 전화해 볼까?
남자 그래, 해 봐. 컴퓨터는 내가 확인해 볼게.

정답 ①

① 여자가 전화할까? 라는 질문에 그래라고 답했기 때문에 정답이다.
② 컴퓨터 확인은 남자가 하기로 했기 때문에 이것은 적절하지 않다.
③ 우선 날짜 확인을 하기 위함이니 신청하는 것은 적절하지 않다.
④ 컴퓨터를 확인한다는 것은 홈페이지를 본다는 말이다. 그러므로 이것은 적절하지 않다.

10.

여자 이건 어떠세요? 새로 나온 모자예요.
남자 괜찮네요. 그걸로 주세요. 선물할 거니까 예쁘게 포장해 주세요.
여자 네, 알겠습니다. 다른 직원이 포장하는 동안 계산 먼저 해 드릴까요?
남자 네, 그래요.

정답 ③

① 여자가 '계산 먼저 해 드릴까요?'라고 물었으며, 이는 계산을 먼저 할 것을 남자에게 권하는 것이다. 그리고 선물 포장은 다른 직원이 한다고 했으므로 적절하지 않다.
② 남자는 여자가 추천한 물건을 사겠다고 했으므로 적절하지 않다.
③ 선물을 포장하는 동안 계산할 것을 권하고 있기 때문에 이것이 가장 적절하다.
④ 이 대화에서 여자는 점원이고 남자는 손님이므로 여자가 남자에게 선물을 골라달라고 하는 것은 적절하지 않다.

11.

여자 민호 오빠, 농구공 어디에 뒀어?
남자 신발장에 있는데……. 농구하려고? 꺼내 줄까?
여자 아니. 내가 꺼낼게. 오빠도 같이 갈래? 날씨도 좋은데 학교 운동장에서 같이 운동하자.
남자 그래. 그럼 옷 좀 갈아입고 올게.

정답 ①

① 여자가 농구공을 꺼낸다고 말했으므로 이어서 할 행동에 적합하다.
② 남자가 옷을 갈아입는다고 했으므로 맞지 않다.
③ 공을 꺼내고 옷을 갈아입은 후 나가야 순서에 맞다. 그러므로 적합하지 않다.
④ 운동장에 가기 전에 공을 꺼내고 옷을 갈아입어야 하므로 맞지 않다.

12.

남자 손님, 모두 9만 원입니다.
여자 이 카드로 계산해 주세요. 그런데 집까지 배송이 되나요?
남자 물론이죠. 여기 영수증이 있습니다. 1층 안내 센터에 가서 영수증을 보여 주시면 됩니다.
여자 아, 네. 고맙습니다. 그런데 시간이 얼마나 걸리나요?
남자 보통 한두 시간 정도 걸립니다.

정답 ③

① 이미 카드를 내고 계산을 했으므로 정답이 아니다.
② 안내 센터에 가야 배송을 신청할 수 있으므로 정답이 아니다.
③ 남자가 배송할 수 있는 방법을 알려줬으므로 남자 말대로 1층으로 가는 것이 답이다.
④ 배송을 한 후 집에서 배송을 기다려야하니까 정답이 아니다.

Key Point

배송	• [명사] 물자를 여러 곳에 나누어 보내 줌.

13.

남자 혜진아, 취업 준비는 잘 되고 있어?
여자 삼촌 저 올해 취업 안 하기로 부모님과 이야기 끝냈어요.
남자 아니 왜?
여자 마음에 안 드는 회사에서 일을 하느니 차라리 대학원에 들어가서 내가 좋아하는 공부를 더 해 보려고요.

정답 ①

① 여자는 취업 대신 대학원에 진학하기로 했다. 즉 취업하려는 계획을 변경했다.
② 여자는 지금 취업 준비 중이었으나 진로를 바꿔서 대학원에 가기로 했다. 그러므로 틀린 답이다.
③ '아니 왜?'는 이유가 궁금해서 한 질문이므로 여자의 공부를 반대한다고 하는 것을 적절하지 않다.
④ 남자는 여자가 공부하는 것에 대해 전혀 알지 못하고 있다. 그러므로 이는 틀린 답이다.

14.

남자 안내 말씀드리겠습니다. 오늘 기상청 예보와 달리 폭우가 쏟아지고 있습니다. 갑작스러운 폭우로 인하여 미처 우산을 준비하지 못한 고객님이 계시면 역무실에서 우산을 빌려드리고 있으니 꼭 챙겨가시기 바랍니다. 또한 역내가 혼잡하고 미끄러우니 통행 시 조심하시길 바랍니다.

정답 ④

① 폭우가 내린다고 했으므로 정답이 아니다.
② 기상청 예보와 달리 폭우가 내린다고 했으므로 정답이 아니다.
③ 역내가 혼잡하다고 했으므로 사람이 많음을 나타낸다.
④ 역에서 우산을 준비했으니 챙겨가라는 말이 있으므로 정답이다.

Key Point

혼잡하다	• [형용사] 여럿이 한데 뒤섞이어 어수선하다.
통행	• [명사] 일정한 장소를 지나다님.

15.

여자 반가운 소식입니다. 요즘 강원도에 눈이 많이 내리는데요. 이른 강설로 인해 강원도 스키장이 작년보다 일주일 빨리 개장한다는 소식입니다. 개장 후 사흘 동안 40% 할인을 받을 수 있다고 합니다. 또한 올해부터 가족 티켓 판매를 시작한다고 하는데요. 4인 가족 방문 시 1명은 무료로 시설을 이용할 수 있다고 하니 이번 기회에 설원을 만끽해 보시길 바랍니다.

정답 ③

① 사흘(3일)동안 할인을 한다고 했으므로 정답이 아니다.
② 올해부터 가족을 위한 할인을 시작했으므로 정답이 아니다.
③ 올해는 작년보다 일찍 스키장을 이용할 수 있다.
④ 4인 가족이 예매하면 한 장은 무료로 주는 행사이므로 정답이 아니다.

Key Point

설원	• [명사] 눈이 덮인 벌판.

16.

여자　하늘공원에서 하는 길거리 공연이 큰 인기를 얻고 있다고 들었습니다.

남자　네. 자유로운 야외에서 휴식을 취하러 온 시민들에게 다양한 장르의 음악을 들려 주고 작은 이벤트를 한 것이 효과적이었다고 생각합니다. 매주 금요일 저녁에는 다양한 예술가를 초대해서 이야기하는 시간을 갖습니다. 그리고 공연을 보시고 SNS에 올려 주신 분께는 추첨을 통해서 저희 음악이 담긴 앨범을 드리고 있습니다. 이러한 다양한 홍보를 통해 호응해 주시는 분들이 점점 늘어나는 것 같습니다.

정답 ④

① 언제부터 시작했는지 알 수 없으므로 정답이 아니다.
② 점점 호응해 주는 사람이 늘었다고 했으므로 정답이 아니다.
③ 공연을 SNS에 올린 사람을 대상으로 추첨해서 앨범을 준다고 했으므로 정답이 아니다.
④ 매주 금요일 저녁에 예술가를 초대해서 이야기를 나눈다고 했으므로 정답이다.

Key Point

추첨	• [명사] 제비를 뽑음.
호응하다	• [동사] 부름이나 호소 따위에 대답하거나 응하다.

17.

남자　어머니, 아직도 재래시장만 고집하세요? 대형마트가 정리도 잘되어 있어 편리하고, 물건값도 싸고, 주차하는 것도 더 편해요.

여자　모르는 소리 하지 말거라. 마트가 하도 싸다고 해서 갔더니 잘 보이는 곳에 싼 물건만 진열해 둬서 저렴한 것처럼 보이는데 실제로 물건값을 비교해 보니까 재래시장이 더 싸더라.

정답 ②

① 재래시장보다 마트가 주차하기가 더 편하다는 것은 남자의 생각이다.
② 여자는 마트가 실제 물건값이 싸지 않다는 것을 언급하고 있으므로 마트의 부정적 측면을 말하고 있다. 그러므로 이는 적절하다.
③ 마트의 장점을 언급한 것은 남자다.
④ 여자는 대형 마트가 재래시장보다 싸지 않다고 했기 때문에 틀린 답이다.

18.

여자 오늘 아침에도 지하철에서 환승하는데 한 번에 못 타서 지각하고 말았어요. 왜 이렇게 사람이 많은지 아침마다 힘들어 죽겠어요.

남자 그래서 전 요즘 자전거를 타고 출근하는데 영숙 씨도 자전거로 출근해 보세요. 운동도 할 수 있고 지하철 안에서 스트레스를 받지 않아도 되니까 정말 좋더라고요.

여자 저희 집은 자전거를 타고 오기에는 너무 멀어요. 게다가 자전거 도로가 없어서 위험할 것 같아요. 자전거 전용 도로가 있다면 모를까 저는 자전거로 출근할 수 없을 것 같아요.

정답 ①

① 여자는 자전거 전용 도로가 없어서 자전거를 타고 출근할 수 없다고 했기 때문에 이는 적절한다.
② 자전거 전용 도로가 없어서 위험하다고 했기 때문에 이는 틀린 답이다.
③ 자전거를 이용하면 스트레스 받는 않는다고 한 사람은 남자기 때문에 정답이 아니다.
④ 자전거 때문에 교통이 더 복잡해진다고 하지 않았기 때문에 이는 틀린 답이다.

19.

남자 요즘 여자들은 자기만 생각하는 것 같아. 사회생활을 한다는 핑계로 출산이나 육아 문제를 기피하고 있잖아.

여자 그렇게 간단히 생각할 문제가 아니라고 생각해. 아이 키우는 것이 보통 일이 아니라고 하더라고. 나라에서는 아이를 낳으라고만 하고 그 이후에는 나 몰라라 하는데 누가 낳아서 키우고 싶겠어?

남자 아무리 그렇다고 해도 나는 여자가 좀 이기적이라는 생각이 들어.

정답 ④

① 여성의 사회 진출을 직접 언급하고 있지 않다. 그러므로 틀린 답이다.
② 육아 문제와 여성의 사회 진출을 직접 관련시켜 언급하지 않았다.
③ 양육을 회사에서 보장해 주어야 한다고 언급하지는 않았다.
④ 여자의 발언 중 마지막 부분을 보면, 나라에서 아이를 많이 낳을 것을 권장하지만 아이가 태어나면 도움을 주지 않는다고 했다. 그러므로 양육 문제는 개인과 국가가 함께 공유해야 하는 것이라고 제기한 것이다. 이것이 가장 적절하다.

20.

남자 이번 연구에서 여성 흡연자가 호흡기 질환으로 사망할 위험이 남성 흡연자의 2배, 심장마비로 사망할 위험이 1.5배 높은 것으로 나타났다면서요?

여자 네 맞습니다. 하지만 암으로 사망할 위험은 남녀 흡연자 사이에 큰 차이는 없는 것으로 밝혀졌습니다. 호흡기 질환으로 사망할 위험이 높은 이유는 여성이 남성보다 작은 폐를 갖고 있어서 같은 양의 담배를 피워도 여성들이 훨씬 더 큰 피해를 보기 때문이라고 하니 여성 흡연자들은 가급적이면 빨리 금연을 해야 합니다.

정답 ④

① 담배 때문에'호흡기 질환'으로 사망할 위험을 논의하고 있다. 그러므로 이는 적절하지 않다.
② 담배로 인한 위험은 여성이 더 높다고 언급하고 있기 때문에 이는 틀린 답이다.
③ 호흡기 질환만 본다면 담배로 인한 여성 사망률이 더 높다는 것을 알 수 있다. 틀린 답이다.
④ 여성이 폐가 작기 때문에 남성보다 더 위험하다고 언급하고 있으므로 이것이 정답이다.

Key Point

호흡기	• [명사] 호흡 작용을 맡은 기관
질환	• [명사] 몸의 온갖 병.
마비	• [명사] 신경이나 근육이 형태의 변화 없이 기능을 잃어버리는 일.

[21~22]

남자 왜 패스트푸드를 나쁘다고만 생각할까?

여자 쉽게 한 끼를 해결할 수 있기는 하지만 그 안에 들어 있는 조미료 때문에 건강에 좋지 않아. 영양소도 충분하지 않고 말이야.

남자 패스트푸드는 언제 어디서나 쉽게 구할 수 있고 가격도 저렴해서 경제적인 부담도 없어. 요즘과 같이 바쁜 현대인이 한 끼 해결할 수 있는 음식이라고 생각해.

여자 하지만 다량으로 만들기 때문에 위생 상태도 안 좋잖아.

21. 정답 ③

① 남자는 패스트푸드의 장점만을 언급했기 때문에 이는 틀린 답이다.
② 남자는 패스트푸드의 위생상태를 평가하지 않았다.
③ 남자는 '바쁜 현대인의 한 끼'로 패스트푸드를 언급했기 때문에 이것이 가장 적절하다.
④ 남자는 패스트푸드의 장점만을 언급했기 때문에 이는 틀린 답이다.

22. 정답 ②

[23~24]

남자 여보세요. 바다 호텔 맞지요?
여자 네, 무엇을 도와드릴까요?
남자 다음 주 토요일 5명, 1박 예약했는데 근처 갯벌 체험을 호텔에서 예약할 수 있다고 들어서요.
여자 갯벌 체험은 갯벌 복원 사업으로 인해 당분간 중지되었습니다.
남자 아, 그렇군요. 그러면 가족과 아이가 함께 할 수 있는 프로그램은 없나요?
여자 호텔 근처에 시골 마을 탐방이 준비되어 있는데 이 프로그램을 이용해 보시는 건 어떨까요? 반응이 아주 좋습니다.

23. 정답 ④

① 갯벌 체험 예약을 하고 있으므로 정답이 아니다.
② 호텔까지 가는 길에 대한 이야기가 없으므로 정답이 아니다.
③ 이미 예약은 다음 주 토요일로 예약을 했으므로 정답이 아니다.
④ 갯벌 체험에 대해 묻고 근처 체험 프로그램이 있는지 물었으므로 정답이다.

24. 정답 ①

① 갯벌 복원 사업으로 인해 당분간 이용할 수 없으므로 정답이다.
② 마을 탐방은 가족과 아이 모두 이용이 가능하므로 정답이 아니다.
③ 남자는 가족과 하루 호텔에 묵을 예정이므로 정답이 아니다.
④ 호텔에서는 가족을 위한 체험 활동을 계획한다는 말이 없으므로 정답이 아니다.

Key Point

갯벌	• [명사] 밀물 때는 물에 잠기고 썰물 때는 물 밖으로 드러나는 모래 점토질의 평탄한 땅.
복원	• [명사] 원래대로 회복함.
탐방	• [명사] 어떤 사실이나 소식 따위를 알아내기 위하여 사람이나 장소를 찾아감.

[25~26]

남자 국내의 한 건설 회사에서 지은 친환경 건축물이 세계적으로 인정을 받아 화제입니다. 이주현 기자 연결해 보겠습니다.

여자 얼마 전 대성 건설이 새로 지은 건물의 건축 방식이 해외 시장에서도 화제가 되고 있습니다. 이 건물은 특수 유리를 사용해 에어컨 없이도 실내 온도를 24도로 유지할 수 있고, 빗물을 받아 화장실 청소용으로 쓰는 등 고유가 시대의 에너지 절약에 대한 해결책을 제시해주고 있습니다. 앞으로 친환경 건축 방식에 대한 해외 시장에서의 수요가 급격히 늘어날 것으로 보입니다.

25. 정답 ③

① 제목에는 중심 화제인'친환경 건축'이 포함되어야 한다. '환경 문제'는 매우 포괄적인 것이기 때문에 적절하지 않다.
② '해외 건설 시장'은 이 글과 관련이 없다.
③ 친환경 건축 방식이 해외에서도 인정받았다는 것으로 중심 화제를 잘 포함하고 있다.
④ 에너지 절약이 중심 화제는 아니다.

26. 정답 ④

① '해외로부터' 도입된 것이 아니라 국내에서 시작했다. 그러므로 틀린 답이다.
② 해외 건축 회사가 참여했다는 것을 직접 언급하지 않았다. 그러므로 틀린 답이다.
③ 친환경 건축 방식에 대한 수요가 늘어날 것이라는 것이 적절하다. 그러므로 이것은 틀린 답이다.
④ 친환경 건축 방식은 바로 에너지 절약과 관련된 것이므로 이것이 가장 적절하다.

Key Point

친환경	• [명사] 자연환경을 오염하지 않고 자연 그대로의 환경과 잘 어울리는 일.
특수	• [명사] 특별히 다름.
수요	• [명사] 어떤 재화나 용역을 일정한 가격으로 사려고 하는 욕구.

[27~28]

남자 왜 같은 가방을 여러 개 샀어?

여자 가방이 낡아서 하나 사러 백화점에 갔는데 가게 앞에 가방 한 개 팔릴 때마다 취약층 아동에게 가방 한 개씩 기부한다고 써 있더라고. 의도도 좋고 가방도 예뻐서 가족들 거까지 샀어.

남자 가방 한 개 준다고 그 아이들의 삶이 달라지겠어?

여자 물론 가방이 생긴다고 아이들 생활이 나아지지는 않겠지. 하지만 이 가방은 그 아이에게는 처음 갖게 되는 새 물건이래. 그래서 새 가방을 갖게 된 아이들은 자신감이 생기게 된대. 작은 사건을 계기로 인생이 바뀌는 사람이 있잖아. 이 가방이 아이들에게 그런 사건이 될 수 있다니 얼마나 멋진 일이니?

27. 정답 ③

① 자랑하려는 의도가 아니므로 정답이 아니다.
② 기부 할 수 있어 가족의 신발도 샀으므로 정답이 아니다.
③ 남자가 가방을 많이 산 이유에 대해 물었으므로 정답이다.
④ 남자나 여자가 자신감 없는 이야기가 아니므로 정답이 아니다.

28. 정답 ④

① 한 개 사면 한 개 주는 것이 아니라 기부를 하므로 정답이 아니다.
② 이 가방을 가난한 아이에게 싸게 판매가 아니라 기부를 하므로 정답이 아니다.
③ 여자는 남자에게 가방을 선물한 적이 있는지 나오지 않으므로 정답이 아니다.
④ 여자는 쇼핑을 하러 갔다가 이 가방을 알게 되었으므로 정답이다.

Key Point

기부	• [명사] 자선 사업이나 공공사업을 돕기 위하여 돈이나 물건 따위를 대가 없이 내놓음.
의도	• [명사] 무엇을 하고자 하는 생각이나 계획. 또는 무엇을 하려고 꾀함.

[29~30]

여자 최근 당근이 영양 식품으로 주목을 받고 있는데요, 특히 눈에 좋은 식품이라고 합니다. 박사님 이에 대해서 설명 부탁드립니다.

남자 네, 맞습니다. 당근은 베타카로틴이 가장 많이 함유된 채소입니다. 베타카로틴은 우리 몸속에서 비타민A로 바뀌며, 이는 눈 건강에 필요한 영양소를 생성하도록 돕는 겁니다. 그래서 요즘 가정에서 당근 섭취를 많이 하시는데요. 섭취하실 때 주의할 것이 있습니다. 당근은 오이나 무와 함께 요리해서는 안 됩니다. 같이 요리를 하게 되면 오이나 무에 들어 있어 있는 비타민C가 파괴됩니다. 그래서 내원하시는 환자분께 당근과 잘 어울리는 사과를 같이 섭취하라고 권하고 있습니다.

29. 정답 ①

여자가 박사님이라고 부르고 남자가 마지막에 내원하는 환자에게 당근과 사과를 같이 먹으라고 권했으므로 의사가 정답이다.

30. 정답 ②

① 비타민 흡수를 돕는다는 이야기는 없으므로 정답이 아니다.
② 당근은 몸에서 비타민 A로 바뀐다고 했으므로 정답이다.
③ 당근은 무와 요리하는 것을 피하라고 했으므로 정답이 아니다.
④ 당근은 비타민C를 파괴하는 성분이 있으므로 정답이 아니다.

Key Point

베타카로틴	• [명사] 카로티노이드 탄화수소 색소의 하나.
섭취	• [명사] 생물체가 양분 따위를 몸속에 빨아들이는 일.

[31~32]

남자 요즘 공공장소에서의 '마스크 착용'이 의무화되고 있습니다. 공공시설을 이용할 때 반드시 마스크를 써야 한다는 제도인데요. 전 이 제도에 문제가 있다고 생각합니다.

여자 제 생각에 이건 현 상황에서 반드시 지켜져야 하는 제도라고 생각합니다. 세계적으로 바이러스가 종식이 되지 않고 있는데 최소한의 노력으로 최대한의 효과를 볼 수 있는 제도라고 생각합니다.

남자 그런데 마스크를 사용하면 일회용 제품인 마스크가 환경 오염 문제를 일으킬 수 있고 마스크를 착용하고 있기는 하지만 제대로 착용하지 않아 효과가 있는지 의문입니다. 식당에서 밥을 먹을 때나 가족과 집에서 함께할 때 마스크를 착용하지 않고 생활하는데 이 제도가 효과가 있을까요?

31. 정답 ①

남자는 '마스크 착용 의무화'에 대해 부정적인 시선을 가지고 있으므로 답은 ①번이다.

32. 정답 ④

남자는 '마스크 착용 의무화'로 인해 생기는 문제점에 대해서 이야기하고 있으므로 정답은 ④번이다.

Key Point

착용	• [명사] 의복, 모자, 신발, 액세서리 따위를 입거나, 쓰거나, 신거나 차거나 함.
의무화	• [명사] 하여야 하는 것으로 만듦.
종식	• [명사] 한때 매우 성하던 현상이나 일이 끝나거나 없어짐.
유발하다	• [동사] 어떤 것이 다른 일을 일어나게 하다.

[33~34]

남자 한국 사람은 일을 할 때도 너무 심각하게 생각하며 즐길 줄 모릅니다. 그런 의미에서 볼 때 저는 한국 축구팀의 감독인 히딩크가 선수를 훈련시킨 방법이 한국인에게 매우 신선함으로 다가왔다고 생각합니다. 즐기는 축구를 강조했던 그는 먹고 살기 위해 축구를 하는 것이 아니라 즐기면서 해야만 자신의 실력을 최대한 발휘할 수 있다는 것을 알고 있었습니다. 그래서 히딩크 감독은 선수들의 죽을 각오로 뛰겠다는 결심을 싫어했습니다. 의지도 중요하지만, 목표를 이루기 위해 애쓰기보다는 즐기는 과정에서 자연스럽게 축구에 집중하는 것이 더 효과적이라고 생각했기 때문입니다.

33. 정답 ②

① 지나치게 심각한 것이 문제가 된다고 언급하고 있다. 그러므로 이는 틀린 답이다.
② 심각하지 않고 '즐기는 과정'을 강조하고 있기 때문에 이것이 정답이다.
③ '성공'을 직접적인 주제로 다루고 있지 않기 때문에 이것은 틀린 답이다.
④ '신선하게'생각한다는 것은 이 글과 상관이 없다.

34. 정답 ②

① 한국 사람들은 심각하다고 언급하고 있기 때문에 이것은 틀린 답이다.
② 히딩크 감독은 심각한 한국인들과 다른 방식을 택했기 때문에 이것이 가장 적절하다.
③ 히딩크 감독은 '즐기는 과정'을 강조했기 때문에 이는 틀린 답이다.
④ '의지와 목표'보다는 '즐기는 과정'을 강조했기 때문에 이는 틀린 답이다.

[35~36]

남자 도민 여러분 제 도전을 허락해 주셔서 감사합니다. 임기 동안 열심히 일해서 보답하겠습니다. 제 도전은 새로운 변화, 새로운 미래를 키워주신 도민의 위대한 결단이라고 생각합니다. 임기 동안 공약을 잘 실천하여 도민 여러분을 실망시키지 않겠습니다. 우리 도가 세계로 뻗어 나갈 수 있도록 정책을 마련하겠습니다. 가장 먼저 도내에 기업 유치를 위해서 최선을 다하겠습니다. 많은 기업을 유치시켜 삶의 질을 향상시키고 편의 시설을 마련할 것입니다. 이어서 양질의 의료 서비스를 구축하고자 합니다. 행복하고 만족스러운 도시를 만들기 위해 열심히 일하는 도지사가 되겠습니다.

35. 정답 ③

당선 후 소감을 이야기하고 있으므로 도지사로서의 다짐을 이야기하고 있는 것이 맞다.

36. 정답 ③

① 전에 했는지 나오지 않지만 새로운 도전이라고 한 것을 보면 정답이 아니다.
② 당선되어 정책을 준비하고 새로 시작하는 단계니까 정답이 아니다.
③ 기업 유치가 가장 큰 목표니까 정답이 맞다.
④ 좋은 의료 시설을 지으려고 계획 중에 있으므로 정답이 아니다.

Key Point

임기	• [명사] 임무를 맡아보는 일정한 기간.
보답하다	• [동사] 남의 호의나 은혜를 갚다.
결단	• [명사] 결정적인 판단을 하거나 단정을 내림. 또는 그런 판단이나 단정.
유치하다	• [동사] 꾀어서 데려오다.
구축하다	• [동사] 체제, 체계 따위의 기초를 닦아 세우다.

[37~38]

여자 웃으면 복이 온다는 말이 있지 않습니까? 일리가 있는 말인가요?

남자 자신이 행복하다고 느끼고 자주 웃는 사람은 그렇지 않은 사람보다 확률적으로 훨씬 건강하고 병에 걸릴 확률이 낮습니다. 웃으면 혈액 순환이 잘 되어 면역 기능이 높아질 뿐 아니라 심리적으로도 안정이 됩니다. 그러나 무엇보다 웃음이 주는 가장 큰 효과는 개인이 행복을 느낄 수 있다는 것입니다. 잘 웃는 사람은 같은 상황에서 더 만족하고 행복감을 느낍니다. 반면에 잘 웃지 못하는 사람은 만족하지 못하기 때문에 자신의 일생이 불행하다고 느낄 것입니다. 자주 웃는 습관을 가지면 건강해지고 좋은 일이 생길 것입니다.

37. 정답 ②

① '웃음'에 대해 다루고 있지만 '치료'에 대해서 다루고 있지 않다. 그러므로 틀린 답이다.
② 웃음의 긍정적인 기능을 언급하고 있기 때문에 웃음이 주는 효과가 가장 적절하다.
③ '웃음'으로 행복감을 느낄 수 있다고 했지만 '행복한 삶의 방법' 자체를 다루고 있지 않았다. 그러므로 이는 틀린 답이다.
④ 웃음과 건강의 관계를 언급하고 있지만'웃음과 행복'의 관계도 언급하고 있기 때문에 이것은 제목으로 하기엔 부족하다. 그러므로 틀린 답이다.

38. 정답 ①

① 웃음과 행복의 관계를 언급하고 있기 때문에 이는 적절하다.
② 웃음과 행복은 반비례가 아니다.
③ 웃음과 건강은 상관 관계가 있다.
④ 웃지 않으면 만족도도 낮다고 할 수 있다.

[39~40]

여자 이번 사고를 통해 많은 전문가들이 사고 대응책을 내놓고 있지만 이미 소 잃고 외양간 고치는 격이 되었습니다. 바다에서 사고가 나면 이만저만 수습하기 어려운 것이 아닙니다. 파도가 높으면 사고 현장에 가는 것조차 힘들고 현장에 도착하더라도 조류가 빠르고, 가시 거리가 짧으면 구조대 활동이 여의치 않습니다.

남자 맞습니다. 일반 사람들은 바다에서 조난당하면 생존할 수 있는 시간이 짧습니다. 그러므로 구조대가 사고 현장에 빨리 도달할 수 있는 대책을 마련해야 합니다. 이번 사고를 통해 해상 사고에 대한 전반적인 대책 마련이 시급합니다.

39. 정답 ①

① 남자는 '대책 마련이 시급하다'고 했기 때문에 '대책을 강구하다'가 가장 적절하다.
② 남자는 상대의 의견에 동의하면서 대책 마련을 제안하였다. 그러므로 틀린 답이다.
③ 남자는 상대 의견을 반박하지 않고 있다. 그러므로 틀린 답이다.
④ 상대방의 의견을 분석하지 않고 수용하고 있다. 그러므로 틀린 답이다.

40. 정답 ②

① 수심, 즉 물의 깊이가 깊으면 장비가 필요하기 때문에 구조가 어렵다.
② 늦은 대책을 문제점으로 지적하고 대책 마련의 시급함을 주장하고 있다. 그러므로 이것이 가장 적절하다.
③ 사고 현장에 따라서 구조 활동이 달라지는 것이 아니라 구조 조건이나 구조 환경에 따라서 구조 방법이 달라지는 것이다.
④ 앞이 보이지 않으면 구조 활동이 잘 이루어질 수 없다. 구조 활동이 제한적이다.

Key Point

대응책	• [명사] 어떤 일이나 사태에 맞추어 취하는 방책.
여의하다	• [형용사] 일이 마음먹은 대로 되다.
가시거리	• [명사] 눈으로 볼 수 있는 거리.
조난	• [동사] 항해나 등산 따위를 하는 도중에 재난을 만남.

[41~42]

여자 화폐를 그 나라의 얼굴이라고 말하는 사람도 있는데요. 그렇기 때문에 각 나라의 화폐치고 그 나라의 생활과 사회를 대표할 수 있는 문양이나 색, 그리고 문화유산 등을 화폐 도안의 소재로 삼지 않은 것이 없습니다. 또 그 나라가 배출한 위대한 인물을 화폐 안의 주인공으로 삼아 자국민에게는 존경과 자부심의 대상이 되게 하고, 세계인들에게는 그 나라가 낳은 위대한 인물을 알려 자국을 홍보하기도 합니다. 이와 같은 화폐에 낙서가 되어 있거나 화폐의 한 쪽 모서리가 찢겨 있는 경우를 종종 볼 수 있습니다. 여러분은 자신의 얼굴에 낙서를 하십니까? 나라의 얼굴인 화폐! 깨끗이 사용해야 합니다.

41. 정답 ③

① 화폐의 종류가 아니라 화폐 디자인에 대한 설명을 하고 있다.
② 화폐 생산을 언급하고 있지는 않다. 그러므로 틀린 답이다
③ 화폐의 가치를 설명하며, 화폐 보존의 중요성을 마지막에 언급하고 있다.
④ 화폐 보존 방법을 직접 설명하고 있지 않다. 다만 화폐를 낙서하거나 찢어서는 안 된다는 것을 강조한다. 그러므로 적절하지 않다.

42. 정답 ①

① 화폐 디자인은 그 나라의 문화와 관련 있다고 언급하였다. 이것이 정답이다.
② 화폐는 그 나라의 문화유산을 소재로 삼는다. '삼지 않을 수 없다'는 '삼는다'는 의미와 동일하다.
③ 이 글에서 화폐를 만드는 목적을 직접 설명하고 있지 않다.
④ 특별한 화폐 보존 방법을 설명하는 것이 아니다. 그러므로 틀린 답이다.

[43~44]

여자 두 나라의 전쟁이 끝나자 사람들은 평화의 시대가 오리라 생각했습니다. 그런데 평화는커녕 나라 안에서 내전이 일어나 전보다 전쟁이 더 많아졌습니다. 같은 민족이 서로를 죽이는 참담한 현실에 사람들은 말을 잃었습니다. 누구를 위한 전쟁이며 왜 전쟁을 하는 걸까요? 이런 전쟁 때문에 제일 큰 피해를 입는 사람은 아이들입니다. 난민촌에서는 아이 한 명이 병에 걸리면 다른 아이들에게 삽시간에 번져 며칠 새 수십 명이 죽어갑니다. 난민촌의 아이들은 힘이 없어 음식도 먹지 못하고 음식을 입에 넣어 줘도 삼킬 수조차 없습니다. 과연 이 아이들은 누구의 보호를 받아야 할까요?

43. 정답 ③

① 전쟁의 원인을 분석하거나 이를 기술하지 않았다. 그러므로 틀린 답이다.
② 난민촌 아이들의 상태는 오히려 뒤에 이어질 내용에 타당하다.
③ 전쟁의 피해, 나라 간의 전쟁에 대해 언급하는 것이 맥락적으로 적절하다.
④ 난민촌 아이들은 뒤에 이어질 내용으로 타당하다.

44. 정답 ②

① 여자는 전쟁이 늘어나고 있음을 언급하고 있다. 그러므로 이는 정반대의 의견이 된다.
② 전쟁에서 피해를 본 것은 아이들이라고 직접 설명하고 있고, 후반부는 아이들에 대한 것이다. 그러므로 이것이 정답이다.
③ 평화가 찾아오면 난민이 없어지는 것이다. 그러므로 이는 틀린 답이다.
④ 마지막 문장을 보면 보호받기 보다는 보호받지 못함을 알 수 있다. 그러므로 틀린 답이다.

Key Point

참담하다	• [형용사] 몹시 슬프고 괴롭다.
삽시간	• [명사] 매우 짧은 시간.

[45~46]

여자 젓가락 문화와 포크 문화는 동서양 문화를 대변하는 중요한 열쇠로 언급됩니다. 음식이 통째로 나오는 서양 요리에서는 포크와 나이프를 사용하여 자신의 취향대로 잘라서 먹습니다. 반면에 동양 요리는 썰어서 나오므로 젓가락은 집어 먹는 도구로서의 기능만 담당합니다. 유목 생활을 하던 서양인들은 육류 위주의 식사를 했는데 고기를 먹기 직전에 썰기 위해 나이프가 필요했습니다. 이와 달리 동양에서는 농경 생활을 했으며, 곡류가 주재료였습니다. 우리는 음식 문화를 통해서 그 사회를 이해할 수 있으며, 역으로 사회를 통해 음식 문화를 이해할 수 있게 합니다.

45. 정답 ②

① 동서양 음식 차이가 사회 문화와 관련 있음을 주장하고 있다. 그러므로 단순히 음식 문화 차이만을 이야기하는 것이다. 그러므로 틀린 답이다.
② 음식과 사회 문화가 관련 있음을 설명하고 있다. 그러므로 이것이 정답이다.
③ 사회 문화를 통해 음식을 이해할 수가 있다고 했기 때문에 이는 정답이 아니다.
④ 이것은 부분적인 사실일 뿐이며 글 전체의 주제는 아니다. 그러므로 틀린 답이다.

46. 정답 ③

① 동양 요리는 적당한 크기로 썰어서 나오기 때문에 젓가락이 필요하다. 그러므로 이는 틀린 답이다.
② 동양 요리는 음식을 즉석에서 취향대로 먹는다는 언급은 없다. 그러므로 이는 틀린 답이다.
③ 칼이 조리도구이자 식사 도구로 사용되는 것은 동양이 아닌 서양 음식에 해당하는 것이다. 그러므로 이는 정답이다.
④ 목축업과 유목 생활의 영향은 서양 음식에 영향을 끼친다. 그러므로 틀린 답이다.

Key Point

언급되다	• [동사] 어떤 문제가 말하여지다.
동반하다	• [동사] 어떤 사물이나 현상이 함께 생기다.

[47~48]

여자 지난해 미국신문협회는 신문의 신뢰성 저하에 대해 조사했는데요. 그 결과 '오보가 많다, 독자들의 요구를 외면한다' 등이 꼽혔습니다. 이에 대해 어떻게 생각하십니까?

남자 매우 중요한 지적입니다. 대표적인 문자 매체인 신문은 정보의 정확성과 분석력에서 다른 매체와 차별성이 있습니다. 저는 이러한 신문의 고유성을 지키는 것에서부터 신뢰를 회복해야 한다고 생각합니다. 그리고 또 다른 위기 요인은 새로운 영상 매체의 증가입니다. 영상매체의 이미지는 언제나 제한된 공간과 시간에 구속되어 순간적인 파악을 요청하는 데 반해, 신문에 기록된 문자는 공식적으로 전체적인 입장에서 해석될 수 있습니다. 따라서 그만큼 깊은 차원의 정보 전달이 가능하므로 영상 매체를 통한 정보 전달 기능으로 완전히 대체될 수 없다고 봅니다.

47. 정답 ④

① 독자가 신문 제작에 참여한다고 언급하지 않았다.
② 감각적인 영상 매체를 선호하는 젊은 독자들은 오히려 줄어들었다. 그러므로 틀린 답이다.
③ 첫 부분에서 신문을 신뢰하지 않는다고 언급했기 때문에 틀린 답이다.
④ 정확성과 분석력이 다른 매체와 구별되는 신문 고유한 특성이라고 언급되어 있다. 그러므로 정답이다.

48. 정답 ④

문자 매체와 영상 매체를 비교하면서 자신의 주장을 증명하고 있다.

Key Point

신뢰성	• [명사] 굳게 믿고 의지할 수 있는 성질.
저하	• [명사] 정도, 수준, 능률 따위가 떨어져 낮아짐.
오보	• [명사] 어떠한 사건이나 소식을 그릇되게 전하여 알려 줌. 또는 그 사건이나 소식.
대체되다	• [동사] 다른 것으로 바뀌다.

[49~50]

남자 디지털 미디어 분야에 종사하는 사람들의 가장 큰 걱정은 '불법 다운로드'일 것입니다. 불법 다운로드로 인한 피해는 엄청납니다. 가장 큰 피해를 입은 산업은 음악, 영화, 게임일 것 입니다. 음악은 디지털 음원을 제공하는 포털사이트뿐만 아니라 음반 산업에도 악영향을 끼쳐 가수에게 재산상의 피해를 입힙니다. 인터넷이라는 거대한 유통 공간을 통해 무료로 '작품'을 유통시킵니다. 불법 다운로드로 인해 문화산업 시장이 축소되면 정당한 대가를 받지 못한 창작자는 의욕이 감소하여 양질의 콘텐츠가 감소할 것이고, 이는 문화 콘텐츠 시장의 축소로 이어지면서, 우리가 누릴 수 있는 문화가 점점 감소하는 결과로 이어질 것입니다.

49. 정답 ②

① 불법 다운로드는 부정적인 영향을 끼쳤다. 그러므로 틀린 답이다.
② 불법 다운로드가 문화 사업에 부정적인 영향을 끼칠 것이라고 언급하였다. 이것이 가장 적절하다.
③ 정당한 대가를 받지 못한 사람들에 해당하는 것이다. 그러므로 틀린 답이다.
④ 불법 다운로드한 사람이 지적 재산권에 피해를 준다. 그러므로 틀린 답이다.

50. 정답 ④

① 이 글은 불법 다운로드의 실태 고발을 목적으로 하지 않았다. 그러므로 틀린 답이다.
② 영화 시장이 침체된 이유를 찾는 것이 이 글의 목적이 아니다. 불법 다운로드의 문제점을 지적하는 것이다. 그러므로 틀린 답이다.
③ 불법 다운로드의 문제점을 지적하는 것이지 문화 콘텐츠 개발이 중심 화제가 아니다. 그러므로 틀린 답이다.
④ 불법 다운로드와 지적 재산권 보호 문제를 연결하여 설명하고 있다. 그러므로 이것이 정답이다.

쓰기 (51번~54번)

51. 정답 보내 주시겠습니까 / 조언해 주십시오.

52. 정답 효과가 있다./ 환경을 보호할 수 있어(서)

53. 정답

	건	강	한		삶	과		운	동	에		대	한		인	식	에		대
해		조	사	한		결	과	는		다	음	과		같	다	.			
	건	강	을		위	한		활	동	은		운	동	이		46	.2	%	로
	가	장		많	았	으	며		식	단		관	리	가		16	.7	%	,
스	트	레	스		관	리	가		11	.8	%		순	으	로		나	타	났
다	.	이	처	럼		운	동	을		하	는		이	유	는		두		가
지	로		나	타	났	다	.	첫	째		체	력	을		강	화	하	기	
위	해	서		둘	째		질	병	을		미	리		예	방	하	기		위
해	서	라	고		응	답	했	는	데		특	별	한		점	은		질	병
예	방		목	적	이		여	성	보	다		남	성	이		더		많	았
다	.																		
	운	동		전	·	후		삶	의		만	족	도		평	균	은		운
동		전	에	는		65	.3	점	에	서		운	동		후	에	는		81
.7	점	으	로		16	.4	점	이		증	가	한		것	으	로		나	타
났	다	.																	

54. 정답

당신은 평소에 사회가 불평등하다고 느낀 적이 있는가? 근대에 이르러 불평등 문제가 많이 사라졌다고 하지만 여전히 불평등 문제는 사회의 이슈가 되고 있다.

한국 대학생의 75%는 한국 사회는 불평등하다고 여긴다.

2020년 직업 정보 제공 사업체에 따르면 국내 7개 일자리 사이트 모두에서 성차별 채용 공고가 작년 대비 두 배 증가했다고 한다.

혹시 KKK라는 단체를 들어보았는가? KKK는 백인 우월주의, 반유대주의를 주장하는 미국의 비밀 단체이다. 이들은 백인이 다른 인종보다 우월하다고 생각하며 다른 인종의 집단을 테러하고 다닌다. 이러한 집단이 생겨난다는 것이 현재 세계적인 불평등이 일어나고 있다는 증거이다.

우리가 이 불평등을 없애려면 아르바이트 공고를 내도 특정한 성 제한을 만들면 안 되고, 남녀 차별을 하거나 어느 한 인종이 더 우월하다고 생각해서는 안 된다. 정부는 불평등으로 차별을 받고 있는 사람들을 위한 정책과 제도를 만들어야 한다.

사람들은 일상생활에서 일어나는 사소한 차별과 불평등 사례에도 관심을 기울여야 한다. 또한, 사회에서 서로 배려해 주고 도와주어야 한다.

이러한 이유들로 인해 모든 차별을 없애고 사회를 더 평등하게 만들어야 한다. 그런 결과를 만들어 내려면 개인과 사회 모두의 노력이 필요하다.

읽기 (1번~50번)

01. 정답 ③

선수가 키가 작은데 농구를 잘한다고 했으니까 '아도'가 빈칸에 들어가야 정답이다.

Key Point

-아서	• 이유를 나타내는 문법
-(으)면	• 조건을 나타내는 문법
-아도	• 앞 문장을 가정, 인정하지만 뒤에 오는 문장이 존재함을 나타내는 문법
-거나	• 선택을 타나태는 문법

02. 정답 ③

내일 영화를 보는 것이니까 계획, 약속의 '-기로 하다'가 정답이다. '-는 편이다', '-은 적이 있다', '-는 중이다'는 내일과 맞지 않다.

Key Point

-는 중이다	• 지금 선행 동사를 하는 도중을 나타낸다.
-는 편이다	• 대체로 보아서 어느 쪽에 속한다는 뜻을 나타낸다.
-기로 하다	• 결심이나 약속함을 나타낸다.
-은 적이 있다	• 과거에 경험한 일이 있음을 나타낸다.

03. 정답 ④

'-자마자'는 앞에 상황에 이어 곧바로 다른 상황이 있음을 나타내므로 4번이 정답이다.

Key Point

-기 위해	• 목적을 나타내는 표현
-기 때문에	• 이유를 나타내는 표현
-기만 하면	• 한 가지 행동만 하거나 어떤 상태가 지속되는 표현
-기가 무섭게	• 순서를 나타내는 표현

04. 정답 ①

'-는 바람에'는 앞의 행동이 뒤 상황의 원인이나 이유가 됨을 나타내므로 1번이 정답이다.

Key Point

-은 탓에	• 부정적인 현상이 생긴 원인을 나타내는 표현
-은 채로	• 어떤 행위를 한 상태 그대로 있음을 나타내는 표현
-을 때마다	• 어떤 행위나 상황이 계속 반복됨을 나타내는 표현
-을 만하다	• 어떤 사람이나 사물이 그러한 행위를 할 가치가 있음을 나타내는 표현

05. 정답 ④

다음은 특정 상품에 대한 광고이다. '한 알', '통증', '사라지다' 등을 고려해 본다면 '약'과 관련된 광고라는 것을 알 수 있다.

06. 정답 ②

'수강생', '합격'이라는 단어는 학원과 관계가 있다.

07. 정답 ④

다음은 특정 상품에 대한 광고이다. '피부', '비타민', '먹지 마세요' 등을 고려해 본다면 '화장품'과 관련된 광고라는 것을 알 수 있다.

08. 정답 ②

구입 후 일주일 안에 환불할 수 있고 그 때 영수증이 있어야 하며 환불 시 물건은 반납한다는 이야기는 활불 시 주의사항이므로 ②번이 정답이다.

Key Point

환불	• [명사] 이미 지불한 돈을 되돌려줌
반납하다	• [동사] 받은 것을 도로 돌려주다

09. 정답 ②

우천시 취소한다고 했으니까 ②가 정답이다.

Key Point

우천	• [명사] 비가 오는 날씨

10. 정답 ③

① 10대는 쇼핑하는 비율이 반이 넘지 않는다.
② 게임을 하는 비율은 10대가 가장 높다.
③ 20대와 30대는 쇼핑하는 비율이 거의 같다.
④ 산책을 하는 비율은 30대가 20대보다 높다.

11. 정답 ②

① 텔레비전은 장점만큼 단점도 많다.
② 텔레비전을 없애는 집이 많아지고 있다. 정답이다.
③ 텔레비전이 많은 즐거움을 준다.
④ 텔레비전은 생각할 기회를 빼앗는다.

Key Point

없애다	• [동사] 어떤 일의 현상, 증상 따위를 사라지게 하다. '없다'의 사동사

12. 정답 ④

① 공기는 음식의 맛과 관련이 깊다.
② 미묘한 맛의 차이를 내기 위해 빵을 연구한다가 아니라 공기가 맛의 미묘한 차이를 만든다.
③ 빵을 반죽할 때 빵 속에 공기를 넣기 위해 거품을 낸다.
④ 많은 식품업 종사자들은 공기를 이용해 식품의 맛을 좋게 만든다.

Key Point

미묘하다	• [형용사] 뚜렷하지 않고 묘하다
반죽하다	• [동사] 가루에 물을 넣고 섞는 것
거품	• [명사] 속이 빈 방울

13. 정답 ②

시간 순서대로 아침에 초대를 받아서 수업 후 케이크를 샀지만 주소를 잘못 알아서 늦게 도착했고 도착한 후에 즐거운 시간을 보낸 내용이다.

14. 정답 ④

여름에 더위를 피하기 위해 만든 에어컨이지만 사람의 건강을 해칠 수 있는데 그 원인이 세균이므로 관리를 해야한다는 내용이다.

15. 정답 ④

①, ② (다)는 양반들의 이기적 형태를 다루고 있으며 (라)는 양반들이 권력을 함부로 쓰는 것을 다루고 있다. 그러므로 이 두 문장이 연결될 때 역접 관계를 나타내는 '그러나'가 오는 것이 자연스럽지 않다.
③ (나)는 조선 초 백성들이 편하게 생활하였음을 기술하고 (가)는 백성들이 어려워진 상황을 설명하고 있다. 그러므로 (나) 뒤에 (가)가 연결되기 위해서는 백성들이 어려워진 이유나 상황이 변한 것에 대한 부연 설명이 필요하다.
④ 조선 초와 달리 양반들이 16세기 초부터 부패하였고 그것 때문에 백성들의 삶이 어려워졌음을 순차적으로 나열하고 있어 정답이다.

16. 정답 ③

냉면은 몸을 차갑게 만드는 음식이다. 이 문제를 해결하기 위해서 몸을 따뜻하게 해 주는 음식인 겨자와 식초를 같이 먹는 것이다.

Key Point

겨자	• [명사] 누런 갈색의 열매로 양념과약재로 쓰인다.

17. 정답 ②

화장실의 특징을 살펴보면 냄새와 관련이 있다. 그러므로 2번 향기가 진하기 때문이다가 정답이다.

Key Point

서식하다	• [동사] 생물이 일정한 곳에 자리를 잡고 살다.

18. 정답 ②

몇몇 사람들, 특수한 경우는 물건의 기능이 좋으면 된다고 생각하지만 그러나 보통 사람은 다르다. 뒤에 디자인이 좋으면 사람들의 마음을 빼앗을 수 있다고 했으므로 답은 ②번이다.

19. 정답 ③

실수하는 것은 안 좋지만 뒷 문장에 좋은 기회가 될 수 있다고 했으니까 반대되는 문장인 2번이 정답이다.

Key Point

그러면	• 앞의 문장을 받아들일 때 사용하는 표현
게다가	• 앞의 문장에 더해서 추가로 설명할 때 사용하는 표현
오히려	• 일반적인 기준과 전혀
따라서	• 앞에서 말한 일이 뒤에서 말할 일의 원인, 이유

20. 정답 ②

① 사람들은 실수한 것에 대해 모르게 하고 싶어 하므로 오답이다.
② 사람들은 실수에 대해서 숨기고 싶어 한다.
③ 같은 실수를 여러 번 반복해서 한다는 이야기는 없다.
④ 사람들은 목표에 도달하기 위해서 한 실수는 반대로 기회가 된다.

21. 정답 ①

앞 문장에 사망자는 현재 살아있는 연구에 참여한 사람보다 삶에 대한 목표 의식이 부족한 것으로 나타났다고 했으므로 이와 반대인 목표 의식이 강하면 강할수록 사망률이 낮아진다는 의미가 나와야 한다.

22. 정답 ①

① 인생의 목표를 세우는 것이 장수의 효과가 높다고 했으므로 정답이다.
② 인간의 장수하는 연구 결과를 이야기하므로 정답이 아니다.
③ 인간이 장수하는 방법에 대한 연구 결과를 소개하므로 정답이 아니다.
④ 사망률을 낮추기 위해서 연구에 참여를 권하는 내용이 아닌 목표를 세우기를 권하는 내용이다.

23. 정답 ①

고치기 위해 AS 신청했으나 고칠 생각은 안 하고 새로운 제품을 관고한 태도로 보아 불만스러운 감정을 느낄 수 있다.

Key Point

소음	• [명사] 시끄러운 소리

24. 정답 ②

① 냉장고 소음과 온도 문제로 AS를 신청했다.
② 고장난 부분을 수리해서 지금까지도 잘 쓰고 있다.
③ AS 직원은 수리하는 대신 신제품 선전에 열중했다.
④ 10년 동안 잘 썼으므로 오답이다.

25. 정답 ③

① 은행의 특별대출 제도를 반기는 것은 부정적인 의미인 '속 빈 강정'와 거리가 멀어 틀린 답이다.
② '속 빈 강정'은 특별대출 제도의 이름이 아니며 비유적으로 사용된 관용 표현이므로 틀린 답이다.
③ 특별대출 지원이 긍정적인 영향을 끼치지 못한다는 의미를 갖고 있기 때문에 이것이 적절하다.
④ '속 빈 강정'이라는 비유와 '좋은 성과'는 관련성이 없기 때문에 틀린 답이다.

Key Point

관용 표현 또는 속담 익히기	• 속 빈 강정-실제적 이익이나 도움이 되지 않는 경우, 겉으로는 드러나지만 실제 효과가 없는 경우를 의미한다.

26. 정답 ④

① '교육청과 손잡아'는 같이 일을 한다는 의미이기 때문에 '거부하다'는 적절하지 않다.
② '흡수하다'는 특정 집단이 다른 집단 속에 포함되는 관계를 일컫기 때문에 적절하지 않다.
③ '위탁하다'는 다른 집단에 일을 대신 맡기는 것을 일컫기 때문에 적절하지 않다.
④ '협력하다'는 같이 도와서 일을 수행한다는 의미로 여기서는 적절한 표현에 해당한다.

27. 정답 ③

① 청소년 아르바이트에 대한 언급이 아니기 때문에 틀린 답이다.
② 청소년 아르바이트와 아무 관련이 없기 때문에 틀린 답이다.
③ '아르바이트 지옥'이라는 비유는 아르바이트 환경의 열악함이나 아르바이트 조건이 나쁘다는 의미이므로 이것이 정답이다.
④ 청소년의 아르바이트가 갖는 문제점을 언급하지 않고 학업을 다루고 있기 때문에 틀린 답이다.

28. 정답 ②

앞 문장에서 병조림의 단점이 작은 충격에도 깨진다라고 했으므로 통조림은 앞에 나온 병조림의 보완 내용이 나오면 된다.

Key Point

저장하다	· [동사] 물건이나 재화를 모아서 간수하다
가열하다	· [동사] 어떤 물질에 열을 더하다
밀봉하다	· [동사] 단단히 붙여 봉하다
통조림	· [명사] 고기나 과일 등 식료품을 양철통에 넣고 가열 살균한 뒤 밀봉한 것

29. 정답 ②

앞 문장에 숯에 있는 성분이 영양분을 풍부하게 한다고 소개하고 또 다른 효과를 설명하고 있으므로 ④번은 답이 아니다. 뒤 문장에서 음식과 함께 놓아두기만 해도 음식이 쉽게 상하지 않게 한다고 했으므로 답은 ②이다.

Key Point

숯	· [명사] 나무를 숯가마에 넣어 구워 낸 검은 덩어리의 연료
균	· [명사] 동식물에 기생하여 발효나 부패, 병 따위를 일으키는 단세포의 미생물
번식하다	· [동사] 붇고 늘어서 많이 퍼지다

30. 정답 ①

카카오를 재배하는 농민의 몫은 아주 적어서 농민은 항상 가난하고 생산량을 늘리기 위해 아이들의 노동력까지 동원되고 있다는 이야기므로 답은 ①이다.

Key Point

가공하다	• [동사] 원자재나 반제품을 인공적으로 처리하여 새로운 제품을 만들거나 제품의 질을 높이다.
유통업	• [명사] 상품 따위를 생산자에서부터 소비자, 수요자에게 전달하는 활동을 담당하는 산업
몫	• [명사] 한 사람 앞에 돌아가는 배분.
재배하다	• [동사] 식물을 심어 가꾸다.
보장하다	• [동사] 어떤 일이 어려움 없이 이루어지도록 조건을 마련하여 보증하거나 보호하다.

31. 정답 ③

① 한국인이 꿈에 대해 관심이 없다고 하는 것은 전체 맥락과 맞지 않다.
② '맹신'은 비판없이 무조건 받아들이는 것이므로 이어진 문장 내용과 어울리지 않는다.
③ 나쁜 꿈을 꿨다고 나쁜 일이 일어나지 않는다고 서술하고 있어서 꿈을 반대로 해석한다가 나온다.
④ '좋게 해석하는 경향'과 뒤에 오는 '걱정하지 않아도 된다'는 어울리지 않는다.

Key Point

해몽	• [명사] 꿈에 나타난 일을 풀어서 좋고 나쁨을 판단함
끔찍하다	• [형용사 진저리가 날 정도로 참혹하다.
순조롭다	• [형용사] 일 따위가 아무 탈이나 말썽 없이 예정대로 잘되어 가는 상태에 있다.
적용되다	• [동사] 알맞게 이용되거나 맞추어져 쓰이다.

32. 정답 ②

① 원숭이, 말, 돌고래, 개, 코끼리 등만 언급했으므로 정답이 아니다.
② 공동생활을 통해서 동물도 진화한다. 정답이다.
③ 동물들은 협력을 통해서 진화했으므로 정답이 아니다.
④ 인간만 공동생활을 하는 유일한 동물이 아니다.

Key Point

집단	• [명사] 여럿이 모여 이룬 모임.
협력하다	• [동사] 힘을 합하여 서로 돕다.
진화하다	• [동사] 생물이 생명의 기원 이후부터 점진적으로 변해 가다.

33. 정답 ③

① 홈트레이닝은 사회적으로 나타나는 보편적인 현상이므로 정답이 아니다.
② 홈트레이닝을 하면 본인에게 맞게 하고 점점 운동량을 늘려야 하므로 틀렸다.
③ 홈트레이닝을 잘못하게 되면 척추나 관절에 무리가 온다고 했으므로 정답이다.
④ 홈트레이닝은 시간과 공간제약을 받지 않는다고 했으므로 정답이 아니다.

Key Point

재택근무	• [명사] 집에 회사와 통신 회선으로 연결된 정보 통신 기기를 설치하여 놓고 집에서 회사의 업무를 보는 일.
일상	• [명사] 날마다 반복되는 생활.
척추	• [명사] 추뼈로 이루어진 등
의존하다	• [동사] 다른 것에 의지하여 존재하다.

34. 정답 ③

① 오페라는 16세기, 판소리는 17-18세기에 발생했다고 추정하므로 이는 틀린 답이다.
② 오페라와 판소리 모두 문학 작품을 바탕으로 한 것이 공통점이지만 줄거리가 비슷하다는 것은 아니다.
③ '판소리는 좁은 공간에서 소리꾼이 고수에 맞춰 공연한다.'고 했기 때문에 이는 적절하다.
④ '후대 문학 작품'으로 만들었는지는 여부는 여기서 확인할 수 없다.

Key Point

웅장하다	• [형용사] 규모 따위가 거대하고 성대하다.
관현악	• [명사] 관악기, 타악기, 현악기 따위로 함께 연주하는 음악
공간	• [명사] 아무것도 없는 빈 곳.
고수	• [명사] 북이나 장구 따위를 치는 사람.
장르	• [명사] 문예 양식의 갈래. 특히 문학에서는 서정, 서사, 극 또는 시, 소설, 희곡, 수필, 평론 따위로 나눈 기본

35. 정답 ④

① 쓰다 남은 약을 처리하는 방법에 대한 글이므로 이것이 주제가 될 수 없다.
② 쓰다 남은 약이 회수되지 않는다는 글의 한 부분에 해당하는 내용일 뿐 전체 주제가 되지 않는다.
③ 쓰다 남은 약의 문제점보다는 문제점 해결 방법에 대한 것이 주제에 가깝다.
④ 쓰다 남은 약을 회수하기 위한 해결책에 대한 것으로 이 글의 주제로 타당하다.

Key Point

방치하다	• [동사] 내버려 두다.
유발하다	• [동사] 어떤 것이 다른 일을 일어나게 하다.
정화	• [명사] 불순하거나 더러운 것을 깨끗하게 함.
회수	• [명사] 도로 거두어들임.

36. 정답 ②

첫걸음이 가장 어렵고 첫걸음을 떼고 난 이후에 두 걸음, 세 걸음은 첫걸음과 다르게 쉽다는 것을 느낄 수 있을 것이라고 했으므로 답은 ②이다.

37. 정답 ②

문장 마지막에 내가 한 장난 전화가 다른 사람의 소중한 생명을 위험에 빠트릴 수 있다는 것을 명심해야 한다는 문장이 주제문이라고 볼 수 있다.

Key Point

위급하다	• [형용사] 몹시 위태롭고 급하다.
출동	• [명사] 부대 따위가 일정한 목적을 실행하기 위하여 떠남.

38. 정답 ④

'립스틱 효과'를 예로 들어 어려운 경제 상황에서 나타나는 소비 성향을 설명하고 마지막에 불황을 극복하는 전략으로 시도해 볼 만한 가치가 있다고 말하므로 불황에 사람들의 소비 심리를 이용해 전략을 세운다가 정답이다.

Key Point

성향	• [명사] 성질에 따른 경향.
적용하다	• [동사] 알맞게 이용하거나 맞추어 쓰다.
효용	• [명사] 보람 있게 쓰거나 쓰임. 또는 그런 보람이나 쓸모.

39. 정답 ②

① 성분이 검출되었다. '그런데'는 앞뒤 문장의 연결 관계가 의미적으로 반대이어야 한다. 문제가 생겼다는 문장이 바뀌었으므로 정답이 아니다.
② 문제가 생겼고 그 문제는 과즙에서 안 좋은 성분이 검출되었는데 그 성분은 기포로 인한 것이라는 이야기가 연결된다. 그래서 정답이다.
③ 사건 설명을 한 후에 국가의 대책을 설명해야자연스러운 문장이 된다.
④ 문제가 발생한 후 소비자의 행동 전에 마트 측의 행동이 나와야 자연스러운 연결이 된다. 그러므로 정답이 아니다.

Key Point

과즙	• [명사] 과일에서 배어 나오거나 과일을 짜서 나온 즙
기포	• [명사] 액체나 고체 속에 기체가 들어가 거품처럼 둥그렇게 부풀어 있는 것
번식	• [명사] 생물이 생식을 통하여 자기 자손을 유지하고 늘리는 현상
검출되다	• [동사] 화학 분석에서, 시료(試料) 속에 있는 화학종이나 미생물 따위의 존재 유무가 밝혀지다

40. 정답 ③

① 보기의 내용이 소비자 입장과 기업의 입장을 모두 설명하고 있는데 뒤에 오는 문장이 기업의 쿠폰 사용의 이유와 현황이 나오므로 정답이 아니다.
② 앞 문장에 이어서 계속 기업에 대한 설명이 나오므로 정답이 아니다.
③ 앞에 개인의 쿠폰 사용과 기업의 쿠폰 발행의 이유를 설명하고 정리하고 있으므로 정답이다.
④ '다시 말해서' 글을 정리하고 있으므로 답이 아니다.

Key Point

유발하다	• [동사] 어떤 것이 다른 일을 일어나게 하다
촉진	• [타동사] 재촉해 더 잘 진행되도록 하다

41. 정답 ②

① '그런데'는 앞뒤 문장의 연결 관계가 의미적으로 반대이어야 한다. ㉠ 뒤에 있는 '그런데'와 자연스럽게 연결하려면 '평소에 자기가 싫어했던 자신의 모습인 경우가 많다.'라는 뒷문장과 다른 내용이 와야 한다. 그러므로 이것은 틀린 답이다.
② '자기가 싫어했던 자신의 모습인 경우가 많다.'라는 기술과 자연스럽게 연결하기 위해서는 그 이유가 오면 적절하다. 즉' 다른 사람을 통해 자신의 싫은 모습을 발견하기 때문이다'가 오면 된다. 그러므로 이것이 정답이다.
③ '타인의 단점을 들춰내는 것으로 해소한다.' 뒤에 '이로써'는 앞 문장의 내용을 그대로 받는 말이다. 즉 '타인의 단점을 들춰내는 것으로 해소함으로써' 자신의 단점을 극복한다는 문장이 오는 것이 자연스럽다. 그러므로 <보기>의 문장이 끼어들면 오히려 어색하다.
④ '죄책감이나 죄의식을 숨길 수 있기 때문이다'는 서술 뒤에 <보기>처럼 ' ~~ 발견하기 때문이다.'가 연속해서 오면 어색하다. 또한 앞 뒤 문장의 의미적 연결도 자연스럽지 않다.

Key Point

고장	• [명사] 기계에 문제가 있어서 제대로 움직이지 못하는 상황
정비	• [명사] 기계가 제대로 움직이도록 확인하고 정리함

42. 정답 ①

① 과거 자신의 겪었던 일을 회상하고 있다. 그 때 시절이 여전히 머릿속에 남아 있다는 기술 때문에 '그리움'이 적절한 감정이다.
② 여기서 슬픔의 감정을 느낄 만한 내용은 없다.
③ '쑥스럽다'는 것은 어색하고 부끄럽다는 것으로 여기서 느낀 감정에 해당하지 않는다.
④ '곤혹스럽다'는 것은 매우 곤란하고 어렵다는 뜻이며, 여기서 느낀 감정에 해당하지 않는다.

43. 정답 ④

① 과거의 일을 회상하고 있기 때문에 정답이 아니다.
② 과거에 여행을 다녀온 이야기를 묘사하고 있기 때문에 정답이 아니다.
③ 단짝 친구와 '훌쩍' 여행을 떠났기 때문에 이는 정답이 아니다.
④ 친구와 대화하면서 과거 여행을 회상하고 있기 때문에 정답이다.

Key Point

단짝	• [명사] 서로 뜻이 맞거나 매우 친하여 늘 함께 어울리는 사이
훌쩍	• [부사] 거침없이 가볍게 길을 떠나는 모양

44. 정답 ④

① 금전적인 보상과 업무에 대한 주제로 일의 성과와 목적은 정답이 아니다.
② 연구 결과와 할아버지 이야기와 반대되는 내용이므로 정답이 아니다.
③ 연구 결과와 할아버지 이야기와 반대되는 내용이므로 정답이 아니다.
④ 연구 결과와 할아버지 이야기에 뒷받침되는 주제로 정답이다.

45. 정답 ③

할아버지가 돈을 주면서 아이들의 놀이에 대한 흥미가 감소된다는 이야기로 정답은 돈과 관계가 있는 ③번이 정답이다.

Key Point

금전	• [명사] 상품 교환 가치의 척도가 되며 그것의 교환을 매개하는 일반화된 수단
과업	• [명사] 꼭 하여야 할 일이나 임무
변질되다	• [동사] 성질이 달라지거나 물질의 질이 변하게 되다

46. 정답 ①

① 앞 문장에 후천적 아토피 환자가 증가했다는 설명 후 후천적 아토피는 요즘 사람들처럼 불규칙적인 생활 습관을 하면 누구나 생길 수 있음을 설명하므로 연결이 자연스럽다.
② 앞에 전조증상에 대해서 설명한 후 이어서 이런 증상에 대한 이야기가 나오는 게 맞으므로 정답이 아니다.
③ 계속된 아토픽 증상에 대한 이야기와 주의사항에 대한 이야기가 나오므로 정답이 아니다.
④ 한명화 원장의 말을 전달하며 이야기를 마치는데 다시 불규칙적인 습관에 대해 말하면 흐름에 맞지 않으므로 정답이 아니다.

47. 정답 ④

① 아토피는 불규칙적인 식습관으로 인한 것이므로 정답이 아니다.
② 몸에 아토피가 생기면 초기에 완벽하게 습관을 바꾸기 보다 천천히 바꾸는 것이 좋다고 했으므로 정답이 아니다.
③ 아토피가 호전될 때가 아닌 생겼을 때 나타나는 여러 가지 증상이 나타난다고 했으므로 정답이 아니다.
④ 지금은 선천적 아토피 환자보다 후천적 아토피 환자가 4배 더 많다고 했으므로 정답이다.

Key Point

아토피	• [명사] 몹시 가려운 증상을 나타내는 만성 피부염.
두드러기	• [명사] 약이나 음식을 잘못 먹거나 또는 환경의 변화로 인해 생기는 피부병의 하나.
전조	• [명사] 어떤 일이 생길 기미.
누적되다	• [동사] 포개져 여러 번 쌓이다.

48. 정답 ④

앞에 극단적인 선택을 하는 원인이 자기감정을 감추는 것을 말하고 또, 한국인의 특성을 설명하고 한국인이 우울증을 치료할 때 어려움을 이야기하고 있으므로 감정 표현에 서툰 한국인들이 우울증 발견이 어렵고 큰 병이 된다고 했으므로 ④번이 정답이다.

49. 정답 ①

치료를 위해 병원에 가도 뒤에 문장에 감추기에 급급하다고 했으므로 치료를 거부한다가 맞다.

50. 정답 ③

① 병을 감춘다고 했으므로 정답이 아니다.
② 비판이 아닌 감정표현이 서툴러 병을 치료하지 못하는 것에 대한 감정을 말하고 있으므로 정답이 아니다.
③ 자기감정을 숨기고 병을 치료하지 못하는 것에 대해 안타까워하고 있으므로 정답이다.
④ 국가보다 개인의 감정 문제가 중요하다고 주장했으므로 정답이 아니다.

Key Point

대응하다	• [동사] 어떤 일이나 사태에 맞추어 태도나 행동을 취하다.
꺼리다	• [동사] 사물이나 일 따위가 자신에게 해가 될까 하여 피하거나 싫어하다.
억압하다	• [동사] 뜻대로 자유로이 행동하지 못하도록 억지로 억누르다.
징후	• [명사] 겉으로 나타나는 낌새.

집필자 소개

배현대

고려대학교 대학원 국어교육학과 박사 수료
경기대학교 대학원 국어국문학과 외국인을 위한 한국어교육학 박사 수료
현) 경기대학교 국제교육원 한국어 과정 코디네이터

논저
- 『초급 학습자를 위한 실전 모의고사 TOPIK 1(공저)
- 『중고급 학습자를 위한 실전 모의고사 TOPIK 2(공저)
- 『TOPIK II 시험 대비 실전 모의고사(공저)
- 『읽고 쓰기를 위한 한국어 문법(공저)
- 『한국어 학습자를 위한 한국 문화와 어휘(공저)
- 『한국어 학습자를 위한 한국 예절과 문화(공저)
- 여성결혼이민자를 위한 한국어 교육 현황과 문화 어휘를 활용한 교육 방법
- 초급 한국어 학습자를 위한 문화 교재 개발 연구

최은아

대학원 졸업(동국대학교 교육대학원 국어교육학과 석사 졸업)
현) 경기대학교 국제교육원 한국어 강사 주임 강사

김보경

한국교원대학교 대학원 국어교육과 박사 수료
현) 경기대학교 국제교육원 한국어 강사 주임 강사

논저
- 『TOPIK II 시험 대비 실전 모의고사(공저)
- 『읽고 쓰기를 위한 한국어 문법(공저)
- 『한국어 학습자를 위한 한국 문화와 어휘』(공저)
- 『한국어 학습자를 위한 한국 예절과 문화』(공저)
- 국어 어휘 교육 방안 연구, 텍스트 중심의 문법교육
- 외국어로서 한국어 어휘 교육 방안 연구

안지민

경기대학교 대학원 국어국문학과 외국인을 위한 한국어교육학 박사 수료
현) 경기대학교 국제교육원 한국어 강사 주임 강사

논저
- 『한국어 학습자를 위한 한국 문화와 어휘』(공저)
- 『실전 모의고사 TOPIK 1, 2』(공저)

이진주

가천대학교 교육대학원 교육학과 중국어교육 석사
현) 경기대학교 국제교육원 한국어 강사 주임 강사

논저
- 『한국어 학습자를 위한 한국문화와 어휘』 (공저)
- 『초급 학습자를 위한 실전 모의고사 TOPIK1』 (공저)
- 『중고급 학습자를 위한 실전 모의고사 TOPIK2』 (공저)
- 『유학생을 위한 교양 한국어 글쓰기에서 TOPIK 쓰기까지』 (공저)

박아현

동국대학교 대학원 한국어교육 졸업
현) 경기대학교 국제교육원 한국어 강사 주임 강사

논저
- 한국어교육의 담화 교육 방안 연구: 매체를 활용한 구어 담화 교수·학습을 중심으로

실제 TOPIK 시험과 똑같이 만든

Real TOPIK II

초판 1쇄 인쇄 2022년 2월 10일
초판 1쇄 발행 2022년 2월 15일

저 자 배현대 · 최은아 · 김보경 · 안지민 · 이진주 · 박아현

펴 낸 이 임순재

펴 낸 곳 (주)한올출판사

등 록 제11-403호

주 소 서울시 마포구 모래내로 83(성산동, 한올빌딩 3층)

전 화 (02)376-4298(대표)

팩 스 (02)302-8073

홈페이지 www.hanol.co.kr

e-메일 hanol@hanol.co.kr

ISBN **979-11-6647-179-7**

• 이 책의 내용은 저작권법의 보호를 받고 있습니다.
• 잘못 만들어진 책은 본사나 구입하신 서점에서 바꾸어 드립니다.
• 저자와의 협의 하에 인지가 생략되었습니다.
• 책 값은 뒤 표지에 있습니다.